Der Autor

Prof. Dr. Gunther Mai, geb. 1949, studierte Geschichte, Politologie und Anglistik. Nach der Habilitation 1981 lehrte er an den Universitäten Marburg, München, Göttingen, Darmstadt und Erfurt und war von 1986 bis 1989 Mitarbeiter des Instituts für Zeitgeschichte in München; seit 1993 ist er Inhaber des Lehrstuhls für Neuere und Zeitgeschichte an der Pädagogischen Hochschule Erfurt/Mühlhausen. Veröffentlichungen: ›Sicherheitspolitik im Kalten Krieg. Der Korea-Krieg und die deutsche Wiederbewaffnung 1950‹ (1977); ›Kriegswirtschaft und Arbeiterbewegung in Württemberg 1914–1918‹ (1983); ›Die Geislinger Metallarbeiterbewegung zwischen Klassenkampf und Volksgemeinschaft 1931–1933/34. Mit einem Nachwort: Neubeginn 1945‹ (1984); ›Judentum und Antisemitismus von der Antike bis zur Gegenwart‹ (Hrsg., zus. mit Th. Klein und V. Losemann, 1984); ›Arbeiterschaft in Deutschland 1914 bis 1918. Studien zu Arbeitskampf und Arbeitsmarkt im Ersten Weltkrieg‹ (Hrsg., 1985). Außerdem zahlreiche Aufsätze zur Sozialgeschichte des 19. und 20. Jahrhunderts sowie zur Geschichte der Internationalen Beziehungen nach 1945.

Deutsche Geschichte der neuesten Zeit
vom 19. Jahrhundert bis zur Gegenwart

Herausgegeben von Martin Broszat,
Wolfgang Benz und Hermann Graml,
in Verbindung mit dem Institut für Zeitgeschichte, München

Gunther Mai:
Das Ende des Kaiserreichs
Politik und Kriegführung im Ersten Weltkrieg

Deutscher
Taschenbuch
Verlag

Originalausgabe
1. Auflage Dezember 1987
2. Auflage Mai 1993: 11. bis 13. Tausend
© Deutscher Taschenbuch Verlag GmbH & Co. KG,
München
Umschlaggestaltung: Celestino Piatti
Vorlage: Soldaten am Grab eines Kameraden, 1918
(Bilderdienst Südd. Verlag)
Gesamtherstellung: C. H. Beck'sche Buchdruckerei,
Nördlingen
Printed in Germany · ISBN 3-423-04510-8

Inhalt

Der Erste Weltkrieg, 1914 im Stile der klassischen Kabinetts-
kriege begonnen, mündete 1917/18 in eine revolutionäre Umwälzung, die das Gesicht der Welt grundlegend veränderte. Insofern waren die Jahre 1914 bis 1918 Epochenscheide zwischen
dem 19. und 20. Jahrhundert, Zwischenjahre und Ausnahmepe-
riode, zugleich aber auch und vor allem Übergangsperiode, ein-
gebettet in eine Phase des beschleunigten sozialen und politischen Wandels, die sich in ganz Europa relativ einheitlich auf
die Zeitspanne von 1900 bis 1925 datieren läßt.

Der Weltkrieg hat den Strukturwandel, der um 1890 mit der
stürmisch einsetzenden Hochindustrialisierung begonnen hatte,
wohl beschleunigt, ihm aber kaum eine neue, andere Richtung
gegeben. Er hat, unabhängig von den ca. 8 Millionen Gefallenen
und 20 Millionen Verwundeten, die sozialen Kosten dieses
Wandlungsprozesses zum einen dramatisch erhöht, zum anderen aber – in Verbindung mit den materiellen Folgeschäden
oder der Inflation – die Verantwortung für die Modernisie-
rungsfolgen von der strukturellen auf die politische Ebene verschoben. Der starke Veränderungsdruck, vor allem das hohe
Veränderungstempo haben mit dem Faschismus eine besonders
radikale Variante sozialer Krisenbewältigung in Europa provoziert, der als Ausdruck der Modernisierungskrise in seinen An-
sätzen älter, aber mit Mussolinis »Marsch auf Rom« (1922) und
dem »Hitler-Putsch« (1923) bereits voll ausgebildet war, als um
1925 die Rückkehr zur wirtschaftlichen und sozialen »Normalität« erreicht schien.

Der Durchbruch des Industrialismus war begleitet von der
Entstehung neuer sozialer Gruppen (Angestellte, technische In-
telligenz), dem Erstarken der Arbeiterbewegung, dem wachsenden Einfluß der industriellen Eliten auf den Staatsapparat, zugleich von der sozialen Entmachtung der alten agrarischen Eliten. Binnenwanderung, Verstädterung, soziale und geistige
»Entwurzelung« begleiteten diesen Geburtsprozeß der indu-
striell-urbanen Massengesellschaft. Die vom sozialen Tod oder
sozialen Abstieg bedrohten Gesellschaftsgruppen stellten zum
einen die Wünschbarkeit einer solchen Entwicklung grundsätz-
lich in Frage, zum anderen nutzten sie die neuen Strukturen
und Instrumentarien, um die Kulturkritik in eine völkisch-na-

tionale, radikale, auch Gewalt befürwortende Massenbewegung umzusetzen.

Damit bahnten sich zugleich Verschiebungen in den gesellschaftlich dominanten, »staatstragenden« Bündniskonstellationen an, die der Aufstieg der Arbeiterbewegung in der einen (integrativen) oder anderen (repressiven) Form auf lange Sicht unabwendbar machte. Eben erst unter dem Banner des Marxismus geeint, begann die Arbeiterbewegung bereits 1899 mit dem Eintritt des Franzosen Millerand in ein bürgerliches Kabinett wieder zu zerbrechen. Der Prozeß der ideologischen Spaltung war bereits vor 1914 weitgehend abgeschlossen; er schlug sich, vom Krieg offenbart, aber nicht verursacht, in der endgültigen Trennung von Sozialistischer und Kommunistischer Internationale (sowie der Bolschewisierung der letzteren unter Stalin) 1923/25 auch organisatorisch nieder. Damit war auf der Linken die Voraussetzung für die Bildung einer neuen »industriellen Mitte« geschaffen, während die Industrie, wenngleich in unterschiedlicher Ausprägung, sich noch lange dieser Entwicklung verweigern sollte, von taktischen Ausnahmen in Krieg und Demobilmachung abgesehen.

Die Erhaltung des gesellschaftlichen Status quo schien angesichts dieses strukturellen Veränderungsdruckes nur durch verstärkten Einsatz »archaischer« sozialer Steuerungsinstrumente möglich: Antisemitismus, Nationalismus und Imperialismus. Letztere stellten indes den Gewinn an innerer Stabilität durch internationale Konfliktverschärfung wieder in Frage. Mit dem Übergang zum Hochimperialismus um 1900 vollzog sich die endgültige Auflösung des alten europäischen Mächtesystems, das nach seiner friedenstiftenden nun auch seine kriegsverhindernde Funktion verlor. In einer von Krieg und Versailler Friedensordnung völlig veränderten Staatenwelt schien um 1925 für eine kurze Zeit die Chance gegeben, durch allgemeinen Revisionsverzicht (Rapallo 1922, Dawes-Plan 1924, Locarno 1925) und im Rahmen des Völkerbundes, dem Deutschland 1926 beitrat, zu einem offenen Mächtesystem auf der Grundlage des Völkerrechts zurückkehren zu können. Der Kriegsausbruch 1914 sollte sich jedoch insgesamt als der Beginn eines modernen dreißigjährigen Krieges in Europa erweisen, der den Niedergang der europäischen Weltmachtposition einleitete und 1945 mit dem Aufstieg der »Flügelmächte«, der USA und der Sowjetunion, sowie mit der Dekolonisierung der europäischen Imperien seinen Abschluß fand.

I. August 1914

Es ist Samstag, ein schöner, warmer Sommertag, ein fast normaler Arbeitstag. Die Bauarbeiten Unter den Linden in Berlin gehen ihren geplanten Gang, sie stören aber das Promenieren der Passanten, die heute schon ungewöhnlich früh und ungewöhnlich zahlreich unterwegs sind. Auf den Treppen des Doms, auf den Sockeln der Denkmäler sitzen die Menschen, meist schweigend, in Gedanken vertieft, wartend. Noch bewegt von den Aufregungen des vergangenen Tages, in banger Ungewißheit, warten sie auf die Meldung vom Krieg, auf die Entscheidung, auf die sie keinen Einfluß haben, die aber auf ihr Leben tiefgreifend Einfluß nehmen wird. Sie beobachten die Männer der städtischen Reinigung, die die schmutzig gewordenen Extrablätter vom Vortage zusammenfegen, die Klebekolonnen, die auf den Mietstühlen an den Boulevards die Preisschilder von 5 auf 10 Pfennig heraufsetzen. Das Geschäft mit dem Krieg, auf den hier alle noch warten, blüht bereits.

Jeder rechnet damit, daß es wohl Krieg geben wird, diesmal. Schon gestern, am 31. Juli, haben die Zeitungen übereinstimmend geschrieben, der Krieg im fernen Serbien werde sich wohl kaum noch begrenzen lassen. Konservative Blätter drängen die Regierung sogar offen zum Krieg. Aber noch immer ist die Entscheidung nicht gefallen. Die Meldungen jagen sich, die Spekulation blüht. Alle Minister und Ressortchefs haben den Urlaub abgebrochen und sind nach Berlin zurückgekehrt. Das Verbot, Pferde und Getreide ins Ausland zu verkaufen, ein Vorbote der Mobilmachung, wird stündlich erwartet. Immer stärker rückt ins allgemeine Bewußtsein, daß es diesmal ernst wird: »Es ist etwas Schreckliches zu erwarten: Mobilmachung.«[1]

Dabei hatte am vergangenen Wochenende, als der Krieg auf dem Balkan Wirklichkeit wurde, noch eine »harmlos frohe Stimmung« geherrscht. Kleine Grüppchen waren durch die Straßen gezogen, hatten Lieder gesungen, hie und da ein Ständchen gebracht. Im Laufe der Woche aber war die Stimmung umgeschlagen, ernster geworden. Schon fürchtet die ›Kreuzzei-

---

[1] Hier und im folgenden zitiert nach ›Frankfurter Zeitung‹ und ›Tägliche Rundschau‹, jeweils 31. Juli bis 3. August 1914.

tung‹, das Blatt der Konservativen, das ständige Warten werde die anfängliche Begeisterung in Nervosität verwandeln, die dann in eine tiefgreifende Resignation übergehen werde. Auch dies eine Mahnung an die Regierung, den richtigen Zeitpunkt nicht zu verpassen, eine mehr als deutliche Aufforderung, die Gunst der Stunde zu nutzen, zum Krieg.

In der Tat machen sich Angst und Unsicherheit breit. Bei der Reichsbank werden vermehrt Banknoten in Gold eingetauscht; Geschäftsleute, ja selbst die Reichsbahn verweigern die Annahme von Papiergeld. Die Nachricht von der russischen Teilmobilmachung löst trotz öffentlicher Beschwichtigung einen Sturm auf Banken und Sparkassen aus, der, nach kurzer Pause, am 30. Juli erneut einsetzt. Die Menschen heben ihre Guthaben ab, sie richten sich auf Krieg ein. In den Lebensmittelgeschäften herrscht schon vor dem 30. Juli ein gewaltiger Andrang. Es bilden sich Käuferschlangen, so daß am nächsten Tag Geschäfte kurzzeitig schließen müssen, sogar polizeilich geschlossen werden, weil der Ansturm zu groß wird. Waren werden nur noch in begrenzter Menge abgegeben, denn der Großhandel liefert nicht mehr genug, da auch die Kommunen Vorräte anzulegen beginnen. Die Spekulation auf den Krieg beginnt, die Preise steigen entsprechend. Zucker, Kaffee, Mehl und besonders Konserven sind gefragt. Vorsichtige, die mit ihrer baldigen Einberufung rechnen müssen, versorgen sich mit Unterwäsche und Strümpfen, die ihnen der Staat nicht stellen wird. Es herrscht allgemein »Kriegsfurcht«, die auch in Geschäftskreisen Wirkungen hat, »die ohne Parallele in der Vergangenheit dastehen«.

Auf den Bahnhöfen herrscht hektisches Treiben. Alle ankommenden und abfahrenden Züge sind überfüllt, die Fahrpläne sind vollkommen durcheinander geraten, auf den Bahnsteigen türmt sich, von Schutzmännern bewacht, das Gepäck. Die Sommerfrischler kehren in Scharen vorzeitig zurück, Österreicher kommen ihren Gestellungsbefehlen nach, aus den bedrohten Grenzgebieten im Osten treffen die ersten Flüchtlinge ein. Schaulustige und Neugierige drängen in die Bahnhofshallen, um an den Anschlagbrettern die neuesten Nachrichten der Telegraphenbüros verfolgen zu können. In Frankfurt am Main bildet sich auf dem Börsenplatz eine »lebendige Mauer« vor dem Gebäude der ›Frankfurter Zeitung‹, wo die Nachrichten von einem neuartigen Gerät als »Lichtbildmeldungen« abgelesen werden können.

»In einer Spannung«, so beschreibt die liberale ›Frankfurter

Zeitung‹ die Stimmung, »die sich immer weiterer Kreise des Volkes bemächtigt und unter der nachgerade auch gute Nerven leiden, wartet man jetzt noch auf die Entscheidung, die unmöglich mehr lange ausbleiben kann.« Zum Mittag hatte ein Extrablatt des ›Berliner Lokalanzeigers‹ für Aufregung gesorgt; aber die Meldung von der Mobilmachung war falsch gewesen, vielleicht in provozierender Absicht gefälscht worden und muß kurze Zeit später dementiert werden. Doch am nächsten Tag, es ist der 31. Juli, wird es kurz nach 14 Uhr offiziell: Extrablätter, aus fahrenden Autos verteilt, verkünden den »Zustand drohender Kriegsgefahr«. Unter den Linden wiederholt dies in traditionellem Ritual ein Leutnant an der Spitze eines Trupps Infanterie, nachdem ein Trommler für Aufmerksamkeit und Ruhe gesorgt hat. An den Litfaßsäulen werden die Theaterplakate mit den vorbereiteten Bekanntmachungen überklebt, die die Rechtslage erläutern: Die vollziehende Gewalt ist auf das Militär übergegangen.

In kürzester Zeit sind die Straßen Berlins voller Menschen, denen bewußt wird, daß die Regierung sich auf das Äußerste vorbereitet. Am Kranzler-Eck sammelt sich die Menge, Hochrufe erschallen: »Überall macht sich die Entspannung in einer freudigen Stimmung über die endlich gefallene Entscheidung kund«, obwohl dies die eigentliche Entscheidung nicht ist: Noch ist die Mobilmachung nicht befohlen, noch ist der Krieg nicht erklärt. Selbst die ›Tägliche Rundschau‹, ein konservatives Blatt, das den Krieg gefordert hat, bestätigt die anfängliche Nüchternheit, mit der die Nachricht aufgenommen wird: »›Na endlich‹. Wie ein Erlösungsschrei geht's durch die Menge. Kein Jubel wird laut, kein Hoch wird laut, alle Mienen sind ernst – die unheimliche Spannung, die auf ganz Berlin lastet, löst sich in einem befreiten Aufatmen: Also doch!«

Erst allmählich steigert sich die Entspannung zur Begeisterung. Die Menge drängt spontan zum kaiserlichen Schloß, skandiert dort Hochrufe und beginnt mit dem Absingen vaterländischer Lieder: ›Heil Dir im Siegerkranz‹, ›Die Wacht am Rhein‹, ›Es braust ein Ruf wie Donnerhall‹ und immer wieder: ›Deutschland, Deutschland über alles‹. Doch der Kaiser, der sich in seinem Wagen kurz vor 15 Uhr nur mühsam den Weg ins Schloß hatte bahnen können, zeigt sich nicht. Dafür wird der Kronprinz in seinem Palais von der Menge mehrfach ans Fenster gerufen. Die rund 50 000 Menschen vor dem Kaiserpalais singen, diskutieren, »begeisterte Ansprachen von den Laternenpfählen herab« werden gehalten, Jugendliche, die auf die großen Straßenkandelaber geklettert sind, schwenken Fahnen. Erst um 18 Uhr tritt der Kaiser auf den Balkon und redet zur Menge: »Eine schwere Stunde ist heute über Deutschland hereingebrochen. Neider überall zwingen uns zu gerechter Verteidigung. Man drückt uns das Schwert in die Hand. Ich hoffe, daß, wenn es nicht in letzter Stunde Meinen Bemühungen gelingt, die Gegner zum Einsehen zu bringen und den Frieden zu erhalten, wir das Schwert mit Gottes Hilfe so führen werden, daß wir es mit Ehren wieder in die Scheide stecken können. Enorme Opfer an Gut und Blut würde ein Krieg vom deutschen Volk erfordern, den Gegnern aber würden wir zeigen, was es heißt, Deutschland anzugreifen. Und nun empfehle Ich Euch Gott. Jetzt geht in die Kirche, kniet nieder vor Gott und bittet ihn um Hilfe für unser braves Heer!«

Die Menge antwortet mit Jubel, Singen und Hochrufen auf diese Worte, die, wie bei diesem Kaiser so oft, Drohung und Hochmut verbinden, mehr vom Krieg als vom Frieden sprechen. Die Menge zieht nicht zur Kirche, sondern weiter zum Reichskanzlerpalais, wo Bethmann Hollweg, offenbar nach gewissem Zögern, erst gegen Mitternacht zu ihr spricht. Er beschwört nicht allein die Tradition Bismarcks, der preußischen Geschichte, er stellt zugleich in auffälliger Form das (angebliche) Wirken des Kaisers in den Vordergrund: »In ernster Stunde sind Sie, um Ihren patriotischen Gefühlen Ausdruck zu geben, vor das Haus Bismarcks gekommen, Bismarck, der uns mit Kaiser Wilhelm dem Großen und dem Feldmarschall Moltke das Deutsche Reich schmiedete. Wir wollten im Reiche, das wir in 44jähriger Friedensarbeit aufgebaut haben, auch ferner im Frieden leben. Das ganze Wirken des Kaisers war der Erhaltung des Friedens gewidmet. Bis in die letzten Stunden wirkte er für den Frieden Europas, und er wirkt noch für ihn. Sollte all sein Bemühen vergeblich sein und sollte uns das Schwert in die Hand gezwungen werden, werden wir in das Feld ziehen mit gutem Gewissen und dem Bewußtsein, daß nicht wir den Krieg wollten. Wir werden dann den Kampf um unsere Existenz und unsere nationale Ehre mit der Einsetzung des letzten Blutstropfens führen. Im Ernste dieser Stunde erinnere ich Sie an das Wort, das einst Prinz Friedrich Karl den Brandenburgern zurief: ›Laßt Eure Herzen schlagen zu Gott, Eure Fäuste auf den Feind‹!«

Wie in Berlin, so war es in allen Großstädten, erst recht in den

Residenzstädten zu ähnlichen »Volkskundgebungen« gekommen. Bis spät in die Nacht dauerten die Umzüge, die Debatten in den Wirtshäusern. Am nächsten Tag, am 1. August, wird jedoch wieder normal gearbeitet. Die Welle der Begeisterung ist vorübergehend abgeebbt, aber die Spannung ist geblieben. In den Morgenausgaben melden die Zeitungen: Noch immer keine Mobilmachung, noch immer keine Entscheidung, noch immer warten. Als mittags die Schloßwache in Berlin mit klingendem Spiel aufzieht, springt der Funke plötzlich wieder über. Eine Masse von »ungezählten Tausenden« folgt der Wache zum Schloß. Dort hindert sie die Kapelle am Abmarsch, verlangt von ihr die ›Wacht am Rhein‹, das ›Deutschland-Lied‹. »Die Begeisterung der Massen kannte keine Grenzen und als zum Schluß sich der einheitlich geschlossene Wille der Massen den ›Pariser Einzugsmarsch‹ erzwang, erreichte die Begeisterung ihren Höhepunkt.« Endlich darf die Kapelle in Richtung ihrer Kaserne abziehen. Doch als sie, an der französischen Botschaft vorbeimarschierend, eher zufällig die ›Wacht am Rhein‹ spielt, fällt die begleitende Menge in einer spontanen Demonstration tausendstimmig ein.

Nach diesem Intermezzo beginnt erneut das Warten. Das Ultimatum an Rußland, das weiß man auf den Straßen, ist inzwischen abgelaufen. Und das Telegramm an den deutschen Botschafter in Petersburg, das weiß man zur Stunde noch nicht, ist längst unterwegs, die deutsche Mobilmachung beschlossene Sache. Punkt 17 Uhr wird die Entscheidung bekanntgegeben. Generalstabsoffiziere fahren in offenen Autos über die Prachtstraßen, winken mit ihren Taschentüchern; vor dem Schloß verkündet es ein Gendarm auf Befehl des Kaisers: »Mobilmachung!« Im Handumdrehen sind die Straßen Berlins wieder dicht gefüllt, immer neue Massen strömen herbei: »Die große Mehrheit reißt der Schwung des Augenblicks unwiderstehlich mit.« Mobilmachung, das weiß jeder, bedeutet Krieg, auch wenn der noch nicht erklärt ist. Wieder strömt die Menge zum kaiserlichen Schloß. Heute mögen es 100 000 bis 200 000 sein, etwa so viele also, wie die SPD noch vor wenigen Tagen zur Demonstration gegen den Krieg im Treptower Park mobilisiert hatte. Doch heute demonstrieren sie für den Krieg, singen, jubeln, skandieren in Sprechchören: »Wir wollen den Kaiser sehen!« Endlich, gegen 18.30 Uhr, erscheint dieser auf dem Balkon und spricht die berühmt gewordenen Worte: »Aus tiefem Herzen danke Ich Euch für den Ausdruck Eurer Liebe, Eurer

Treue. In dem jetzt bevorstehenden Kampfe kenne Ich in Meinem Volk keine Parteien mehr. Es gibt unter uns nur noch Deutsche. Und welche von den Parteien auch im Laufe des Meinungskampfes sich gegen Mich gewandt haben, Ich verzeihe ihnen allen. Es handelt sich jetzt nur darum, daß alle wie Brüder zusammenstehen, und dann wird dem deutschen Volk Gott zum Siege verhelfen.« Als nun die Glocken des Doms erklingen, stimmt die Menge spontan den Choral an: ›Nun danket alle Gott‹.

Dank? Dank, wofür? Sicherlich Dank für eine emotionale Aufwallung, in der sich das »Volk« so einig mit sich und seinem Kaiser, der Kaiser so einig mit »seinem« Volk fühlte wie nie zuvor. Dank für eine noch am Vortag für undenkbar gehaltene Stimmung, in der die Lausitzer Tuchfabrikanten (vielleicht auch in der Erwartung von Heeresaufträgen?) aus eigener Initiative die Aussperrung ihrer Arbeiter aufhoben, in der selbst die nationale ›Tägliche Rundschau‹ fast ungläubig ihre Attacken gegen die sozialdemokratischen Führer, die »ehemaligen Galizier und heutigen Deutschen«, damit auf deren ostjüdische Herkunft anspielend, einstellte. »Alles ist in Ekstase«, so versuchte die ›Frankfurter Zeitung‹ in pathetischen Worten die Stimmung zu fassen, wie sie aus intellektuellen und akademischen Kreisen ähnlich beschrieben wurde: »Und da floß der Mund über von dem, dessen das Herz voll war, und kaum hatte ein Häuflein eine Melodie begonnen, da pflanzte sie sich fort über die brausende, taktmäßig dahinschreitende Menge, und wie Sturmgeläut klang es heraus und füllte den weiten Platz, und dröhnend fielen Hunderte und Tausende ein: ›Deutschland, Deutschland über alles‹!«

Ganz ähnlich war die Stimmung überall in Europa. Ein französischer Beobachter erkannte verwundert, daß die Menschen den Krieg vielfach weniger als Bedrohung denn als Befreiung empfanden. Aber: Befreiung wovon? »Ach, es ist furchtbar«, so hatte der Schriftsteller Georg Heym am 6. Juli 1910 seinem Tagebuch anvertraut. »Schlimmer kann es auch 1820 nicht gewesen sein. Es ist immer das gleiche, so langweilig, langweilig, langweilig. Es geschieht nichts, nichts, nichts. Wenn doch endlich einmal etwas geschehen wollte, was nicht diesen faden Geschmack von Alltäglichkeit hinterläßt.«[2] Mit diesem Empfinden

[2] Zitiert nach Karl Prümm, Die Literatur des soldatischen Nationalismus der 20er Jahre 1918–1933. 2 Bde, Kronberg 1974, S. 98 f.

stand Heym keineswegs allein, weder in Deutschland noch in Europa. Die oft vage, ziellos suchende Ablehnung der bürgerlichen Saturiertheit, der Normalität eines »goldenen« Zeitalters, der verkrusteten Monotonie des wilhelminisch-viktorianischen fin de siècle war bei Literaten und Intellektuellen fast Gemeinplatz. Heym, wie auch zum Beispiel Kokoschka, ebenfalls 1910, beschrieb diesen Zustand der europäischen Kultur und Gesellschaft als einen pathologischen, und nicht nur die Futuristen bezeichneten 1909 den Krieg als die »einzige Hygiene der Welt«[3]. »Ein Heilmittel wüßte ich wohl«, so fuhr Heym in seiner Aufzeichnung fort, »aber das Kraut kann ich nicht pflücken. Das wäre der Ruhm, das wäre der Beifall einer tausendköpfigen Menge, das wäre eine Verschwörung, eine große Revolution, ein hellenischer Krieg, irgendetwas, eine Durchquerung Afrikas, irgendetwas nicht alltägliches.« Den Weltkrieg, als Entfachung eines »brachliegenden Enthousiasmus«, als mitreißende Aktion, als Erlösung in der Durchbrechung des Alltäglichen und Uniformen jenseits aller zweckmäßigen Bestimmung hat er selbst nicht mehr erlebt. Dagegen erhielt Hermann Hesse die Chance, sich an der »klargefegten Luft« zu begeistern, »die der Krieg geschaffen hat. Kein Zweifel, er tut den Seelen der Völker gut, er säubert und vereinfacht, und man muß das schätzen.« Von dem unmittelbaren Kontakt mit dem Elementaren des Krieges erhoffte sich Hesse eine kollektive Läuterung, von dem Frontleben ein »Zurück zur Natur«, das die Überspanntheit des faulen Friedens vergessen läßt. »Die moralischen Werte des Krieges schätze ich im ganzen sehr hoch ein. Aus dem blöden Kapitalistenfrieden herausgerissen zu werden tat vielen gut, gerade auch Deutschland, und für einen echten Künstler«, so fährt die beklemmende Überlegung fort, »scheint mir ein Volk von Männern wertvoller, das dem Tod gegenübergestanden hat und die Unmittelbarkeit und Frische des Lagerlebens kennt.« Welch eine kaum faßbare Kurzsichtigkeit, der die politische Dimension fast völlig fehlt: »Darüber hinaus aber verspreche ich mir wenig vom Krieg, und ein erneutes Hurrawesen wird ja wohl nicht ausbleiben.«

Diesen »ennui«, diese Ungeduld des Wartens auf das Ungewöhnliche, die das soziale Empfinden der Entfremdung gegenüber der Banalität einer nichtssagenden Friedenswelt in eine

[3] Zitiert nach Roland N. Stromberg, Redemption by War. The Intellectuals and 1914. Lawrence 1982, S. 2, 19.

übersteigerte Kriegsbegeisterung einmünden läßt, hatten
Schriftsteller wie Heym und Hesse durchaus gemein mit den
Vertretern des sogenannten »soldatischen Nationalismus«, wie
Franz Schauwecker und Ernst Jünger. Jünger war aus ähnli-
chem Grund 1913 zur Fremdenlegion ausgerissen, aber von
seinem Vater zurückgeholt worden. Bei ihm wird der Flucht-
charakter der Kriegsbegeisterung noch deutlicher: »Das Klein-
lich-Planlos-Schlendernde des Friedensalltags ist weg. Plötzlich
ist das Leben auf seine schlichteste Form zurückgeführt ... Das
früher so verworrene, unklare Dasein ist nun zusammengeraff-
tes Leben, das kristallen und hart widerspruchslos in der ge-
drängten Fülle der Sekunde sich abrollt.«[4] Und ähnlich wird der
Krieg auch für den Gelegenheitsarbeiter und Postkartenmaler
Adolf Hitler zur umwälzendsten Erfahrung. Er begrüßt den
Krieg nicht nur als Befreiung von der allgemeinen Unsicherheit,
von Zukunftsängsten, sondern dieser gibt endlich seinem Leben
Ziel, Richtung und Gehalt, löst ihn aus den Niederungen der
verhaßten proletarischen Existenz heraus. Es »begann nun auch
für mich die unvergeßlichste und größte Zeit meines irdischen
Lebens«[5]. Der Krieg wird zur Abkehr von der »ausgeklügelten
Zersplitterung des Genusses«, von der dekadenten Kultur des
Wilhelminismus, wird zur begrüßten Zerstörung einer alten
überlebten Welt. Die »Wiederentdeckung der Gewalt« entspricht für Jünger dem »heftigen Willen, das Leben zu erfas-
sen«, und nicht zufällig, wenngleich bei Jünger erst nachträglich
verarbeitet, hat nun die Lebensphilosophie Nietzsches und
Bergsons Konjunktur, tauchen immer wieder die gleichen Me-
taphern auf: die »Befreiung«, das »Leben«, die Weckung der
verschütteten »Instinkte«, die alle Grenzen des Alltäglichen
überschreitende »Erfahrung« des Lebens in der Konfrontation
mit dem Grauen und dem Entsetzen.

Diese Stimmen mögen eher typisch für bürgerliche Kreise
sein, doch griff die Stimmung zweifellos auch darüber hinaus.
Selbst wenn es Ausdruck einer Massenhysterie war, so erscheint
diese doch echt, gewachsen, kein Produkt geschickter Propaganda und Kriegstreiberei. Akzeptiert man die Kunst als einen
Indikator für den Wandel kollektiver Mentalitäten, so war die
Hoffnung von Künstlern und Intellektuellen auf den Krieg weniger Folge einer ökonomischen als einer geistigen Krise. Der

[4] Zitiert nach Prümm, Soldatischer Nationalismus, S. 98.
[5] Adolf Hitler, Mein Kampf. 33. Aufl., München 1933, S. 179.

Übergang zum Expressionismus in Literatur und bildender Kunst, die »neue« Musik Schönbergs, Werkbund und Bauhaus waren vor 1914 voll ausgebildet, trugen, wenngleich weitgehend unpolitisch, deutlich Züge des Protestes, des Unbehagens an Materialismus und Naturalismus, wollten Affront gegen den bürgerlichen Kulturbetrieb und seine gängigen Normen sein. Der Krieg erschien diesen Kreisen als die einmalige Chance, und das in ganz Europa, die verkrustete Schale des fin de siècle zu durchbrechen. Selbst Ernst Toller, der, als ihn der Krieg physisch und psychisch zerbrach, zum glühenden Pazifisten wurde, hatte sich als Kriegsfreiwilliger gemeldet – sicherlich auch, weil er als Jude sein Deutschtum unter Beweis stellen wollte: »Wir Jungen wünschen den Krieg herbei«, so hatte er 1911 als Schüler geschrieben, »der Friede ist eine faule und der Krieg eine große Zeit, sagen die Professoren, wir sehnen uns nach Abenteuern, vielleicht werden uns die letzten Schuljahre erlassen, und wir sind morgen in Uniform, das wird ein Leben.« Sicher, so sagten es ihm die Professoren. Doch auch bei ihm hielt sich das Gefühl bis 1914: »Ja, wir leben in einem Rausch der Gefühle. Die Worte Deutschland, Vaterland, Krieg haben magische Kraft, wenn wir sie aussprechen, verflüchtigen sie sich nicht, sie schweben in der Luft, kreisen um sich selbst, entzünden sich und uns.«[6] Es mag dieses Zeugnis davor warnen, die Kriegsbegeisterung des August 1914 als vordergründige Psychose, als Wunschbild der Propaganda zu unterschätzen.

Anders als Jünger waren die meisten bald von ihrer Kriegsbegeisterung geheilt. Bilder, wie sie Otto Dix oder Max Beckmann an der Front malten, sprechen für sich. Rilke erschrak über seine eigene anfängliche Begeisterung, Piscator, Tucholsky, Toller wurden zu Pazifisten, mußten mit zerrütteten Nerven aus dem Heeresdienst entlassen werden. Tucholsky oder selbst Zuckmayer schrieben sich ihre Verzweiflung von der Seele, anders als ihr Kollege Jaroslav Hašek, der seine Erfahrungen in der bitteren Humoreske vom braven Soldaten Schweijk verarbeitete. Die Revolution von 1918 wurde für sie zur zweiten Hoffnung nach 1914, die sie mit ähnlicher Begeisterung begrüßten. Doch auch sie erschien ihnen bald, wie es der Publizist Paul Cassirer formulierte, als eine große »Schiebung«. Viele wandten sich zunächst nach links, wie Walter Gropius, der 1919 im Bolschewismus trotz aller »schlechten begleiterscheinungen« die

---

[6] Ernst Toller, Prosa Briefe Dramen Gedichte. Reinbek 1961, S. 47, 60.

einzige Chance für eine »neue kultur« sah: »der intellektuelle bourgeois ... hat seine unfähigkeit bewiesen, träger einer deutschen kultur zu werden. neue, geistig noch nicht erschlossene schichten des volkes drängen aus der tiefe empor. sie sind das ziel der hoffnungen.«[7] Worte und Hoffnungen, wie sie zur gleichen Zeit auch von anderer, von rechter Seite aufgrund der enttäuschten Kriegserfahrung zu hören waren. Die Künstlergemeinde brach immer weiter auseinander, war von rechts bis links vertreten, zog sich ins vermeintlich Unpolitische zurück, gab die künstlerischen Formen ihres frühen Protestes auf und wandte sich der »neuen Sachlichkeit«, der Satire, der Groteske, dem Absurden zu. 1924 zog der Dramatiker Paul Kornfeld sozusagen den Schlußstrich: »Nichts mehr von Krieg und Revolution und Welterlösung! Laßt uns bescheiden sein und uns anderen, kleineren Dingen zuwenden«[8], damit den Kern der Erfahrung einer »verlorenen Generation« berührend. Spät sollte sich damit die Warnung der ›Kreuzzeitung‹ vom Juli 1914 bestätigen, daß die Folge der enttäuschten Kriegsbegeisterung tiefgreifende Resignation sein werde.

Angst vor einer Enttäuschung, vor der Zurückweisung ihrer nationalen Begeisterung hatten im August 1914 weite Kreise der Sozialdemokratie, die sich der allgemeinen Stimmung weder entziehen konnten noch wollten. Mit Wohlgefallen und überraschter Anerkennung zitierten liberale, schließlich auch konservative Zeitungen bereits Ende Juli Stimmen aus der SPD, sich für die Vaterlandsverteidigung aussprachen, noch ehe die Frage der Kriegsschuld überhaupt ein Thema war. Schon konnte die liberale ›Frankfurter Zeitung‹, sicherlich ohne von den internen Vorgängen Kenntnis zu haben, am 31. Juli in ihrem Leitartikel die Worte Wilhelms II. vorwegnehmen: »Und darüber mögen sich unsere Feinde nicht täuschen. Von heute ab schweigt innerer Zwist, und jeder wird seine Pflicht tun, auch die deutschen Arbeiter, die sich zur Sozialdemokratie bekennen.«

Wenngleich dieselbe Zeitung am 31. Juli noch unsicher war, »ob die Fraktion nicht auch, wie es schon einzelne getan haben, sich dazu aufschwingt, die Verteidigung des Vaterlandes auch als Pflicht der Sozialdemokratie zu proklamieren«, so bedurfte

[7] Zitiert nach John Willett, Explosion der Mitte. Kunst und Politik 1917 bis 1933. München 1981, S. 50.
[8] Zitiert nach Eberhard Kolb, Die Weimarer Republik. München, Wien 1984, S. 94.

es trotz der hunderttausendköpfigen Protestdemonstrationen gegen den Krieg, zu denen der Parteivorstand nach dem Ultimatum an Serbien aufgerufen hatte, keiner besonderen prophetischen Gabe, um diese Entwicklung vorauszusagen. Nur wenige Tage zuvor hatte Johannes Hoffmann (Kaiserslautern) im Münchner Landtag entrüstet erklärt, als die SPD wegen mangelnder vaterländischer Gesinnung bei der Verteilung von Geldern für die Jugendarbeit als einzige ausgeschlossen worden war: »Wenn in wenigen Tagen das deutsche Volk zu den Waffen gerufen wird, dann sind auch wir vaterländisch!« Gerade süddeutsche SPD-Zeitungen, mit Ausnahme des auf dem linken Flügel stehenden württembergischen Parteiblattes, verbreiteten schon am 30. Juli Stellungnahmen lokaler Parteiführer und -prominenz, die in ihrem Grundtenor sich einheitlich für die Verteidigung von »Vaterland, Kultur und Menschlichkeit« einsetzten. »Die deutschen Sozialdemokraten«, so schrieb der dem äußersten rechten Flügel zugerechnete Wilhelm Kolb im Karlsruher ›Volksfreund‹, »sind bis zum letzten Mann bereit, einen Angriff auf ihr Vaterland abzuwehren und dieses zu schützen ... Es ist auch nicht wahr«, so wies er Antikriegskommentare der württembergischen Linken zurück, »und wir protestieren dagegen, daß die Proletarier kein Vaterland mehr haben und daß sie nichts zu verlieren hätten. Das sind sinnlose Phrasen, die auf denkende Arbeiter keinen Eindruck machen, und die obendrein den Scharfmachern gegen die Sozialdemokratie das Wasser auf die Mühlen leiten.« Wenn der Zarismus dem Reich den Krieg aufzwinge, so ergänzte der spätere Kriegsfreiwillige (und bald gefallene) Ludwig Frank in der Mannheimer ›Volksstimme‹, dann werden die Feinde in Deutschland »über alle Klassenunterschiede und Weltanschauungen, über alle sonstigen Divergenzen hinweg – ein einiges, allseitig geschlossenes Volk finden, bereit, mit dem letzten Blutstropfen die Unabhängigkeit und Größe Deutschlands gegen jeden Feind zu verteidigen«. Und auch die Mainzer ›Volkszeitung‹ griff bereits vor dem Kaiser die Burgfriedens-Formel auf: »Wenn die eisernen Würfel rollen, ... dann werden in Deutschland keine Parteien- und Klassenunterschiede mehr bestehen.«[9]
Diese Äußerungen waren zum Teil schon gefallen bzw. gedruckt, noch ehe Friedrich Stampfer seinen bekannten Artikel vom 30. Juli über seine Korrespondenz verschickt hatte, in der

[9] Jeweils zitiert nach ›Frankfurter Zeitung‹, vom 30. und 31. Juli 1914.

er vor »kosakischen Bestialitäten« warnte, die Niederlage als »gleichbedeutend mit Zusammenbruch, Vernichtung und namenlosem Elend« bezeichnete. Es sei eine »Verleumdung«, zu behaupten, die Sozialdemokraten würden ihr Vaterland im Stich lassen: »Die ›Vaterlandslosen Gesellen‹ werden ihre Pflicht erfüllen und sich darin von den Patrioten in keiner Weise übertreffen lassen.« Der Parteivorstand konnte diesen Artikel mißbilligen (wenngleich eher aus taktischen als aus inhaltlichen Gründen), Stampfer auch zum telegraphischen Rückruf veranlassen, aber er konnte nicht verhindern, daß eine Anzahl von Parteiblättern ihn dennoch abdruckte oder sinngemäß wiedergab. Wilhelm Keil, selbst längst von der Unvermeidlichkeit von Krieg und Kreditbewilligung überzeugt, »atmete auf«, als er den Artikel las. Und auch Scheidemann war sich sicher, daß dieser »die damalige Stimmung *der Partei,* nicht etwa nur die Stampfers« widerspiegelte.[10] Wenn die Redakteure der regionalen Parteizeitungen sich zum Abdruck entschlossen, so taten sie dies unter dem Eindruck der Massenstimmung, die auch die eigene Leserschaft nicht unberührt gelassen hatte. Selbst Angehörige der Linken gestanden noch unter dem Eindruck der beginnenden Parteispaltung übereinstimmend, man habe sich vor der »Wut der Bevölkerung« gefürchtet. Hilferding wies auf die »inneren Gefahren« für die Partei hin, daß nämlich »die breiten Massen sich unter der überwältigenden Suggestion der Ereignisse von der Kriegsideologie fortreißen ließen und sich von der Partei abwandten«. Ganz in diesem Sinn wollte auch Clara Zetkin bei der Bewertung des Verhaltens der Parteiführung im August 1914 »auf allerhand ›mildernde Umstände‹ plädieren«[11].

Vielen Angehörigen des rechten Parteiflügels und der Gewerkschaften bot der Kriegsausbruch die lang ersehnte Chance, sich zu ihrer »nationalen« Gesinnung offen bekennen zu dürfen. Andere, wie Eduard David, hatten die ersten Kundgebungen nach Bekanntwerden des österreichischen Ultimatums an Serbien noch mißtrauisch als Inszenierung der kriegslüsternen nationalen Rechten beobachtet, dann aber recht nüchtern kalkulierend die parteipolitische Gunst der Stunde erkannt und

[10] Zitiert nach Philipp Scheidemann, Memoiren eines Sozialdemokraten. 2 Bde, Dresden 1928, Bd. 1, S. 238 ff.; Wilhelm Keil, Erlebnisse eines Sozialdemokraten. 2 Bde, Stuttgart 1948, Bd. 1, S. 299.

[11] Zitiert nach Susanne Miller, Burgfrieden und Klassenkampf. Die deutsche Sozialdemokratie im Ersten Weltkrieg. Düsseldorf 1974, S. 69.

ergriffen. David selbst hielt am 3. August in der Fraktion eine »Kriegervereinsrede«; Hermann Molkenbuhr sah sich plötzlich durch die Ereignisse dieser Tage »in Richtung auf Bewilligung getrieben«. Und vor allem Ludwig Frank wollte als Sozialdemokrat wie als Jude mit seiner freiwilligen Meldung zum Heer ein Zeichen setzen, für die Partei wie für die Nation, hatten doch, wie sein Münchner Parteigenosse Adolf Müller es wenig später formulierte, er wie das ganze Volk in den »großen Tagen, die wir jetzt durchleben ... wenigstens das Bürgerrecht erworben, für sein Vaterland zu sterben«[12]. Der 44jährige Wilhelm Keil ließ es sich seinerseits nicht nehmen, dem Beispiel Franks oder auch Bebels nachzueifern, der ja gegen das Zarentum noch einmal hatte »die Knarre schultern« wollen, und meldete sich freiwillig zum Bahnschutz in seiner Wohngemeinde Ludwigsburg.

Lag dies alles im Trend einer Entwicklung, wie sie genaue Beobachtung schon seit geraumer Zeit hätte erkennen lassen können, so war es doch überraschend, ja für das »August-Erlebnis« in besonderem Maße kennzeichnend, daß selbst ausgesprochen radikale Vertreter des linken Parteiflügels fast über Nacht eine vollständige Kehrtwendung ihrer Anschauungen vollzogen. Eines der bekanntesten Beispiele ist Konrad Haenisch, der aus der Rückschau des Jahres 1916 überschwenglich und pathetisch seine Wandlung beschrieb: »Wie das Erwachen aus einem langen, wüsten Traum war es in jenen Augusttagen. Wir schlugen die Augen auf und siehe da: wir hatten plötzlich, aus tiefster Not und aus höchster Gefahr geboren, ein deutsches Vaterland! Und dieses deutsche Vaterland hatte uns ... Diese plötzlich mit so elementarer Gewalt hervorbrechende Liebe zu Deutschland hat manchen deutschen Sozialdemokraten in der Stunde, als er sich ihrer bewußt wurde – sagen wir es ganz offen – mit jähem Schrecken erfüllt. Man kam ... in einen Wirbel des furchtbarsten Stimmungswiderstreits, ja noch mehr: man kam in das Höllenfeuer der schwersten Gewissenskonflikte hinein. Ja – durfte man denn überhaupt deutsch empfinden, durfte man mit den Klassenfeinden von gestern nun heute Schulter an Schulter zusammenstehen ... gegen die Klassen- und Kampfgenossen jenseits der Grenze, denen man vor drei Tagen noch das Gelöbnis der Treue erneut hatte? ... Leicht ist dies Ringen

---

[12] Politisches Archiv des Auswärtigen Amtes (Bonn), Ia Europa Generalia Nr. 82 Nr. 1, Bd. 24, Bl. 14.

zweier Seelen in der einen Brust wohl keinem von uns geworden ... um alles in der Welt möchte ich jene Tage inneren
Kampfes nicht noch einmal durchleben! Dieses drängendheiße
Sehnen, sich hineinzustürzen in den gewaltigen Strom der allgemeinen nationalen Hochflut, und von der anderen Seite her die
furchtbare seelische Angst, diesem Sehnen rückhaltlos zu folgen, der Stimmung ganz sich hinzugeben, die rings um einen
herumbrauste und brandete, und die, sah man sich ganz tief ins
Herz hinein, auch vom eigenen Innern ja längst schon Besitz
ergriffen hatte! Diese Angst: Wirst du nicht zum Halunken an
dir selbst und deiner Sache – *darfst* du auch so fühlen, wie es dir
ums Herz ist? Bis dann ... die furchtbare Spannung sich löste,
bis man wagte, das zu sein, was man doch war, bis man – allen
erstarrten Prinzipien und hölzernen Theorien zum Trotz – zum
ersten Male (zum ersten Male seit fast einem Vierteljahrhundert
wieder!) aus vollem Herzen, mit gutem Gewissen und ohne
jede Angst, dadurch zum Verräter zu werden, einstimmen durfte in den brausenden Sturmgesang: Deutschland, Deutschland
über alles ...«[13]

Entsprach dieses Bekenntnis eines Parteiintellektuellen, der
hier möglicherweise zu seinen bürgerlichen Ursprüngen zu-
rückfand, dem Denken, dem Fühlen, dem Handeln des einfachen Parteivolkes, der breiten Anhängerschaft? Diesbezügliche
Berichte sind selten, oft nur aus zweiter Hand; Selbstzeugnisse
gibt es praktisch gar nicht. Es liegen aber von beiden Flügeln
der Partei Hinweise dafür vor, daß »der patriotische Taumel in
jenen schrecklichen Tagen auch die weitesten Kreise der Arbeiterschaft ergriffen hatte«[14]. Gustav Eckstein und Philipp
Scheidemann berichten übereinstimmend, daß selbst in typi-
schen Arbeitervierteln und SPD-Hochburgen Berlins »nach jedem Siegesbericht bis in die dritten und vierten (Hinter-)Höfe
hinein Fahnen ausgehängt« worden seien[15], ja daß in Arbeitervierteln reichlicher Schwarz-Weiß-Rot geflaggt worden sei als
in den Villenvororten. Der Reichstagsabgeordnete König aus
Hagen »sah Reservisten sich stellen und abreisen unter An-
stimmung sozialdemokratischer Lieder«. Sie zogen mit der
doppelten Gewißheit in den Krieg, daß die Partei für sie und

[13] Konrad Haenisch, Die deutsche Sozialdemokratie in und nach dem Weltkrieg. 4. Aufl., Berlin 1919, S. 108–111.
[14] Zitiert nach Miller, Burgfrieden, S. 69.
[15] Scheidemann, Memoiren, Bd. 1, S. 259.

ihre Familien im Falle von Tod oder Verwundung sorgen werde, daß die Partei aber auch für die Mittel zum Kampfe sorgen werde: »Ihr fahrt jetzt nach Berlin zur Reichstagssitzung. Denkt dort an uns, vergeßt uns nicht, sorgt für uns, daß uns nichts fehlt, seid nicht knauserig in der Bewilligung der Mittel.«[16]

Bilder von mobilisierten Männern auf dem Weg von der Einkleidung zur Kaserne zeigen ernste Gesichter über dem kragenlosen Hemd. Den Pappkarton mit den privaten Habseligkeiten unter dem Arm, sind sie häufig begleitet von barfüßigen Kindern im Matrosenhemd, die stolz auf dem Kopf Vaters Pickelhaube, in den Händen seine Stiefel tragen. Begeisterung, selbstverständlichen Willen zur Pflichterfüllung gab es zweifellos auch in diesen Kreisen, wie die Berichte skeptischer Behörden verwundert konstatierten. Doch dieser »lebhaft betätigte vaterländische Geist« war sicher nicht das ganze Bild. Die Gewerkschaften meldeten, allerdings in der distanzierten Berichterstattung des Jahres 1915, politisch motivierte Austritte, wohl aus Protest gegen die Kriegspolitik von Verbandsvorständen und Partei. An manchen Orten aber waren die Mitglieder »derart kopflos, daß sie meinten, jetzt hätte alles aufgehört«. Aus Angst vor Repressalien seitens der Behörden oder der Arbeitgeber begingen sie »Fahnenflucht«, vereinzelt erwarteten sie gar eine (Selbst-)Auflösung der Organisationen. Das klingt sehr viel nüchterner, läßt eine stärkere Ausrichtung auf die unmittelbare Lebenswelt erkennen, in der das Betroffensein vom Krieg eher Betroffenheit auslöste. Ob diese Arbeiter sich, wie mancher Student, »fast schämten«, noch am 3. August in Zivilkleidern über die Straße zu gehen?[17] Sicherlich traf der »Arbeiterdichter« Heinrich Lersch den Ton dieser Tage, wenn er das Gedicht ›Soldaten-Abschied‹ mit den berühmten Worten ausklingen ließ: »Deutschland muß leben, auch wenn wir sterben müssen!« War dies kurzlebige Euphorie, die die beklemmenden Gedanken an die »wirklich und leibhaftig herannahenden Schrecken« nur verdrängte? War es gläubiges Pathos oder gedankenloses Mitläufertum?

Wir wissen es nicht, können es heute auch kaum noch nachvollziehen. Die ungelenken Verse und Aufschriften an den

---

[16] Hedwig Wachenheim, Die deutsche Arbeiterbewegung 1844–1914. Köln, Opladen 1967, S. 594 f.
[17] Kriegsbriefe gefallener Studenten. Hrsg. von Philipp Witkop. München 1928. S. 7.

Transportwaggons, die Anfang August an die Front rollten, lassen indes keineswegs akademisch vorgebildete Autoren vermuten, sondern eher an »Volkes Stimme« denken[18]:

> Russischer Kaviar,
> Französischer Sekt;
> Deutsche Hiebe,
> Ei, wie das schmeckt!
>
> Jeder Schuß ein Russ'
> Jeder Stoß: ein Franzos'.
>
> Ach, wenn das der Franzmann wüßte,
> Was für Schläg' er kriegen müßte;
> Seine Angst die wäre groß,
> Denn der Deutsche prahlt nicht bloß!
>
> Wageninhalt: Mutters Lieblinge,
> Frankreichs Schrecken!
>
> Die Serben sind alle Verbrecher,
> Ihr Land ist ein dreckiges Loch!
> Die Russen, die sind nicht viel besser
> Und Keile kriegen sie doch!
>
> Zar, es ist 'ne Affenschande,
> Daß wir dich und deine Bande,
> Müssen erst desinfizieren
> Und dann gründlich kultivieren!
>
> Wenn es Russenköpfe regnet
> Und Franzosenköpfe schneit;
> Dann bitten wir den lieben Gott,
> Daß das Wetter noch so bleibt!

In diesen Zeilen paart sich Siegesgewißheit mit Überheblichkeit und Prahlerei (»Hier werden noch Kriegserklärungen entgegengenommen«). Es finden sich zugleich Anklänge, die an eine Landpartie, einen Spaziergang, an eine Wirtshauskeilerei erin-

[18] Innenansicht eines Krieges. Deutsche Dokumente 1914–1918. Hrsg. von Ernst Johann. München 1973, S. 19 ff.

nern. Kein Haß, keine Todesahnung, kaum Pathos. Anders offenbar Wilamowitz-Moellendorff, der am letzten Semestertag in Berlin seine Studenten mit dem Aufruf zu einem zweiten Befreiungskrieg – wie 1813 – entließ und gegenüber seinen begeistert mit den Füßen trampelnden Hörern bedauerte, daß ihm selbst die Teilnahme daran nicht mehr vergönnt sei. Noch überdeckte diese Begeisterung die aufkeimende Ahnung, daß die Wirklichkeit des Krieges wohl ganz anders aussehen mochte; noch begriff die Emotion das persönliche Opfer als selbstverständlich und gering. »Jedenfalls habe ich die Absicht, draufzugehen ›wie Blücher‹«[19], schrieb ein Leipziger Student am 7. August seinen Eltern aus der Kaserne. »Das ist jetzt einfach unser aller Pflicht. Und die Stimmung ist allgemein so unter den Soldaten, besonders seit Englands Kriegserklärung die Nacht in der Kaserne bekannt wurde. Damals haben wir vor Aufregung, Wut und Begeisterung bis früh 3 Uhr nicht geschlafen. Es ist eine Lust, mit solchen Kameraden zu ziehen. Wir werden siegen! Das ist bei solch kraftvollem Willen zum Sieg gar nicht anders möglich. Meine Teuren, seid stolz, daß Ihr in solcher Zeit und solchem Volke lebt und daß Ihr auch mehrere Eurer Lieben in diesen stolzen Kampf mitsenden dürft«. Noch auf dem Transport zur Front war diese Stimmung nicht verebbt, war der Blick zurück noch beeindruckender als der Blick nach vorn: »Erhebend und packend war unser Abmarsch. Die Bedeutung und zugleich die Gefahren, die den Hintergrund eines solchen Ausmarsches bilden, gaben ihm eine wunderbare Weihe. In jedem der Abziehenden und der Zurückbleibenden drängen sich die Gedanken und Empfindungen. Es ist, als erlebte man in einer Stunde soviel als sonst in Monaten und Jahren – diese Begeisterung! Das ganze Bataillon hatte Uniform und Helm mit Blumen geschmückt. Unermüdlich Tücherschwenken aus allen Fenstern und Straßen, tausend Hurras! Hüben und drüben, und dazu die immer und immer wiederholte, ewig neue und wunderbare Versicherung der Soldaten: ›Fest steht und treu die Wacht am Rhein!‹ Diese Stunde, die selten schlägt im Leben der Völker, ist so gewaltig und ergreifend, daß sie allein viele Anstrengungen und Entbehrungen aufwiegt.« Doch dem Grauen der ersten Schlachterfahrungen hielt dieses Hochgefühl nicht stand: »Mit welcher Freude, welcher Lust bin ich

[19] Dieses und die folgenden Zitate aus Kriegsbriefe gefallener Studenten, S. 8, 15, 21.

hinausgezogen in den Kampf, der mir als schönste Gelegenheit erschien, Lebensdrang und Lebenslust sich austoben zu lassen. Mit welcher Enttäuschung sitze ich hier, das Grauen im Herzen.« Im Angesicht des Todes erwachte ein neuer »Wille zum Leben«, zum einfachen Überleben. Nur mühsam konnte der eine den »Unsterblichkeitsgedanken«, den »Heldentod fürs Vaterland« als »erhabenen Ersatz«, als Trost empfinden. Der andere, den die Begeisterung nicht erfaßt hatte und der über den Tag hinaus dachte, akzeptierte gleichwohl die Verpflichtung. »Denn das Entscheidende«, so schrieb ein Student, der sich nicht entziehen wollte und daher freiwillig meldete, »ist doch immer die *Opferbereitschaft*, nicht das, wofür das Opfer gebracht wird. Ich finde den Krieg, nach allem, was ich davon gehört habe, als etwas so Fürchterliches, Menschenunwürdiges, Törichtes, Überlebtes, in jeder Weise Verderbliches, daß ich mir fest vorgenommen habe, wenn ich aus dem Krieg heimkehre, mit aller Kraft alles zu tun, was ich kann, damit es in Zukunft so etwas nicht mehr geben kann.«

Wenn hinter der in Todesangst erkalteten Emotion die Sinnhaftigkeit des Krieges verloren ging, wenn sich der Tod auf den Beweis der Opferbereitschaft reduzierte, dann deckte diese kollektive Selbstverleugnung nicht zuletzt die Tatsache auf, daß der Krieg für manchen seiner Protagonisten, auch unabhängig von seinem Befreiungs- und Verteidigungscharakter, begonnen hatte, zum Selbstzweck zu werden. Der Krieg überwand das kulturpessimistische Unbehagen, den Widerspruch zwischen lebensphilosophischem Ästhetizismus, dem Fluchtkult naturverbundener Jugendbewegung und urbaner Massengesellschaft; er machte die eigene Existenz erfahrbar, überbrückte darin soziale Kluften und schuf jenen Geist, der die Entfremdung von der immer rascher sich durchsetzenden Industriegesellschaft aufzuheben schien. Der Münsteraner Nationalökonom Johann Plenge sah die »Ideen von 1914« als Ergebnis und Rechtfertigung dieser »deutschen Revolution«, »die Revolution des Aufbaues und des Zusammenschlusses aller staatlichen (!) Kräfte im 20. Jahrhundert gegenüber der Revolution der zerstörenden Befreiung im 18. Jahrhundert«[20], das heißt der französischen Revolution von 1789. Der Krieg wurde zur »Katharsis«: »Wie auch der Krieg ausgehen wird«, so schrieb am 6. August 1914

---

[20] Zitiert nach Dieter Krüger, Nationalökonomen im wilhelminischen Deutschland. Göttingen 1983, S. 189.

Karl Th. Rathgen an seinen Kollegen Gustav Schmoller, »eines bewirkt er jedenfalls. Die zunehmende weichliche Ästhetisiererei und politische Indifferenz, die manche besonnenen jungen Leute der höheren Stände so unglücklich machte, wird in diesem Stahlbad abgewaschen. Und wenn wir unterliegen, so bin ich wie Sie überzeugt, daß die unzerstörbaren Kräfte unseres Volkes eine Wiedergeburt herbeiführen werden. Aber um welchen Preis!«[21]

Die Frage nach dem Preis, der für diesen Krieg zu zahlen war, stellten sich auch die politisch Verantwortlichen, kaum daß sie den entscheidenden Schritt getan und die Mobilmachung offiziell verkündet hatten. Während die Menge in Berlin ihre Begeisterung vor dem Schloß auslebte und den Kaiser zu sehen verlangte, nahm dieser zwar stolz und geschmeichelt die Ovationen entgegen, doch seine großsprecherische Euphorie zu Beginn der Krise war einer gewissen Ernüchterung oder doch Verunsicherung gewichen. Hatte er sich, hatte das Reich sich zu weit vorgewagt? War das Risiko nicht doch zu groß? Ein Telegramm des deutschen Botschafters in London, Lichnowsky, ließ kurz nach Verkündung der Mobilmachung noch einmal die Hoffnung aufkeimen, der Krieg lasse sich begrenzen oder gar noch verhindern. Zwar erwies sich die Meldung nur allzubald als Mißverständnis, als Wunschdenken, das Andeutungen zur Gewißheit aufgebauscht hatte. Aber es war doch bezeichnend, daß der Kaiser nach diesem Strohhalm griff und seinen Generalstabschef Moltke und seinen Reichskanzler Bethmann Hollweg eiligst ins Schloß zurückbeordern ließ. Hier forderte der Kaiser in erregter Auseinandersetzung von Moltke, die Überschreitung der luxemburgischen Grenze telefonisch aufzuhalten und den Aufmarsch des Heeres vom Westen nach dem Osten umzuleiten, gegen Rußland. Moltke war entsetzt und erwies sich hier, und das nicht zum letzten Male, keineswegs als Herr der Lage. Er weigerte sich. Er beugte sich den von ihm selbst geschaffenen Sachzwängen: »Der Aufmarsch eines Millionenheeres lasse sich nicht improvisieren; er sei das Ergebnis einer vollen, mühsamen Jahresarbeit und könne, einmal festgelegt, nicht geändert werden.«[22] Es war dies wohl falsch, wie kompetente und verantwortliche Offiziere nach dem Krieg selbst eingestan-

---

[21] Ebd., S. 193.
[22] Hier und im folgenden zitiert nach Barbara Tuchman, August 1914. Bern, München, Wien 1964, S. 101 ff.

den, aber allein das Argument war verräterisch für die Hilflosigkeit, den Fatalismus, dem schließlich auch der Kaiser erlag. Wilhelm fand sich plötzlich in der gleichen Lage wie sein »Vetter«, der Zar, der am 30. Juli in gleicher Situation, gegenüber den gleichen Argumenten gestanden hatte und der mit bleichem Gesicht und mit gepreßter Stimme seinem Minister gesagt hatte: »Denken Sie an die Verantwortung, die ich durch Ihren Rat auf mich nehme. Bedenken Sie, daß es sich darum handelt, Tausende und aber Tausende Menschen in den Tod zu schikken.«

Der Kaiser unternahm indes noch einen letzten Versuch, trotz der Weigerung Moltkes, aber mit Unterstützung von Reichskanzler Bethmann Hollweg. Gegen 19 Uhr ließ er ein Telegramm an König Georg von England absenden, das den nicht ganz korrekten, aber doch als Signal gedachten Schlußsatz enthielt: »Die Truppen an meiner Grenze werden soeben telegrafisch und telefonisch abgehalten, die französische Grenze zu überschreiten.« Die kleine Einheit, die inzwischen planmäßig nicht die französische, sondern die (neutrale) luxemburgische Grenze überschritten hatte, wurde in der Tat noch einmal zurückgeholt. Doch als gegen 23 Uhr endlich klar geworden war, daß Großbritannien kein Verhandlungsangebot gemacht hatte, das den Einfrontenkrieg gegen Rußland bei französischer Neutralität in Aussicht zu stellen schien, sagte der Kaiser, der Moltke bereits mit einem Militärmantel über dem Schlafanzug empfing: »Jetzt können Sie machen, was Sie wollen« – und ging wieder zu Bett.

Weniger gut schlief wohl der Mann, der aufgrund seines Charakters, seiner Bildung, seines ganzen Naturells wahrscheinlich noch am ehesten überblickte, welche nicht nur verfassungsrechtliche, sondern historische Verantwortung er auf sich genommen hatte: Bethmann Hollweg. Sicher, sein innenpolitisches Kalkül war letztlich schon am 1. August aufgegangen, wie ihm die noch um Mitternacht vor seinem Palais singende und jubelnde Menge jederzeit in Erinnerung rief. Auch die SPD hatte sich dieser patriotischen Welle nicht entziehen können. Aber war dieser Erfolg den Preis wert? Der Reichskanzler sah das Reich in einer ausweglosen Lage, sich selbst dementsprechend vor »schweren Entscheidungen«. Läßt er die Gelegenheit verstreichen, zerfällt das Bündnis mit Österreich-Ungarn, mit Italien, ist Deutschland endgültig »völlig lahmgelegt«. Nutzt er die Chance, vielleicht die letzte auf absehbare Zeit, so setzt er den inneren Status quo des Reiches aufs Spiel, so stabil diese alte Ordnung auch nach außen noch erscheinen mag. Der Krieg, dessen Ausweitung zum Weltkrieg er für denkbar, ja wahrscheinlich hält, bringt nach seiner Überzeugung, »wie er auch ausgeht, eine Umwälzung alles Bestehenden«.[23] Anders als die Konservativen, anders als die jubelnde Menge unter seinen Fenstern erwartet er von einem Krieg eher den Untergang einer Welt, seiner Welt: Alles sei »so sehr alt« geworden, »überlebt, ideenlos«. Der »geistige Niedergang« der alten Welt erscheint ihm als »ein Fatum, größer als Menschenmacht über der Lage Europas und über unserem Volke«. Dennoch: »Die Aktion«, der Krieg, kann vielleicht die Befreiung aus dieser Stagnation und Enge bringen; aber er birgt ein kaum kalkulierbares Risiko, ist ein »Sprung ins Dunkle und dieser schwerste Pflicht«. Denn gibt es überhaupt noch eine Alternative, wenn die alte Ordnung ohne den Krieg erst recht untergehen wird?

Vielleicht. Am 25./26. Juli, als er von seinem Gut Hohenfinow nach Berlin zurückkehrt, erkennt der Kanzler die mögliche Tragfähigkeit »des patriotischen Empfindens«, auf das er gehofft, ja spekuliert hat. Noch sind es nur kleine Gruppen, die nach dem Ablaufen des österreichischen Ultimatums an Serbien unter Absingen patriotischer Lieder durch die Straßen Berlins ziehen. Er hält sie zunächst für »halbwüchsige Burschen, die sich der Gelegenheit zu Radau und Aufregung freuen und ihre Neugierde spazieren tragen. Es werden aber mehr und mehr, und die Töne werden echter, der Kanzler schließlich tief bewegt, ergriffen und befestigt, zumal aus dem ganzen Reich die Nachrichten kommen. Ein ungeheurer, wenn auch wirrer Betätigungsdrang im Volke, eine Gier nach großer Bewegung, aufzustehen für eine große Sache, seine Tüchtigkeit zu zeigen.«

Hat dieses Erlebnis den Zauderer, der schon 1911 in der Marokkokrise die Überzeugung geteilt hatte, »daß das Volk einen Krieg nötig hat«, endgültig bewogen, die Diagonale zu suchen zwischen dem unvermeidlichen Niedergang durch Abwarten und dem Risiko der Tat? Lag hier der Ausweg, der Weg zur inneren Läuterung und Festigung von Volk, Reich und Mon-

---

[23] Dieses und die folgenden Zitate aus Kurt Riezler, Tagebücher, Aufsätze, Dokumente. Eingeleitet und hrsg. von Karl Dietrich Erdmann. Göttingen 1972, S. 180–193 passim; Johanna Schellenberg, Die Herausbildung der Militärdiktatur in den ersten Jahren des Krieges. In: Politik im Krieg 1914–1918. Studien zur Politik der deutschen herrschenden Klassen im ersten Weltkrieg. Hrsg. von Fritz Klein. Berlin 1964, S. 35 (C. von Delbrück).

archie? Hat sich nun auch der Ältere, wie sein junger Vertrauter Riezler, dem »Reiz des Ungewissen, des Neuen, der großen Bewegung« geöffnet, ist er nun selbst dem Glauben oder der Hoffnung erlegen, »der Sieg ist die Befreiung«? Seine Erwartung, daß im Kriegsfalle »bei einer einigermaßen geschickten Politik die Sozialdemokratie sich hinter die Regierung stellen würde«, daß nicht nur die Partei, sondern vor allem die Arbeiterschaft »mitzukriegen« sein würde, schien aufzugehen. War die Erfüllung seiner vorausschauenden Politik, die man bald als »Burgfrieden« feiern sollte und die allein ihm als Voraussetzung einer inneren Erneuerung der Monarchie galt, nicht ein Risiko wert? Und selbst wenn der letzte Zweifel nicht ausgeräumt war, so wird er, trotz der Last der Verantwortung, sich nicht ganz der zwiespältigen Hochstimmung verschlossen haben, wie sie Riezler wenige Tage später als sein August-Erlebnis notierte: »Krieg, Krieg, das Volk ist aufgestanden – es ist, als wenn es vorher gar nicht dagewesen wäre, und jetzt auf einmal da ist, gewaltig und rührend. Ein jeder ist aus seinem Winkel gekrochen, scheinbar größte Verwirrung und doch sinnvollste Ordnung, und nun sind schon Millionen über den Rhein gezogen. Vor allem das unvergeßlichste, das Volk selbst. Alle förmlich glücklich, einmal einer großen Sache hingerissen leben zu können. Und das stumme ganz und gar selbstverständliche Vertrauen. Alle halten den Atem an, aber keiner zweifelt, scheint nur einen Augenblick daran zu denken, was für ein Glücksspiel ein Krieg und gerade dieser Krieg ist. Gottvertrauen oder Leichtherzigkeit, Glaube oder Verblendung – es gilt ganz gleich, denn nur so *können* wir wenigstens siegen.«

II. Krieg und Frieden

1. Der »Sprung ins Dunkle«. Kriegsausbruch 1914

Der Burgfrieden als Klassenkampf

Die Entscheidungsfindung in der Juli-Krise[1] 1914 war von innen- und außenpolitischen Kriegszielen gleichermaßen geprägt. Dem sich scheinbar immer enger schließenden Ring der »Einkreisung« – durch den »Erbfeind« von außen und die »Reichsfeinde« von innen – galt es durch eine »befreiende Tat« entgegenzutreten, die gerade wegen der sozialen wie nationalen Emotionalität offensive, ja präventive Reaktion verlangte. Der Burgfrieden, wie er von Bethmann Hollweg in der kaiserlichen Botschaft vom 4. August 1914 auf die griffige Formel: »Ich kenne keine Parteien mehr. Ich kenne nur Deutsche«, gebracht worden war, war sowohl unmittelbare Voraussetzung für eine erfolgreiche Kriegführung als auch langfristige Perspektive der Innenpolitik. Mit seiner Hilfe sollten Unwilligkeit und Unfähigkeit zum Wandel durch Reform nicht überwunden, sondern im Gegenteil in ihrer bedrohlich angewachsenen Stagnation legitimiert werden.

Die wohl prägnanteste Formulierung der innenpolitischen Ziele des Burgfriedens stellt ein Memorandum des sächsischen Staatsministers von Vitzthum dar, das Reichskanzler Bethmann Hollweg in einem Rundschreiben an die Bundesstaaten vom 10. September 1914 zu seinem Programm machte: Zwar lasse sich noch nicht übersehen, »welche erzieherische Wirkung der gegenwärtige Krieg und seine Gefahren für die deutsche Volkswirtschaft auf die Reihe der sozialdemokratischen Mitkämpfer ausübt«, es gelte aber doch, die bisherigen Erfolge nicht zu gefährden, daß nämlich »der gesamte Arbeiterstand, auch soweit er sozialdemokratisch organisiert ist, sich vorbehaltlos und opferbereit in den Dienst des Vaterlandes gestellt hat«. Diese innere Einigkeit zu erhalten, sei mehr als »nur ein Gebot der taktischen Klugheit« während des Krieges, sondern auch und

---

[1] Die Juli-Krise wird ausführlich behandelt in dem vorgesehenen Band dieser Reihe: Wolfgang J. Mommsen, Imperialismus. Deutsche Kolonial- und Weltpolitik 1880 bis 1914.

gerade »eine Forderung weitsichtiger Sozialpolitik ... Gewiß wird die Sozialdemokratie auch in Zukunft eine scharf oppositionelle Partei sein und eine Gefahr für den inneren Frieden des deutschen Volkes bilden, solange sie an ihrem kommunistischen und antimonarchischen Programm festhält. Wenn aber jemals der Versuch gemacht werden soll, die Arbeiterschaft aus sich heraus zu einer politischen Gesundung zu führen, so ist dies nur in Zeiten der nationalen Erhebung möglich, wie wir sie jetzt erleben. Eine günstigere Gelegenheit dürfte in den nächsten 100 Jahren kaum je wiederkommen. Der Versuch muß daher gemacht werden. Aber nicht dadurch, daß man die Brücken der Verständigung abbricht und auf die die bürgerlichen Parteien von der Sozialdemokratie trennende unüberwindliche Kluft hinweist, sondern dadurch, daß man sich auf dem gemeinsamen Boden des Nationalbewußtseins begegnet und dieses ideale Moment pflegt, dessen Stärke und Lebenskraft in den letzten Wochen so überraschend zu Tage getreten ist.«[2]

Die Motive Bethmann Hollwegs für diese Politik waren vielschichtig. Zweifellos ging es ihm auch darum, durch eine sogenannte »Politik der Diagonale« im gesellschaftlichen Parallelogramm der Kräfte sich mit Hilfe einer gewissen Orientierung nach links aus der starken Abhängigkeit von den hochkonservativen Kreisen in Preußen zu lösen und auf diesem Wege, vielleicht sogar durch wechselnde Mehrheiten im Reichstag, eine gewisse innenpolitische Bewegungsfreiheit zu gewinnen. Es wäre indes ein verfehlter Schluß, zu glauben, der Kanzler sei im Grunde an weitreichender Sozialreform, gar an durchgreifender Parlamentarisierung interessiert gewesen. Wenn er hier zögerte, so lag dies eher in der Begrenztheit seiner Ziele als in der seiner politischen Möglichkeiten begründet. Gewiß, er war kein Reaktionär, aber doch auch kein heimlicher Liberaler, sondern in seinem Kern ein streng konservativer Monarchist. Obwohl er von der Unvermeidbarkeit gewisser Veränderungen überzeugt war, blieb nicht die politische und soziale Reform, sondern die Stärkung und »Modernisierung« des Kaisertums sein eigentliches Ziel. Und dies, darin unterschied er sich von dem wachsenden völkischen Nationalismus der Radikalkonservativen, konnte nur durch eine Anbindung der industriellen Massen an den Kaiser und erst in zweiter Linie an den Staat bewirkt werden. Insofern war er, mit seiner perspektivischen

---

[2] Hauptstaatsarchiv (HStA) Stuttgart, E 130a, Bü 1147, Bl. 1006 ff.

Variante des Bonapartismus, »modern«, indem er, auf die konservative Sozialutopie eines V. A. Huber oder Fr. Naumann aufbauend, das »soziale Volkskaisertum« projektierte. Nicht durch systemverändernde Sozialreform, das hatte er schon als Staatssekretär des Inneren demonstriert, sondern durch patriarchalische Sozialpolitik sollten die Arbeiter für Staat und Nation zurückgewonnen werden, indem ihnen vor Augen geführt wurde, daß es dem Staat »nicht an Willen fehlt, für die Arbeiterbevölkerung in ausreichendem Maße zu sorgen«[3].

Diese Taktik, die Arbeiterbewegung durch ein praktisches Integrationsangebot sozusagen von innen heraus aufzuweichen, war notwendig auf einen kurzen und vor allem siegreichen Krieg berechnet. Unter den tatsächlichen Verhältnissen von Not, Hunger und verschärften Verteilungskämpfen, das hatte Moltke im Mai 1914 vorausgeahnt, mußte diese Politik auf lange Sicht scheitern, auch wenn sie teilweise, so zum Beispiel in Württemberg, in den ersten Kriegsmonaten mit nicht unbeträchtlichem Erfolg praktiziert worden war. Wenn Bethmann Hollweg zuletzt wegen seiner »weichen« Politik stürzte, so war diese zunächst doch auch auf der äußersten Rechten kaum umstritten gewesen. Weitgehende Einigkeit bestand darin, »als Preis (!) des Krieges eine Reform der Sozialdemokratie nach der nationalen und monarchischen Seite anzubahnen«. Dieser »Preis« sollte bewußt hoch angesetzt werden, indem die Forderung an die Arbeiterbewegung erging, auch seitens des Reichskanzlers, das »System der Wehrhaftigkeit und den ihm entsprechenden Volksgeist« zu akzeptieren, »das die Sozialdemokratie bisher als Militarismus gebrandmarkt hat«.[4] Zu dieser Forderung glaubte man berechtigt zu sein, da man annahm, die aus dem Felde heimkehrenden, siegreichen Soldaten würden wenig geneigt sein, »einer vaterlandsfeindlichen und umstürzlerischen Sozialdemokratie zu folgen«. Erfreut registrierten im Dezember 1914 die hochkonservativen preußischen Minister von Loebell und von Delbrück, darin ganz mit dem liberaleren württembergischen Ministerpräsidenten von Weizsäcker einig, »daß innerhalb der sozialdemokratischen Partei ein starkes Streben nach einer demokratischen Gestaltung auf nationaler Grundlage« sich bemerkbar mache. »Diesen Teilen der Partei

[3] Staatsarchiv (StA) Ludwigsburg, E 170, Bü 1720.
[4] Zitiert nach Werner Richter, Gewerkschaften, Monopolkapital und Staat im ersten Weltkrieg und in der Novemberrevolution (1914–1919). Berlin 1959, S. 48 f.

müsse man das Leben so leicht wie möglich machen und versuchen, einen Keil in die Partei hineinzutreiben«, um dann, nach dem Ende dieser »Mauserung«, die Linke um so leichter unterdrücken zu können.[5]

Es zeigte sich jedoch alsbald, daß mit dem Scheitern des militärischen Blitzkrieges auch die Voraussetzungen dieses innenpolitischen »Schlieffen-Planes« hinfällig geworden waren. Der linke Flügel der SPD hatte weder durch eine ausgreifende Umarmungsbewegung erfaßt noch vernichtet werden können, sondern sammelte sich um Liebknecht bald zu verstärkten Flankenangriffen, während die Rechte dieser instabilen Front gegen Links in den Rücken zu fallen drohte. Denn der Burgfrieden galt dort »als die Verwirklichung besten konservativen Strebens und als Frucht unseres konservativen Ringens um die Seele unseres Volkes«[6], als die Verwirklichung des organischen Staatsgedankens. Und je länger der Krieg dauerte, desto stärker sah sich Bethmann Hollweg gezwungen, seinerseits einen innenpolitischen Preis zu zahlen, der letztendlich den Bruch mit der Rechten und damit seinen Sturz besiegeln sollte. Hier trat der oft nur graduelle, aber doch maßgebliche Unterschied zwischen Kanzler und Konservativen offen zutage, nämlich in der Frage, ob alle Interessen, »*und zwar nicht nur die der Gegenwart, sondern auch die einer künftigen Friedenszeit,* ausnahmslos und unerbittlich zurücktreten müssen hinter dem einzigen Zweck, den Krieg zu gewinnen«[7], bzw., anders formuliert, ob der Krieg mit oder gegen die Arbeiterschaft gewonnen werden sollte. Mit völligem Unverständnis stand die Rechte einem Denkprozeß gegenüber, dem sich selbst der bayerische Kriegsminister nicht verschließen konnte, daß nämlich der Krieg Zugeständnisse erforderte, die »nach dem Maßstab der uns in zurückliegender Friedenszeit geläufigen Begriffe als eine Nachgiebigkeit gegen sozialdemokratische Tendenzen aufgefaßt werden« könnten. Doch: »Die gewaltigen Umwertungen, die der Krieg gebracht hat, können auch an diesen Begriffen nicht spurlos vorübergehen. *Nicht* sozial*demokratisch,* aber *sozial* in dem Sinne müssen

[5] Bayerisches Hauptstaatsarchiv (BHStA) München, II, MA 3072 und 3073; Politisches Archiv des Auswärtigen Amtes (Bonn), Ia Europa Generalia Nr. 82 Nr. 1, Bd. 24, Bl. 54.

[6] Kuno Graf Westarp, Konservative Politik im letzten Jahrzehnt des Kaiserreichs. 2 Bde, Berlin 1935, Bd. 1, S. 413.

[7] Militär und Innenpolitik im Weltkrieg 1914–1918. Bearbeitet von Wilhelm Deist. Düsseldorf 1970, S. 492.

die Maßnahmen der Regierung im Kriege sein, daß der *Gemeinsamkeit der Not* und der *Pflichten* auch der *gleiche Anspruch auf die staatliche Fürsorge* gegenübergestellt wird.«[8] Und es kann kaum einen Zweifel geben, daß auch Bethmann Hollweg nun, aus Einsicht in die Notwendigkeit, in diesem Sinne bereit war, das bloße Fürsorgeprinzip des August 1914 zum Anspruchsprinzip zumindest für die Kriegszeit und die Kriegsfolgen weiterzuentwickeln, die patriarchalische Sozialpolitik zu einer aktiven Arbeiterpolitik auszuweiten und zu diesem Zweck im Hilfsdienstgesetz von 1916 zu einer institutionalisierten, rechtlich verankerten Erneuerung des Burgfriedens zu gelangen.

An diesem Punkt trennte sich die Rechte von Bethmann Hollweg, die keinen Preis zahlen, sondern einen solchen einfordern wollte. Die sich schon zu Kriegsbeginn abzeichnenden Vorbehalte gingen nun in eine Fundamentalkritik sowie in Forderungen nach Gewährleistung des Burgfriedens durch mehr Diktatur über. Wäre der Regierung rechtzeitig »die absolute Regierungsgewalt im Sinne des videant consules« übertragen worden, so monierte Westarp[9], hätten der Sozialdemokratie keine goldenen Brücken für eine Haltung gebaut werden müssen, die einzunehmen sie später ohnehin gezwungen gewesen wäre. Ganz in diesem Sinne kritisierte auch Ludendorff[10] die praktizierte Form des Burgfriedens als »Plattform schwächlichen Willens«. Anstatt diesen »rücksichtslos« zur Ausschaltung jeder Innen- und Parteipolitik im Dienste einer ausschließlich auf Sieg abgestellten Kriegspolitik zu nutzen, habe sich die Regierung in die Defensive drängen und die Zügel der Regierungsgewalt aus der Hand nehmen lassen.

Nun, als der Konfliktfall gegeben war, wurde noch mehr als bisher offenbar, daß der Schlüssel für oder gegen eine »Neuorientierung« im Inneren weniger beim Reichskanzler, sondern vielmehr bei den sogenannten Militärbefehlshabern lag. Nach Art. 68 der Verfassung ging im Kriegsfalle die Exekutivgewalt auf die etwa 60 stellvertretenden kommandierenden Generale in den Armeekorpsbereichen, die Festungskommandanten und Militärgouverneure über. Da ein Ausführungsgesetz (außer 1912 in Bayern) nicht ergangen war, übten die Militärbefehlsha-

---

[8] Ebd., S. 496.
[9] Westarp, Konservative Politik, Bd. 2, S. 24.
[10] Erich Ludendorff, Kriegführung und Politik. Berlin 1922, S. 66.

ber ihr Amt nach Maßgabe des preußischen Gesetzes über die Handhabung des Belagerungszustandes von 1851 aus. Sie unterstanden, jedenfalls bis zu den Oktoberreformen von 1918, nur dem Kaiser unmittelbar. Sie waren daher nicht nur autonom gegenüber der zivilen Reichsverwaltung, sondern die nachgeordneten zivilen Behörden unterstanden im Gegenteil ihrer Weisungsbefugnis, die nach Art. 9 b des Gesetzes als Notstandsrecht fast unbegrenzt war. Da der Kaiser seine Kommandogewalt als Oberster Kriegsherr nicht wahrnahm, das (Preußische) Kriegsministerium wie die Oberste Heeresleitung (OHL) nicht mehr als Richtlinien oder Empfehlungen aussprechen konnten, entwickelte sich rasch eine unübersichtliche Situation, die von Kompetenzenwirrwarr und Maßnahmenvielfalt gekennzeichnet war, was sowohl die kriegswirtschaftliche Effizienz wie die politische Geschlossenheit gleichermaßen beeinträchtigte. Durch die Errichtung zentraler Koordinationsinstanzen – die Oberzensurstelle (1914), das Kriegspresseamt (1915), den Obermilitärbefehlshaber (1916) sowie das Kriegsamt (1916) – sollte diesen zum Teil chaotischen Verhältnissen entgegengewirkt werden, doch waren diese Bemühungen auf politischem wie auf kriegswirtschaftlichem Gebiet insgesamt nur von begrenzten Erfolgen begleitet.

Praktisch alle innen- und sozialpolitisch relevanten Bereiche unterlagen der exekutiven Gewalt und damit der politisch gefilterten Kontrolle der Militärbefehlshaber. Erfolg und Mißerfolg der Burgfriedenspolitik hing daher nicht zuletzt von ihrer Kooperationsbereitschaft ab. Nur widerstrebend hatten sie sich der energischen Intervention Bethmann Hollwegs vom 18. (!) Juli 1914 gefügt, der von den trotz Abmilderung noch immer harten, präventiven Maßnahmen gegenüber SPD, Dänen, Polen und Elsaß-Lothringern »verhängnisvolle Folgen für die Einheitlichkeit, Tiefe und Stärke des patriotischen Empfindens« befürchtete und daher zu bedenken gab, daß der »auf dem militärischen Gebiete vielleicht liegende Nutzen nicht den Schaden ausgleicht, den sie auf politischem und ideellem Gebiet zeitigen«[11] könnten. Auf Empfehlung des Kriegsministeriums vom 25. Juli verzichteten die Militärbefehlshaber fast durchgängig

[11] Zitiert nach Johanna Schellenberg, Die Herausbildung der Militärdiktatur in den ersten Jahren des Krieges. In: Politik im Krieg 1914–1918. Studien zur Politik der deutschen herrschenden Klassen im ersten Weltkrieg. Hrsg. von Fritz Klein. Berlin 1964, S. 33.

auf die sofortige Verhängung des verschärften Belagerungszustandes. Auch wenn sie sich darauf einrichteten, »scharfe Maß-
regeln« zu ergreifen – sollten Sozialdemokratie und nationale
Minderheiten »durch ihr Verhalten sich dieser Rücksichtnahme
unwürdig zeigen und sich damit selbst ins Unrecht setzen« –, so
waren doch gerade die Militärbefehlshaber in unerwartetem
Maße darum bemüht, ihren Beitrag zur Stabilisierung des Burgfriedens zu leisten.[12] Während nun das sozialdemokratische
Parteiblatt ›Vorwärts‹ an Soldaten verkauft, Sozialdemokraten
zu Unteroffizieren befördert, ja selbst in den Kriegerbund aufgenommen werden durften, unterstützten die Militärbefehlshaber mit fürsorgerischen Maßnahmen ganz im Sinne des Reichskanzlers gerade die Arbeiterschaft, um auch der ärmeren Bevölkerung das »wirtschaftliche Durchhalten« zu erleichtern. Gezielt und energisch gingen sie gegen alle Versuche zur »miß-
bräuchlichen Ausnutzung des Kriegszustandes« seitens der Arbeitgeber, zum Beispiel durch Lohndrückerei, willkürliche Entlassung und offenkundige Ausbeutung, vor und scheuten dabei
selbst vor einer pragmatischen Kooperation mit den Gewerkschaften nicht zurück.
    Als jedoch die nationale Euphorie der ersten Kriegswochen
verflogen, die Illusion vom kurzen Krieg zerplatzt war, brachen
mit dem Übergang zur Routine des Kriegsalltags auch die alten
Konflikte in nur mühsam verhüllter Form wieder auf. Brisanz
gewannen vor allem die Auseinandersetzungen um die Gestaltung der industriellen Arbeitsbeziehungen, als das Preußische
Kriegsministerium im Juni 1915 unter dem Einfluß der bürgerlichen Sozialreform einen relativ gewerkschaftsfreundlichen
Kurs zu steuern begann. Während die außerpreußischen Bundesstaaten bzw. Militärbehörden sich bis zum Sommer 1916
immer stärker an dieser Politik orientierten, folgten – mit Ausnahme Groß-Berlins – in den politisch wichtigen Industriezen-
tren Preußens (Ruhr, Schlesien) und an der Saar die Militärbefehlshaber weitestgehend den gewerkschaftsfeindlichen Auffassungen der Schwerindustrie, bis auch sie durch das Hilfsdienstgesetz von 1916 gezwungen wurden, sich zumindest formal und
vordergründig diesem Kurs anzunähern.
    Nicht minder brisant und zum Teil mit dem ersten Bereich
eng verwoben waren die Auseinandersetzungen über U-Boot-
Krieg und allgemeine Kriegsziele. Auch hier machte sich bei

[12] Militär und Innenpolitik, S. 189 f.

einer Vielzahl der Militärbefehlshaber eine ausgeprägte soziale und politische Affinität gegenüber den Annexionisten bemerkbar. Sie nutzten ihren Ermessensspielraum und ihre ausnahmerechtlichen Steuerungsmöglichkeiten, indem sie durch entsprechende Handhabung der Zensur und des Versammlungswesens zunächst die öffentliche Kriegszieldebatte zuließen und schließlich die ständig eskalierenden Angriffe auf Reichskanzler Bethmann Hollweg nicht unterbanden. Zwar wären diese Konflikte ohnehin nicht zu verhindern gewesen; doch soweit sie in dieser Form sich illoyal gegenüber der vom kaiserlichen Vertrauen getragenen zivilen Reichsregierung verhielten und sich dabei in offenkundiger Form der inoffiziellen Haltung und Einflußnahme der 3. OHL unterwarfen, haben sich diese Militärbefehlshaber zu Vertretern einseitiger Interessen gemacht. Wenn sie Reibungsverluste derart potenzierten, anstatt sie zu vermindern, so war dies einerseits eine immanente verfassungsrechtliche wie verwaltungstechnische Schwäche des Systems; es war aber andererseits ein bezeichnender Ausdruck des preußischen Militarismus. Mit ihrer zunehmenden Unversöhnlichkeit und Härte gegenüber der Linken trugen diese militärischen Kreise nicht nur entscheidend zur Zerstörung der Bethmann Hollwegschen Burgfriedenspolitik bei, sie machten es auch der organisierten Arbeiterbewegung zunehmend schwerer, ihrerseits sich und ihre Mitglieder auf den Burgfrieden zu verpflichten.

Die SPD 1914: Aufbruch in die Nation

»Wir lassen in der Stunde der Gefahr das eigene Vaterland nicht im Stich.« Mit diesen Worten verkündete und begründete Hugo Haase, der Parteivorsitzende der SPD, unter dem »ungeheueren Jubel« des ganzen Hauses, wenngleich gegen seine eigene Überzeugung, am 4. August im Reichstag die Zustimmung seiner Partei zu den Kriegskrediten. Nachdem sich die Reichstagsfraktion in tagelangen schwierigen Beratungen zu diesem Beschluß durchgerungen hatte, konnte die Regierung unter innenpolitischen Vorzeichen im Grunde den Krieg fast schon als gewonnen betrachten. Vorbehalte der SPD, die das Selbstbestimmungsrecht »jedes Volkes«, also auch Belgiens, anerkannte, Eroberungen ablehnte, sich aber von dem Krieg Zulauf für das »Ideal des Sozialismus und des Völkerfriedens« erhoffte, waren zwar in diesem Moment nur noch Makulatur, aber auch Ausdruck der inneren Zerreißprobe, in die sich die Partei mit dieser

Entscheidung gestellt sah. Während Bethmann Hollweg aufgrund von Informationen Albert Südekums schon am 28. Juli 1914 davon ausgehen konnte, »daß – gerade aus dem Wun-
sche heraus, dem Frieden zu dienen – keinerlei wie immer gear-
tete Aktion (General- oder partieller Streik, Sabotage u. dergl.)
geplant oder auch nur zu befürchten sei«[13], wurde innerhalb der
Reichstagsfraktion auf allen Seiten des politischen Spektrums
noch am 2. August erwartet, daß sich keine Mehrheit für die
Kriegskredite finden werde.

Nachdem die SPD noch in den letzten Julitagen mit Demon-
strationen gegen den drohenden Krieg protestiert hatte, zeigte
schon der Bruch des Mißtrauens, der bei den letzten Vermitt-
lungsversuchen durch die Internationale ging, daß wohl (fast)
alle europäischen Arbeiterparteien die nationale Verpflichtung
über die internationale Solidarität stellen würden. Vor allem auf
dem rechten Flügel der SPD begann sich um Eduard David und
Ludwig Frank eine Gruppe zu organisieren, die zu einem
Schritt bereit war, den sie später der Linken verweigern sollte:
nämlich im Falle einer mehrheitlichen Ablehnung der Kriegskredite unter Bruch der Fraktionsdisziplin im Reichstag doch
mit Ja zu stimmen. Dies erwies sich als nicht erforderlich, da
der nationale Taumel ehemalige Parteilinke plötzlich auf die
Seite der Kreditbefürworter verschlug. Selbst die gemäßigte
Linke, ja sogar Karl Liebknecht, lehnte die Landesverteidigung
keineswegs prinzipiell ab, wenngleich es diese Gruppierung
wohl vorgezogen hätte, wie Bebel und Wilhelm Liebknecht
1870 sich der Stimme zu enthalten, solange der Verteidigungscharakter des Krieges gewahrt blieb. Wenn in der Fraktion am
3. August schließlich nur vierzehn Abgeordnete gegen die Kreditbewilligung stimmten, so war dies ein bemerkenswerter Beleg für die »Suggestion der Ereignisse« (C. Zetkin), für die
zwanghafte Wirkung der nationalen Emotion des Augenblicks.
Denn manchem erschien schon wenige Tage später, als die Entscheidung im Lichte genauerer Informationen über die Juli-
Krise in ernüchternder Distanz betrachtet werden konnte, dieser Schritt als politisch und persönlich falsch, zumindest aber
doch bedenklich.

Die Gründe, die letztlich zu dieser Entscheidung führten,

---

[13] Zitiert nach: Deutschland im Ersten Weltkrieg. Von einem Autorenkollektiv unter Leitung von Fritz Klein. 3 Bde, 2., durchges. Aufl. Berlin 1970, Bd. 1,
S. 271.

waren vielfältig und vielschichtig. Eine stark präjudizierende Wirkung hatte zweifelsohne der Beschluß der freien Gewerkschaften vom 2. August, während der Kriegszeit alle Lohnbewegungen und Streiks einzustellen. Nachdem zuvor aus dem Reichsamt des Inneren und von seiten des Reichskanzlers signalisiert worden war, im Falle des Wohlverhaltens seien keine repressiven (»selbstmörderischen«) Maßnahmen geplant, schien eine Gefährdung der Organisationen am ehesten noch von innen heraus, etwa als Folge einer finanziellen Ausblutung durch Unterstützungszahlungen, gegeben. Allein die sprunghaft bis auf über 30 Prozent ansteigende Arbeitslosigkeit stellte in Verbindung mit den sonstigen Unterstützungsleistungen einige Verbände bereits im September 1914 vor die Zahlungsunfähigkeit. Hinzu kamen die Mitglieder-, das hieß auch Beitragsverluste durch Austritt, Aussteuerung und militärischen Einzug: So waren am 9. September 1914 von den Mitgliedern des Ortskartells Stuttgart 51 Prozent eingezogen, 18 Prozent arbeitslos, und 21 Prozent mußten kurzarbeiten. Zwar sind auch politisch motivierte Austritte aus Protest gegen die Kriegspolitik von Gewerkschaften und SPD belegt, doch scheinen andere Gründe überwogen zu haben: »Kopflosigkeit«, »Fahnenflucht« aus Angst vor Repressalien seitens des Staates bzw. der Arbeitgeber, die Erwartung der (Selbst)Auflösung der Gewerkschaften sowie die Erfahrung des Organisationsverfalls durch Einzug auch der Funktionäre. Nachdem der Krieg erst einmal ausgebrochen war, verfiel die Kampffähigkeit der Gewerkschaften – selbst unabhängig von der Drohung des Belagerungszustandes – derart rapide, daß selbst die Linke noch 1917 einzugestehen geneigt war, der Abbruch der Kampfmaßnahmen im August 1914 habe »zunächst den Stockungen des Wirtschaftslebens Rechnung getragen«, doch sei, so der entscheidende Vorwurf, der generelle Verzicht auf das Streikrecht der eigentliche politische Fehler gewesen.[14]

Nicht viel anders sah es in der SPD aus, doch dienten diese objektiven Begrenzungen der Handlungsfähigkeit eher der nachträglichen Legitimation der Burgfriedenspolitik. Sie waren mitnichten Ursache und Motivation für die Kreditbewilligung. Eine kaum zu überschätzende emotionale Rolle spielte dabei der von Bethmann geschickt inszenierte Glaube an den Abwehrkampf gegen das »Blutzarentum«, den »Hort der Reak-

---

[14] ›Metallarbeiter-Zeitung‹ vom 7. 7. 1917, S. 115.

tion«, die Verteidigung gegen den Einfall »halbbarbarischer Horden«, den Schutz der Bevölkerung vor den »russischen Bestialitäten«. Mit diesen Topoi konnte sich die Partei nicht nur in Übereinstimmung mit ihren Klassikern – von Marx und Engels bis August Bebel –, sondern auch, und wohl mit einem gewissen Recht, in emotionalen Einklang mit ihren Mitgliedern bringen. Denn nach dem Zeugnis Kautskys trat der Stimmungsumschwung bei den Massen »noch früher und noch intensiver ein als bei den Führern«, so daß die Reichstagsfraktion mit ihrem Entschluß zur Kreditbewilligung, wie August Winnig es sah, nur noch eine Entscheidung bestätigte, »die die Masse der Arbeiter selbst schon vollzogen hatte«. Jeder Versuch, durch einen organisierten Widerstand gegen den Krieg sich dieser Massenstimmung entgegenzustemmen, wäre daher von vornherein zum Scheitern verurteilt gewesen, hätte vielmehr Partei und Gewerkschaften auf den Stand einer »einflußlosen, ohnmächtigen Sekte« zurückgeworfen.[15]

Auch wenn man diese Aussagen als subjektiv ehrlich und nicht als nachträglich rationalisierend akzeptiert, so beschrieben sie doch nur einen Teil des Bildes. Denn als Partei- und Gewerkschaftsführer bereits Mitte August 1914 Anhaltspunkte dafür in Händen zu haben glaubten, daß die Reichsregierung den Krieg von Beginn an als Präventivkrieg gewollt habe, änderte dies nichts an ihrer Haltung. Es wurde vielmehr immer deutlicher erkennbar, daß die politischen und finanziellen Vorleistungen der ersten Kriegstage der Einstandspreis für eine die Kriegszeit überdauernde Kooperation und positive Integration in das bestehende System des Kaiserreichs sein sollten. Für die Parteirechte war zugleich sehr frühzeitig absehbar, daß man sich zu diesem Zweck von den »radikalen Doktrinären«, die den »alten Faden weiterspinnen« wollten, würde trennen müssen. Es sollte also nun ganz offen auch im Reich das praktiziert werden, was in vielen nichtpreußischen Bundesstaaten seit längerem gang und gäbe war: von der Budgetbewilligung bis zur offenen Tolerierung – mit dem Kaiserhoch als dem symbolischen Schlußpunkt. Insofern war die Kreditbewilligung eher Ende als Ausgangspunkt, eher Anlaß als Ursache der Parteispaltung.

---

[15] Zitiert nach Hans-Joachim Bieber, Gewerkschaften in Krieg und Revolution. Arbeiterbewegung, Industrie, Staat und Militär in Deutschland 1914–1920. Hamburg 1982, S. 79 ff.

Die Spaltung der Arbeiterbewegung war eines der folgenreichsten Ergebnisse des Weltkrieges, aber sie war bezeichnenderweise eben nicht nur ein deutsches, sondern ein europäisches Phänomen. Die Arbeiterparteien waren von Beginn an ein Konglomerat verschiedener, auch sich wandelnder Strömungen gewesen. Die beschwörende Aussage, es bestehe letztlich über das Ziel des Sozialismus Einigkeit, die Differenzen beträfen lediglich die Mittel und Wege dorthin, überdeckte als Formelkompromiß die tiefgreifenden Divergenzen im Hinblick auf Menschenbild und Gesellschaftskonzeption. Die Differenz zwischen demokratischem und autoritärem Sozialismus reichte sehr viel tiefer, als die ideologischen Grabenkämpfe, die endlosen Auseinandersetzungen um Strategie und Taktik nahezulegen schienen. Im Kern war ein sehr großer Teil der Partei bzw. der Fraktion insgeheim gewillt, die bürgerliche Gesellschaft, das kapitalistische Wirtschaftssystem, den bürgerlich-demokratischen Parlamentarismus zu akzeptieren. Dies beinhaltete weitreichende Entschlüsse: im Hinblick auf Ausmaß, Form und Folgen der freiwilligen Selbsteingliederung in das System eines korporativ organisierten Kapitalismus, die Öffnung der Klassen- zur Volkspartei, die sozialen Kosten einer anhaltenden Verweigerung. Das theoretisch hergeleitete Postulat, man müsse sich auf eine lange Überlebensfähigkeit des Kapitalismus einrichten, wurde mehr und mehr zur Schutzbehauptung für eine Praxis, die sich weniger die Überwindung als die Optimierung der kapitalistischen Gesellschafts- und Wirtschaftsordnung zum Ziel gesetzt hatte.

Die Einheit der Arbeiterbewegung war nicht zuletzt durch die klassenkämpferische Unversöhnlichkeit der traditionellen Eliten geschaffen und erhalten worden, die ihre Verfügungsgewalt über Produktionsmittel, Sozialisationsinstrumente und staatliche Exekutivorgane dazu nutzten, einen durch die industrielle Entwicklung längst überholten sozialen Status quo zu zementieren. Die konsequente politische Ausgrenzung eines stetig wachsenden Teils der Bevölkerung war freilich nicht unumstritten, doch lieferte die verbitterte Notwehr der Betroffenen neue Legitimation für eine irrationale, weil destabilisierende Eskalation des Klassenkampfes von oben. Es war dies um so erstaunlicher, als doch schon der Erfolg der Bismarckschen Sozialpolitik trotz gleichzeitiger Sozialistenverfolgung gezeigt hatte, wie leicht im Grunde der Keil in die Arbeiterbewegung zu treiben war. Die Spaltung der französischen Sozialisten 1882 in Marxisten und »Possibilisten« wäre auch in Deutschland 1885/86 von oben provozierbar gewesen, hätte Bismarck es aus taktischen Rücksichten und zunehmend reaktionären Präferenzen nicht vorgezogen, die Partei durch repressiven Druck von außen wieder zusammenzuzwingen. Die ungebetene, aber faktische Kooperation von Revisionismus und Trade Unionismus wurde innerhalb der Internationale wie innerhalb der nationalen Sektionen nie offiziell sanktioniert. Doch wurde damit nur der Zersplitterungsprozeß übertüncht und totgeschwiegen, der auf der Rechten sich 1899 durch den Eintritt des französischen Sozialisten Millerand in ein bürgerliches Kabinett, auf der Linken 1912 durch die Abspaltung der Bolschewiken bereits vor dem Krieg manifestiert hatte und der, sobald sich die Frage nach der Partizipation an der gesellschaftlichen Macht konkret und nicht theoretisch stellte, auch ohne den Krieg eher früher als später zu ähnlichen Resultaten geführt haben dürfte. Der Tod der Internationale war längst eingetreten, noch ehe er im Juli 1914 offiziell bekanntgegeben werden mußte. Und er wurde zusätzlich manifest in der Spaltung zwischen den Arbeiterparteien der Entente und der Mittelmächte, als eine Aktion zur Kriegsverhütung durch die praktische internationale Solidarität weniger am Fehlen einer einheitlichen Imperialismustheorie, an der nicht zu Ende geführten Massenstreikdebatte, sondern an der fast selbstverständlichen nationalen Verpflichtung der jeweiligen Parteien scheiterte.

Ein Indiz für die innere Brüchigkeit der SPD waren Haß und Härte, Unversöhnlichkeit und Zielstrebigkeit, mit denen Rosa Luxemburg auf der Linken und Eduard David auf der Rechten nur kurze Zeit nach der Kreditbewilligung in der Lage waren, die bereits vor dem Krieg deutlich erkennbaren Ansätze zu einer organisatorischen Verfestigung der Flügelbildung wieder aufzunehmen und voranzutreiben. Bei beiden stand, wenngleich noch nicht offen eingestanden, das Bestreben im Vordergrund, durch Abspaltung bzw. Ausschluß die Einheit der Partei der ideologischen Geschlossenheit zu opfern. Die Linke sah sich dabei deutlich im Nachteil, ja gelähmt, weil isoliert und dezimiert. Selbst bei einigen ihrer führenden Vertreter bestanden Zweifel an der deutschen Kriegsschuld, die sich mit Befürchtungen mischten, und dies nicht zu Unrecht, daß gerade sie harte Maßnahmen gegen ihre Person seitens des Militärs zu erwarten hätten. Vor allem aber waren sie verunsichert von dem unerwartet geringen Rückhalt in Partei und Fraktion, selbst innerhalb des linken Spektrums. Ein offener Protest gegen die Bewilligung der Kriegskredite, so beschrieb stellvertretend für viele Clara Zetkin ihren Eindruck, müsse zu diesem frühen Zeitpunkt eine »rein persönliche Kundgebung« bleiben, »die jetzt von Niemand verstanden würde, nur zeigte, daß wir völlig isoliert in der Luft stehen und wie klein und ohnmächtig wir sind ... Der Protest würde unseren eigenen Flügel vollständig sprengen – d.h. innerhalb der Massen, ich denke nicht an die Führer – und würde uns die spätere Auseinandersetzung auf lange hinaus verlegen.«[16]

Seit dem September 1914 begann sich die Linke jedoch allmählich wieder um Karl Liebknecht zu sammeln und auf die innerparteiliche Auseinandersetzung einzurichten. Die offene Kraftprobe wagte sie in Württemberg, wo die oppositionelle »Schreibweise« des Parteiorgans und die Richtungskämpfe innerhalb der Parteiorganisation bereits frühzeitig zur offiziellen Spaltung führten, als nämlich die unterlegene Linke am 21. Februar 1915 mit der Gründung einer eigenen Landesorganisation den Ausschluß aus der Mutterpartei förmlich provozierte. Indem beide Seiten Verstärkung aus Berlin suchten und fanden, wurde dieser Konflikt in der württembergischen Parteiorganisation offenkundig als ein taktisch begrenzter Probekampf aufgefaßt und entsprechend kompromißlos geführt. Daher nahm auch die Parteirechte ihrerseits diese Herausforderung dankbar an, sah sie doch nun endlich die Chance gekommen, die Linke nicht nur innerhalb der Partei zu entmachten, sondern ganz aus dieser zu verdrängen. Liebknechts Weigerung, am 1. Dezember 1914 unter Wahrung der Fraktionsdisziplin den Kriegskrediten im Reichstag zuzustimmen, suchte diese Grundsatzentscheidung, von der es kaum mehr ein Zurück geben würde. Daß nun kein Mittel mehr gescheut wurde, unterstrich die Bereitschaft des rechten Parteiflügels, in diesem württembergischen Vorhutgefecht die bereitwillig gewährte Schützenhilfe von Militär und Staatsregierung in Anspruch zu nehmen, indem sie an diese mit der Bitte herantrat, »nur ja jetzt die Schreier nicht zu Märtyrern zu machen, da diese sonst wieder Oberwasser innerhalb der Partei gewinnen könnten«[17]. Ohne weitere Bedenken wurde den Behörden damit die Möglichkeit offeriert, die nach der

[16] Zitiert nach Susanne Miller, Burgfrieden und Klassenkampf. Die deutsche Sozialdemokratie im Ersten Weltkrieg. Düsseldorf 1974, S. 81.
[17] BHStA München, II, MA 3072, Bl. 27.

Spaltung isolierte und leicht identifizierbare Linke um so wirkungsvoller unterdrücken zu können. Es ist bezeichnend für die entschlossene Zielstrebigkeit der (württembergischen) Parteirechten, deren Führer der Gruppe um David angehörten, daß sie gegenüber den noch immer schlichtungswilligen Vorstandsmitgliedern Ebert und Braun mit Stolz ihren Schritt zur Nachahmung empfahlen: Es sei mit der Spaltung eine Tat vollbracht worden, »die für die Partei von größter Bedeutung sei. Es werde die Zeit bald kommen, in der auch er [Ebert] ... anerkennen werde, daß wir in Stuttgart bahnbrechend gewesen seien«.[18]

Forciert und kompliziert wurden diese Konflikte in dem Maße, in dem die heftig aufflammende Kriegszieldiskussion den auf der Parteirechten akzeptierten Verteidigungscharakter des Krieges in Frage stellte und seinen von der Linken behaupteten imperialistischen Charakter zu offenbaren schien. Deutlich gewann die Linke nun an Zahl, Selbstbewußtsein und internationalem Ansehen. Sie hoffte wohl weiterhin, daß ihre Minderheit in der Fraktion doch noch zur Mehrheit anwachsen könnte. Aber ihr Anschluß an die Zimmerwalder Bewegung im September 1915, diesen noch unscharfen Nukleus der späteren Kommunistischen Internationale, mußte einen weiteren Schritt zur Trennung bedeuten. In einer abermaligen Offensive suchte sie am 30. November 1915 die Fraktion zu veranlassen, durch eine Interpellation im Reichstag die Regierung zur Offenlegung ihrer Kriegsziele zu zwingen. Dabei würde, so war die Hoffnung, die Fraktion ihre Haltung zur Regierung und zum Krieg überdenken, sollte die Auskunft unbefriedigend oder im Sinne der Annexionisten ausfallen. Zumindest aber wäre es auch ein Erfolg gewesen, wenn die Fraktionsrechte ihre eigenen Kriegsziele hätte offenlegen müssen. Als die Fraktion die Interpellation jedoch verwässerte, als gar Landsberg im Reichstag die ausweichende Antwort Bethmann Hollwegs ausgesprochen positiv wendete, traten die Linken im Parteivorstand am Vorabend der nächsten Kreditbewilligung am 21. Dezember von ihren Ämtern zurück; die 20 Dissidenten stimmten offen gegen die Kredite, nachdem sie es bislang vorgezogen hatten, lediglich die Zustimmung durch Verlassen des Saales zu verweigern. Liebknecht kam seinem vom Gewerkschaftsflügel beantragten Ausschluß durch den freiwilligen Austritt aus der Fraktion zuvor.

[18] Wilhelm Keil, Erlebnisse eines Sozialdemokraten. 2 Bde, Stuttgart 1948, Bd. 1, S. 317.

Und es war nur eine Frage der Zeit, bis nach der Wiederholung dieser Prozedur anläßlich der Verabschiedung des Notetats am 24. März 1916 sich achtzehn Abgeordnete ebenfalls zum Austritt aus der Fraktion entschlossen und mit Liebknecht sowie dem zwischenzeitlich ausgetretenen Rühle die Sozialdemokratische Arbeitsgemeinschaft bildeten, aus der zu Ostern 1917 die USPD hervorgehen sollte.

Während die Opposition die rechte Parteimehrheit seit 1915 als »Sozial-Nationalisten« oder »nationalliberale Arbeiterpartei« titulierte[19], beharrten Parteiführung und Parteimitte um Ebert und Scheidemann zumindest aus taktischen Gründen auf Einheit und Geschlossenheit nach außen. Sie lehnten daher alle Ansinnen des rechten Flügels ab, der schon im Dezember 1915 durch Legien vergeblich den Ausschluß der Kreditverweigerer gefordert hatte und, wie David, Zeit und Chance gekommen sah, das »Geschwür« auszuschneiden. Bei diesen Debatten innerhalb der Partei war immer klarer zutage getreten, daß die Parteimehrheit die Trennung von der Linken als Voraussetzung für die Realisierung ihrer inneren und äußeren Kriegsziele brauchte. Ganz konsequent drohte der Gewerkschaftsflügel um die Jahreswende 1915/16, im Falle der Kreditverweigerung »notfalls eine eigene, reine Arbeiterpartei auf gewerkschaftlicher Grundlage, mit sozialpolitischen und sozialistischen Zielen und zum Zwecke konsequenter Fortsetzung der Politik des 4. August ins Leben zu rufen«[20]. Einer solchen Zerreißprobe war die SPD, wie fast alle anderen westeuropäischen Arbeiterparteien auch, nicht gewachsen. Die Entschlossenheit, die Chance der Kriegskooperation mit Staat und Militär zu nutzen, nahm erneut solche Ausmaße an, daß die Mehrheit bei der Absetzung der linken Redaktion des Parteiorgans ›Vorwärts‹ im Oktober 1916 vor der zumindest indirekten Hilfestellung seitens der Militärbehörden nicht zurückscheute. Ebenso erkennbar wurde die Rechte in den folgenden Auseinandersetzungen bevorzugt und gefördert, indem die Linke von den Militärbehörden durch konsequente Zensurmaßnahmen, gezielte Versammlungsverbote u. ä. m. vorübergehend faktisch mundtot gemacht und in der organisatorischen Stabilisierung erheblich behindert wurde.

---

[19] HStA Stuttgart, Nachlaß Schimmel, Nr. 6 und Nr. 164.
[20] Politisches Archiv des Auswärtigen Amtes (Bonn), Ia, Europa Generalia Nr. 82 Nr. 1, Bd. 26, Bl. 100.

Die Bereitschaft, einen solch hohen Preis selbst auf Kosten der politischen wie der persönlichen Glaubwürdigkeit in der eigenen Anhängerschaft zu bezahlen, ist um so stärker zu bewerten, als sich die Protagonisten dieser Politik letztlich keine Illusionen darüber machten, daß ihre Erfolgsaussichten auch durch immer neue Vorleistungen kaum zu steigern waren. Deutlich wird dieses Dilemma in einem Brief Friedrich Stampfers vom 22. September 1914: »Die Politik, die wir jetzt zu treiben haben, kann m. E. nur darauf gerichtet sein, uns *alle* Wege offen zu halten. Wir wissen nicht, wie der Krieg enden wird, welche inneren Komplikationen er hervorrufen wird, welche Stimmungen sich in seinem – voraussichtlich nicht raschen – Verlauf noch geltend machen werden. Wir können also gar nichts anderes tun als die Augen offen zu halten und abzuwarten … Mit der Bewilligung [der Kriegskredite] haben wir nur die Basis geschaffen, von der aus wir weiterzuarbeiten haben. Wie sich diese Arbeit gestalten wird, hängt aber von Umständen ab, die heute kein Mensch zu überblicken imstande ist. Nehmen Sie an, der Krieg verläuft glücklich, wir verhalten uns bis zum Schluß manierlich – nachher werden wir doch wieder von der militärischen Klique als Paria behandelt.« Eine neuerliche Ablehnung aller sozialdemokratischen Forderungen werde jedoch, so erwartete Stampfer, die Massen radikalisieren, die aber nicht dem linken Flügel überlassen werden dürften. »Wir dürfen jetzt nicht kleinlich sein, wir müssen in dieser großen Zeit groß denken, und unsere Ziele *weit* stecken! … Die Enttäuschung kommt immer noch früh genug. Als eine Gelegenheit zu kleinen Handelsgeschäften mit der Regierung dürfen wir diesen Weltkrieg aber nicht von vornherein betrachten; schlimm genug, wenn am Ende doch nichts anderes herauskommt.«[21] Zu dieser Mischung aus Hoffnung und bitterer Resignation, aus großartigem Pathos und kleinlichem »Kuhhandel« trat sehr bald ein weiteres Moment: Die Furcht bzw. die Ahnung, daß man im Falle eines »unglücklichen« Kriegsausganges die Schuldigen bei der SPD suchen werde. »Man würde nicht zögern, uns die Verantwortung für eine solche [Niederlage] zuzuschieben.«[22] Mit ihrer Option für eine taktische Kooperation mit der Regierung band die Partei in der Tat ihr Schicksal bis zu einem gewissen Grad an einen Siegfrieden, da ohne mate-

---

[21] Archiv der sozialen Demokratie (Bonn), Nachlaß Keil, Briefe Nr. 18.
[22] ›Schwäbische Tagwacht‹ vom 19. 6. 1916, S. 5.

rielle Kompensationen und/oder innen- bzw. sozialpolitische Zugeständnisse die Opfer an ideologischer Glaubwürdigkeit nicht aufgefangen werden konnten. Gegenüber der Linken geriet der Mehrheitsflügel dadurch in einen defensiven Immobilismus, der nicht Diskussion, sondern nur noch Spaltung als Instrument der innerparteilichen Auseinandersetzung zuließ.

Derart in den Zwiespalt von selbst auferlegten Verpflichtungen und von außen herangetragenen Erwartungen gestellt, unterwarf sich die SPD einem weitreichenden Zwang zum »nationalen« Konsens. Sie verzichtete nicht allein auf politische Kompensationen für ihre Zustimmung zu den Kriegskrediten, sie war im Gegenteil bereit, zum Teil recht weitgesteckte Kriegsziele zu akzeptieren und mitzutragen. Es waren vor allem die Gewerkschaften, die 1915 ihre Auffassungen zu »Arbeiterinteressen und Kriegsergebnis« publizierten.[23] Sie weigerten sich kurzerhand, der Frage nach der Kriegsschuld nachzugehen, und begnügten sich mit dem Fazit, nachdem es nicht gelungen sei, den Krieg zu verhindern, müsse nun alles getan werden, um ihn siegreich zu beenden. Denn der Krieg als solcher bedrohe die Existenz des Reiches insgesamt; nicht nur für die Kapitalisten und ihre Interessen werde dieser Krieg geführt, sondern »für die Emanzipation der deutschen Arbeiterklasse überhaupt ist der Sieg Deutschlands eine absolute Notwendigkeit«. Eine Niederlage werde dem Reich die Rohstoffgebiete rauben, die Exportchancen und die Weltmarktposition mindern, so daß den deutschen Arbeitern Arbeitslosigkeit, Hunger, Auswanderung und Rückgang der sozialen Leistungen drohe. »Eine solche Zukunft abzuwehren liegt nicht so sehr im Interesse der Kapitalisten als gerade der Arbeiterklasse.« Diese müsse allein schon aus diesem Grund an einem »siegreichen Ende dieses Krieges ungemein interessiert« sein. Da das kapitalistische System, so die scharfe Absage an die Linke, keineswegs vor dem Zusammenbruch stehe, könne und dürfe man auch und gerade in diesem Krieg nicht auf den wirtschaftlichen Zusammenbruch des Reiches als die Chance zu einer politischen Neugestaltung setzen. »Bei aller leidenschaftlichen Abwehr des Krieges« werde, ganz pragmatisch, das »Unheil« nicht gebessert, »wenn wir trotzig der alten Feindschaft gedenken, die uns vom Bürgertum

---

[23] Die folgenden Zitate aus Wilhelm Jansson (Hrsg.), Arbeiterinteressen und Kriegsergebnis. Ein gewerkschaftliches Kriegsbuch. Berlin 1915, S. 3, 57, 77, 147 f., 154 f., 167.

trennt«. Mit ihrer Zustimmung zu den Kriegskrediten und zum Burgfrieden hätten die Gewerkschaften nur ihre Aufgabe erfüllt, indem »der Industrie die Lebens- und Entwickelungsbedingungen gesichert werden«. Gerade in der Abwehr der wirtschaftlichen Kriegsziele der Entente gingen »die Unternehmer- und Arbeiterinteressen vollkommen konform«; jede andere Politik werde den »wirtschaftlichen Selbstmord« bedeuten. Denn ohne eine hoch entwickelte Industrie, die in Deutschland nun einmal exportabhängig sei, werde die Arbeiterbewegung selbst an Kraft verlieren, so daß die Arbeiterschaft in Fragen der Außenwirtschaft mit den Unternehmern, »unbeschadet ihrer eigenen Interessen, sehr wohl ein gut Stück Wegs« zusammengehen könne, ja müsse. Indem die Politik des 4. August die Sicherung der nationalen Existenz (und der außenpolitischen Macht) wahrte, »entspricht sie auch den gewerkschaftlichen Bedürfnissen und Anforderungen«. Gleichzeitig aber, das wurde offen eingestanden, sollte diese Politik »den Nachweis erbringen, daß die deutsche Arbeiterklasse trotz der gewaltigen Gegensätze der Klassen, die in Friedenszeiten zum Austrag kommen, doch einen bedeutungsvollen Teil des Volkes darstellt, das heute um seine Existenz auf den blutgetränkten Schlachtfeldern Europas ringt«.

Diese Positionen waren keineswegs nur auf die Erhaltung bzw. Wiederherstellung des Status quo ante ausgerichtet, so defensiv ihr Anspruch auch erscheinen mochte. Obgleich die Partei offiziell schon früh und prinzipiell das Selbstbestimmungsrecht der Völker befürwortete, so geschah dies, da primär auf das Existenzrecht des Reiches abzielend, nicht ohne Inkonsequenzen, ja politisch gefährliche Widersprüche. Im Westen wurden die volle Souveränität und territoriale Integrität Belgiens als ebenso selbstverständlich angesehen wie der Verbleib Elsaß-Lothringens bei Deutschland, wenngleich es gelegentlich durchaus Reserven gegenüber einer zu weiten Auslegung des Selbstbestimmungsprinzips gab. Doch während die SPD offiziell gegen die Vergewaltigung Belgiens protestierte, übte sie im Osten weitgehend Stillschweigen. Aus ihrer antizaristischen Tradition heraus war sie bereit, die dortigen territorialen Veränderungen als »Befreiung« der Völker vom russischen Joch zu akzeptieren. Und gerade im Hinblick auf das Schicksal Österreich-Ungarns geriet die Partei in Argumentationsnöte, da sie dessen »Atomisierung« ablehnte und daher, im Sinne der älteren Föderationspläne Karl Renners, nur die kulturelle Autonomie der Nationalitäten innerhalb, nicht aber deren volle Souveränität außerhalb der Donaumonarchie befürwortete. Hinter dieser Haltung verbargen sich unausgesprochen, gelegentlich allerdings auch offen vorgetragen, Vorstellungen von einer mitteleuropäischen oder kontinentaleuropäischen Zollunion, die zwar, wie nur wenige erkannten, im Interesse der deutschen Arbeiter, nicht aber unbedingt in dem der betroffenen Völker und Länder lag. Die Selbstverständlichkeit, mit der die Sicherung des deutschen Wohlstands durch wirtschaftliche Hegemonie und auf Kosten der benachbarten Völker beansprucht wurde, sah die SPD in gefährlicher Nähe zum imperialistischen Zeitgeist und hat sehr dazu beigetragen, das Ansehen der deutschen Sozialdemokratie innerhalb der Internationale zu untergraben. Schließlich wäre eine solche Nachkriegsordnung kaum imstande gewesen, die konfliktfördernden Strukturen der vergangenen Jahrzehnte durch einen innereuropäischen Interessenausgleich zu überwinden. Dies galt nicht minder für die alternative Version eines kontinentaleuropäischen Verbundes, der immerhin ein Arrangement mit Frankreich und Rußland anzustreben bereit war. Die damit verbundene Stoßrichtung gegen England, dessen Weltmarktkonkurrenz auch in der SPD mehr und mehr als wesentliche, ja eigentliche Kriegsursache und zukünftige Bedrohung fast unbesehen akzeptiert wurde, bezeugte unfreiwillig, daß auch auf der politischen Linken das Denken in Weltmachtkategorien nicht unbekannt war.

Gewerkschaften und SPD hatten sich damit insgesamt in eine prekäre Situation manövriert. Ihr Beharren auf dem Status quo ante im Westen, auf einem festen Anteil am Weltmarkt, ja auf Kolonialbesitz, aber auch ihr Schweigen zum Vorgehen der Regierung im Osten, ihr unbeirrtes Festhalten am Verteidigungscharakter dieses »Existenzkampfes« mußten nicht nur den bisherigen Kurs der Regierung politisch legitimieren, sondern auch diese und erst recht die Annexionisten zu weiterreichenden Plänen ermuntern. Indem die SPD und die freien Gewerkschaften ihre bedingungslose Kooperation zugunsten eines (wenngleich annexionslosen) Siegfriedens kostenlos gewährten, solange sie einen selbstverständlichen Automatismus zwischen Verteidigungsbereitschaft und Kriegskreditbewilligung akzeptierten, waren ihnen die Hände gebunden. »Uns Sozialdemokraten ist es nicht leicht geworden«, so beschrieb Ebert 1916 vor dem Reichstag offen das Dilemma seiner Partei, »mit der

Verteidigung unseres Landes auch das herrschende System zu schützen.«[24] Er erkannte damit ganz nüchtern den Erfolg der Umarmungstaktik der Bethmann Hollwegschen Burgfriedenspolitik an. Und diesem gelang es daher auch, zumindest hat Rosenberg dies so gesehen, mit der Proklamation des Königreichs Polen im November 1916 nicht nur den Ostplänen des militärisch-agrarischen Komplexes nachzukommen, sondern zugleich, indem er die These von der »Befreiung« vom Zarismus aufgriff, dies als mit den Kriegszielen der SPD vereinbar erscheinen zu lassen. Die SPD verschaffte mit ihrer unklaren Haltung letztlich dem Annexionismus zwar unfreiwillig, aber kaum vermeidbar neue Bewegungsfreiheit, indem der Siegfriede zur unabdingbaren Voraussetzung auch *ihres* vorrangigen Kriegsziels, der »in Aussicht gestellten Neuorientierung«, wurde. Sie hat diesen Widerspruch, wenn überhaupt, in unzureichendem Maße und viel zu spät erkannt. Daher sollte sich diese Konstellation in der Weimarer Republik beim Kampf gegen »Versailles« in ähnlicher und fatalerer Weise wiederholen, indem sie dem Wohle der Nation nicht nur die eigene Partei, sondern darüber hinaus auch die demokratischen Entwicklungschancen opferte.

Kriegsziele: Rückkehr zum Status quo ante oder »Griff nach der Weltmacht«?

Das Deutsche Reich war für zwei klar definierte Ziele in den Krieg gezogen. Nachdem das innere Kriegsziel, die nationale Integration der Arbeiterschaft, erst relativ spät, fast spontan dazugekommen, aber ebenso rasch erfolgreich verwirklicht worden war, beherrschte bald das äußere Kriegsziel, die Zersprengung der Entente, die innenpolitische Diskussion. Es ist weitgehend müßig, die unauflösliche Durchmischung offensiver und defensiver Mentalitäts- und Politikelemente analytisch sezieren und wägen zu wollen, um nach dem jeweiligen Befund Schuld und Entschuldigung zu gewichten. Angesichts der subjektiven Erfahrung einer doppelten »Einkreisung«, einer inneren wie einer äußeren, war die deutsche Politik 1914 mit ihren Gestaltungsmöglichkeiten weitgehend am Ende. Der Krieg wurde zu einer Fortsetzung der Politik mit anderen Mitteln. Er

---

[24] Verhandlungen des Deutschen Reichstags. XIII. Legislaturperiode, 1912 bis 1918. Stenographische Berichte, Bd. 307, S. 857.

war im Lichte der ebenso selbstauferlegten wie mitverschulde-
ten Inflexibilität Politikersatz, ratlose Kapitulation vor dem
Druck struktureller Veränderung. Selbst wenn man Bethmann
Hollweg zugute halten will, daß er sich von dem Krieg eine
gewisse Befreiung aus der Umklammerung durch die preußischen Konservativen zugunsten einer gemäßigten Reformpolitik erhofft haben mag, so waren es doch diese, die auch weiterhin die entscheidenden Wegmarken setzten und den innenpolitischen Burgfrieden durch ihre Kriegszielpolitik zerstörten. Es
war vor allem die um die konservative Partei versammelte
Rechte, die vom ersten Tage des Krieges an die Interessen ihres
Standes über die des Landes stellte, die unermeßliche Opfer von
der Nation verlangte, die für sie doch nur Instrument, nicht
aber Verpflichtung bedeutete. Diese Kreise scheuten sich daher
auch nicht, das Schicksal der Nation an den eigenen sozialen
Todeskampf zu binden, indem sie im Angesicht der Niederlage
1918, als »ihre« Welt unterging, von der Nation die Bereitschaft
zum kollektiven »Todesritt« verlangten. Im Jahr 1914 nahm die
Rechte im Namen der Nation für sich den existentiellen Not-
stand in Anspruch und leitete daraus für das Reich das Recht
auf präventive Notwehr in der Gegenwart und auf wehrhafte
Prävention in der Zukunft ab. Einmal in der Sackgasse des Jahres 1914 angelangt, war die breite soziale Verankerung des Ein-
kreisungs- und Verteidigungskriegs-Dogmas begreiflich. Die
trotz baldiger amtlicher Unterdrückung heftig entbrennende
Diskussion um die Nachkriegsordnung: Rückkehr zum Status
quo ante oder »Griff nach der Weltmacht«, verdeutlichte indes
die prinzipielle Unvereinbarkeit der Ausgangspositionen.

Hinter dem Begriff »Sicherung der nationalen Existenz« ver-
barg sich ein vielschichtiger Ziel-Mittel-Komplex, der nur in
einem Teil seiner eng miteinander verzahnten Komponenten
auf uneingeschränkte innenpolitische Zustimmung rechnen
konnte. Sicherheit hieß: außenpolitische Bewegungsfreiheit,
militärstrategische Unverwundbarkeit, innenpolitische Stabilität, ökonomische Unabhängigkeit und ideologische Immunität.
Die derart definierte Sicherheit (»Souveränität«) des Reiches
schien vor allem durch die äußere »Einkreisung« in Frage gestellt. Die Zersprengung der Entente war, unter weitestgehen-
der Abstraktion von den Ursachen dieser Konstellation, seit
den Marokko-Krisen die wichtigste Konstante der deutschen
Außenpolitik. Man mag dies noch als Ausdruck einer als defensiv bewertbaren Politik betrachten. Es war aber doch nicht zu

übersehen, daß die Abwehr der akuten Bedrohung letztlich die Voraussetzung für eine nachfolgende Veränderung der internationalen Kräfteverhältnisse zugunsten des Reiches werden sollte. War erst einmal die ungehinderte Entfaltung seiner Wirtschaftskraft gewährleistet, dann mußte, so schien es, dem Reich auf lange Sicht die politische wie die militärische Hegemonialposition in Europa quasi automatisch zufallen.

Diese »Befreiung« von äußerer »Erdrosselung«, dieses Verlangen nach »Gleichberechtigung« war kaum (mehr) anders als durch Krieg zu erreichen. Unklar, und zunächst auch unreflektiert, blieb indes, ob lediglich das erste dieser beiden Ziele, die Zersprengung der Entente, durch den Einsatz militärischer Mittel verwirklicht werden sollte. Nachdem sich in der Marokko-Krise von 1911 das »Kriegsrisiko«, das es bewußt nicht »auf den Krieg ablegen« wollte, als wirkungsloser Bluff entlarvt und daher zu einer neuerlichen Niederlage geführt hatte, sollte nun, im Jahr 1914, eindeutig der Einsatz erhöht werden. Das Reich wollte den österreichischen Stellvertreterkrieg auf dem Balkan. Mit der begrenzten, vermeintlich begrenzbaren militärischen Aktion wurde die kontrollierte Eskalation zunächst der Mittel, weniger der Ziele angestrebt. Unter völliger Fehleinschätzung der Lage glaubte die Reichsregierung, eine systematische Friedensverhinderung in Südosteuropa betreiben zu können. Zwar suchten auch Österreich-Ungarn und Rußland seit geraumer Zeit angesichts innerer Krisen offenkundig den Krieg als Flucht nach vorn, aber Deutschland hielt doch den europäischen Schlüssel zu Krieg und Frieden in der Hand. Indem es in der Serbien-Krise diesen beiden Mächten die Bahn in den Abgrund freiräumte, übernahm es eine besondere Verantwortung für die kommenden Ereignisse. Bewußt wurde die Gefahr in Kauf genommen, daß sich der lokale Konflikt zum »Kontinentalkrieg« oder gar zum »Weltkrieg« ausweiten mochte[25]. Denn aufgrund des Schlieffen-Planes, der Alternativen seit 1913 nicht mehr vorsah, konnte es einen reinen Ostkrieg mit direkter oder indirekter deutscher Beteiligung nicht mehr geben, mußte das Reich sofort und ohne jede Zwischenstufe zum großen Krieg übergehen, sollte Rußland auch gegen Deutschland mobilisieren. Das kalkulierte Kriegsrisiko von 1911, das den militärischen Konflikt zu vermeiden suchte, hatte sich 1914 zum riskanten

---

[25] Kurt Riezler, Tagebücher, Aufsätze, Dokumente. Eingeleitet und hrsg. von Karl Dietrich Erdmann. Göttingen 1972, S. 180, 183.

Kriegskalkül ausgeweitet, das den regionalen Stellvertreterkrieg wollte: nicht um ihn zum Hegemonialkrieg auszuweiten, sondern um durch geringen eigenen Einsatz das Fernziel, eine hegemoniale Friedensordnung, in einem zweiten Schritt auf diplomatischem Wege erreichen zu können.

Bethmann war wohl einer der ersten, die daran zu zweifeln begannen, ob die einmal in Gang gebrachte Kettenreaktion sich kontrollieren lassen würde. Ohne Illusionen erwartete er vom Krieg die »Umwälzung alles Bestehenden«, und doch hat er nichts getan, um diese Entwicklung aufzuhalten, nicht zuletzt im Interesse des von ihm angestrebten inneren Kriegsziels einer populistischen Stärkung des Kaisertums. Zudem konnte er sich den »möglichen eigenen Fehlern« nicht mehr entziehen, die in persönlichen Defiziten ebenso zu suchen waren wie in strukturellen Mängeln des politischen Systems. Es gab weder eine umfassend konzipierte Außenpolitik noch eine angemessen koordinierte Krisenstrategie. Die Diplomatie sah das von ihr betriebene Absenken der Risikoschwelle durch die Versprechungen der Militärs abgesichert, deren Planungen wiederum den Erfolgszwang der Diplomatie zuschoben: nämlich England neutral zu halten. Erst als an diesem archimedischen Punkt das deutsche Kalkül wie ein Kartenhaus zusammenbrach, hat der Reichskanzler, jetzt freilich viel zu spät, noch einmal einen ernsthaften Versuch unternommen, zumindest den großen Krieg doch noch zu verhindern. Aber die Euphorie des August-Erlebnisses, die mühelose Verwirklichung des innenpolitischen Kriegsziels und die anfänglichen deutschen Waffenerfolge ließen Skepsis und Kritik verstummen: Die fatalen Fehlentscheidungen des Juli mußten nun geradezu als Glücksfall erscheinen. Aus dieser überschäumenden Siegeszuversicht des Spätsommers 1914 sind schließlich die maßlosen Kriegszielkataloge entstanden, von denen sich fortan niemand mehr zu distanzieren wagte.

Es war indes nicht zu übersehen, daß mit zunehmender Dauer des Krieges zumindest die Begründung der Kriegszielforderungen einem qualitativen Wandel unterworfen war. Nicht nur wurde die Realisierung außenpolitischer Erfolge immer dringlicher, je mehr das Kaiserreich innenpolitisch in die Defensive geriet; vor allem die militärische Entwicklung führte drastisch vor Augen, wie ungenügend die deutsche Ausgangsposition gewesen war. Nicht trotz, sondern gerade wegen der Aussichtslosigkeit, den Krieg militärisch zu gewinnen, beharrten selbst einsichtigere Politiker auf diesen nur scheinbar irrational weit gefaßten und maßlosen Kriegszielen. Nur durch die entsprechenden »Sicherungen« und »Garantien« war eine Wiederholung der Konstellation von 1914 zu verhindern, nur so war in Zukunft ein Blitzkrieg zu gewinnen. Die Zersprengung der politischen Einkreisung bedurfte der Zerbrechung auch der geographischen Einkreisung: Je prekärer die akute Sicherheitslage des Reiches wurde, desto ausgreifender wurde die für notwendig erachtete Sicherheitszone. Der Versuch einer Flucht aus der europäischen Mittellage und der daraus resultierenden Verwundbarkeit war, wie das Scheitern des Schlieffen-Plans unterstrich, entweder möglich durch eine kontinentaleuropäische Autarkie oder, als Vorgriff auf die späteren umfassenderen ethnischen Flurbereinigungen, durch eine systematische (Um-) Siedlungs- und Germanisierungspolitik in Polen und Belgien. All dies war nur konsequent – aber kaum konsequent durchdacht, mußte doch eine derart erzwungene Unfriedensordnung auf lange Sicht dem Reich mehr Schaden als Nutzen bringen.

Daß die Zersprengung der Einkreisung durch die Entente nur ein Durchgangsstadium war, zeigte nicht zuletzt die vom Reichskanzler gebilligte Begründung, mit der das Auswärtige Amt amerikanische Vermittlungsbemühungen ablehnte, die im Herbst 1914 einen separaten Frieden mit Frankreich auf der Grundlage des Status quo bei unbegrenzten französischen Kompensationszahlungen und kolonialen Abtretungen vorschlugen: »Deutschland wünsche unter allen Umständen den Krieg durch einen dauerhaften Frieden zu beendigen. Dieser Wunsch würde durch einen Vertrag nach dem entwickelten Muster im gegenwärtigen Augenblick zweifellos nicht erfüllt, seine Erfüllung setze vielmehr eine Abrechnung nicht nur mit Frankreich, sondern auch mit Rußland und England voraus. Andernfalls würden wir ... in wenigen Jahren einen neuen Krieg mit den Ententemächten zu gewärtigen haben, was das deutsche Volk unbedingt nach den gegenwärtigen gewaltigen Kraftanstrengungen vermieden wissen wolle.« Die Entente sollte nicht länger durch die Niederwerfung *eines* Gegners gesprengt werden, sondern die inzwischen erfolgte Ausweitung der Kriegsziele ließ sich nur mit einem »zu diktierenden Frieden« gegenüber *allen* Gegnern durchsetzen.[26] Das Ergebnis ei-

[26] Zitiert nach Fritz Fischer, Griff nach der Weltmacht. Die Kriegszielpolitik des kaiserlichen Deutschland 1914/18. Düsseldorf 3. Aufl. 1964, S. 135.

nes solchen Friedens konnte keine europäische Gleichgewichts-ordnung mehr sein, sondern nur noch eine globale. Und folge-richtig ließ der Reichskanzler auch Planungen für eine deutsche »Weltmachtstellung« in Angriff nehmen, in denen die deutsche Ebenbürtigkeit mit den USA, Großbritannien und Rußland wie selbstverständlich nur gewährleistet schien, wenn selbst Öster-reich-Ungarn und Frankreich ihren europäischen Großmacht-status zugunsten des Reiches verloren. An dieser Maxime, der Unabdingbarkeit des Siegfriedens als Garantie nicht allein des Überlebens, sondern mehr noch der Sicherheit durch globale Gestaltungsmacht, hat das Reich bis zum bitteren Ende un-beirrt festgehalten: sei es durch den Sieg im Felde, sei es durch Brechung des Kampfeswillens der Feinde, sei es durch einen »Verständigungs«-Frieden zu deutschen Bedingungen. Es war dies die unerbittliche Konsequenz von Geographie und Ge-schichte, von »Mittellage« und »verspäteter Nation«, gegen die Deutschland in zwei Anläufen in einem neuen dreißigjährigen Krieg anzukämpfen versuchte.

Die Zahl der Kriegszielprogramme war – wie in allen krieg-führenden Staaten – Legion. Die Forderungen waren ebenso vielfältig wie verwirrend, in ihrer jeweiligen Ausgestaltung je nach Verlauf des Krieges und nach Interessenhintergrund der Autoren variierend. Politiker und Militärs, mächtige Interes-senverbände und obskure Vereine, gutachtende Professoren wie selbsternannte Ratgeber beteiligten sich an der rasch aufflam-menden Diskussion, die, als sie innenpolitischen Sprengstoff zu entwickeln begann, von Ende 1914 bis 1916 zwar von der Zen-sur in der Öffentlichkeit unterdrückt, in ihrer Virulenz aber keineswegs gebremst, geschweige denn auf einen gewissen Grundkonsens gebracht werden konnte. Die wesentlichen Konfliktpunkte lassen sich, obgleich kaum in reinlicher Schei-dung, auf drei Hauptfragen reduzieren: Sollte der Krieg konti-nental begrenzt bleiben, oder war auch gegen England (sofort) die militärische Entscheidung zu suchen? Sollte die deutsche Hegemonialposition durch direkte Annexionen oder durch in-direkte Herrschaftsausübung abgesichert werden? Sollte die Hauptstoßrichtung deutscher Machtausweitung primär im Osten oder im Westen gesucht werden? Auch hier lassen sich, ähnlich wie bei der Kriegsschulddiskussion, eindeutige Ant-worten aus den Quellen keineswegs immer entwickeln. Dafür war die Diskussion zu verflochten, zu abhängig von den Wen-dungen des Krieges, in den Wandlungen der individuellen Positionen zu unübersichtlich, in der politischen Beschlußlage bis Brest-Litowsk zu unverbindlich. Da es Bethmann Hollweg erspart geblieben ist, seine wahren Ziele in konkreten Verhandlungen zu offenbaren, ist und bleibt es schwierig, zum einen seine schwankenden, ja widersprüchlichen Äußerungen auf einen Nenner zu bringen, zum anderen aus seinen Kriegszielen ohne weiteres auf seine Politik in der Juli-Krise zurückzuschließen.

Bethmann Hollwegs September-Programm ist der vielleicht bekannteste und zugleich umstrittenste Kriegszielkatalog[27]. In den Grundzügen bereits Mitte August 1914 erkennbar, als die Kampfhandlungen kaum begonnen hatten, war es schließlich am 9. September, dem Höhepunkt der Marne-Schlacht, als Grundlage für die greifbar nahe gerückten Friedensverhandlungen mit Frankreich fertiggestellt. Das September-Programm war ohne Zweifel eine wenig koordinierte Zusammenstellung von Einzelforderungen, die von unterschiedlichen Seiten vorgetragen worden waren und auch auf teilweise unterschiedlichen Konzeptionen beruhten. In seinen Details war es sicherlich »unverbindlich«, wie schon den Formulierungen zu entnehmen ist, daher auch diskussionsbedürftig und revisionsfähig; aber in seiner Grundtendenz und seiner geographischen wie politischen Dimension war es doch ebenso unverkennbar beständige Richtschnur nicht nur Bethmannschen Denkens und Planens. Aufgrund seines Entstehungshintergrundes war es auch keineswegs vorläufige Einzelmeinung des Reichskanzlers bzw. des eigentlichen Autors, Kurt Riezler, sondern durchaus repräsentativ für Überlegungen innerhalb der Reichsbürokratie, einflußreicher Kreise der Industrie und zum Teil auch des Militärs. Es scheint legitim, die einleitende Kernaussage über das »allgemeine Ziel des Krieges« als eine außenpolitische Grundsatzerklärung, sozusagen als Bethmannsche Variante zu Bismarcks »Kissinger Diktat« zu begreifen: »Sicherung des Deutschen Reiches nach West und Ost auf erdenkliche Zeit. Zu diesem Zweck muß Frankreich so geschwächt werden, daß es als Großmacht nicht neu erstehen kann, Rußland von der deutschen Grenze nach Möglichkeit abgedrängt und seine Herrschaft über die nichtrussischen Vasallenvölker gebrochen werden.« Auffälligerweise fehlt England in diesem Zusammenhang, das auch im folgenden

[27] Werner Basler, Deutschlands Annexionspolitik in Polen und im Baltikum 1914–1918. Berlin 1962, S. 381 ff.; vgl. auch Dok. 8.

nur indirekt erwähnt wird, indem es in einer Art Gegenblockade geradezu napoleonischen Ausmaßes handelspolitisch vom Kontinent verdrängt werden soll, indem es vor allem aber militärisch als der zukünftige Gegner ausgegrenzt und herausgefordert wird.

Der zentrale Kern des September-Programms, um den sich alle anderen Einzelforderungen in flexibel variierbarer Form gruppierten, war die Mitteleuropa-Idee. In der Mitte des 19. Jahrhunderts in Österreich mit einer hegemonialen Stoßrichtung gegen Preußen entwickelt, hatte diese Idee seit den 1870er Jahren in Deutschland Eingang und Resonanz gefunden, vor allem bei Industrie und Hochfinanz. Es waren in erster Linie Walther Rathenau von der AEG und Arthur von Gwinner von der Deutschen Bank, die (zum Teil auf älteren Vorarbeiten aufbauend) Ende August/Anfang September mit entsprechenden Denkschriften – neben den etwas anders gelagerten Vorstellungen Riezlers von einem europäischen »Schutz- und Trutzbündnis« unter deutscher Führung – einen nachhaltigen Einfluß auf den Reichskanzler und die Planer der Reichsbürokratie ausübten.

Ausgehend von einer uneingeschränkten Zollunion mit Österreich-Ungarn, in der dem Reich dank seiner überlegenen Wirtschaftskraft zwangsläufig die politische Führungsrolle zufallen würde, sollte ohne direkte Annexionen, dafür aber um so wirkungsvoller auf indirektem Wege Deutschlands »wirtschaftliche Vorherrschaft« in einem »mitteleuropäischen Wirtschaftsverband« hergestellt werden: Frankreich (mit dem Rathenau im Gegensatz zu Bethmann einen fairen Ausgleich suchte) sollte durch einen Handelsvertrag »in wirtschaftliche Abhängigkeit« gebracht, Belgien »wirtschaftlich zu einer deutschen Provinz« gemacht, der englische Handel »ausgeschaltet«, alle anderen unmittelbaren (Holland, Dänemark und Polen!) sowie eventuell auch die weiteren Nachbarn (Schweden, Norwegen, Italien) »unter äußerlicher Gleichberechtigung ...«, aber tatsächlich unter deutscher Führung« in einem Zollverband zusammengefaßt werden. Gleichwohl war aber auch Bethmann Hollweg erheblichen Veränderungen der europäischen Landkarte keineswegs abgeneigt, denn er beharrte auch später noch auf »strategischen Regulierungen« an der belgischen, französischen und russischen Grenze, und dies selbst gegenüber Vertretern der SPD. Die Angliederung der lothringischen Erzgebiete um Longwy-Briey und Luxemburgs war für ihn selbstverständlich. In der belgischen Frage hat er, wohl weil er in seiner Haltung zu England schwankend blieb, sich nie zu einer klaren Konzeption durchringen können. Indem er bereit war, den Militärs die Entscheidung über die Abtretung der französischen Westvogesen an das Reich, eventuell Antwerpens, Verviers und Lüttichs an Preußen, der französischen Kanalküste an ein flämisches, also geteiltes Belgien, zumindest aber die militärische Nutzung der belgischen Häfen gegen England zu überlassen, weckte er Begehrlichkeiten, die schließlich politisch nicht mehr zu übergehen waren. Die Härte, mit der noch zu seiner Amtszeit angefangen wurde, in dem Generalgouvernement Belgien Zwangsarbeiter zu rekrutieren, läßt erkennen, daß man das Land bereits als »Vasallenstaat« zu behandeln begann.

Zwar war das September-Programm gezielt auf mögliche Friedensverhandlungen im Westen abgestellt, doch die Konzentration auf die Neuordnung Westeuropas nicht zufällig. Offenbar wurde hier der Ausbruch aus der geographischen Mittellage gesucht, sollte der freie Zugang zu den Weltmeeren erzwungen werden. Kurzfristig mußte dies strategisches Ziel der Kriegführung sein, um die englische Seeblockade konterkarieren zu können. Langfristig sollte es jedoch ein »Zwischenfriede nach völliger Niederwerfung Frankreichs« sein, der die Voraussetzungen für die maritime Herausforderung Großbritanniens schaffen würde, indem der dafür nötige Bau einer entsprechenden Flotte »mit französischem und belgischem Gelde« finanziert werden konnte.[28] In diesem Kampf um die »Weltmachtstellung«, die nun als Fernziel in Bethmanns Gedanken nachweisbar wird, war aufgrund der antibritischen Stoßrichtung die Frage der Kolonien oder eines Ostfriedens sekundär. Entsprechend dilatorisch wurde die von dem zuständigen Staatssekretär des Reichskolonialamtes Solf ins Spiel gebrachte Forderung nach einem »zusammenhängenden mittelafrikanischen Kolonialreich« behandelt, ebenso die Neuordnung Osteuropas. Zwar tauchte im September-Programm ein eigenständiges Polen auf, nachdem der Reichskanzler bereits am 11. August die Bildung von »Pufferstaaten« als »zweckmäßig« erachtet hatte, doch ging es ihm offenbar dort in erster Linie um die Schaf-

---

[28] Zitiert nach Egmont Zechlin, Probleme des Kriegskalküls und der Kriegsbeendigung im Ersten Weltkrieg. In: Erster Weltkrieg. Ursachen, Entstehung und Kriegsziele. Hrsg. von Wolfgang Schieder. Köln, Berlin 1969, S. 149–164, hier S. 156.

fung der erforderlichen Rückendeckung für seine Westpolitik. Denn eine »starke Beschneidung Rußlands« hielt er noch Mitte 1915 für nicht erreichbar. »Die Gefahr im Osten wird also bleiben.«[29]

Zumindest in dieser frühen Kriegsphase mag man einen gewissen Vorrang, in Entsprechung zu Schlieffen-Plan und Kriegsverlauf, zugunsten einer Westorientierung bzw. Westlösung bei Bethmann Hollweg annehmen. Bei den parallel entwickelten Forderungen des Alldeutschen Verbandes waren die Akzente deutlich von West nach Ost verschoben. In die auch hier vertretene Mitteleuropa-Konzeption wurde zwar nicht Frankreich, dafür aber bereits Finnland, Rumänien und Bulgarien einbezogen. Weitgehende Entsprechungen in der geographischen Zone zukünftiger deutscher Hegemonie, in der politischen Neuordnung Osteuropas, in dem mitteleuropäischen Wirtschaftsverbund finden sich in beiden Konzeptionen, zumal sich der Reichskanzler nach dem Scheitern des Blitzkrieges im Westen ebenfalls möglichen Kriegszielen in Ost- und Südosteuropa zuzuwenden begann. Dennoch ging die Begehrlichkeit der Alldeutschen, nicht zuletzt unter dem Einfluß wichtiger Vertreter der Schwerindustrie, erheblich weiter, zum Beispiel im Hinblick auf die Annexion französischen Gebiets, auch wenn sie zuletzt in Brest-Litowsk unter dem Eindruck des inzwischen nicht mehr ignorierbaren Prinzips des Selbstbestimmungsrechts ihrerseits stärker zu indirekten Formen der Herrschaftsausübung und -sicherung übergehen mußten.

Trotz aller – aufgrund der vorgegebenen politischen Geographie kaum vermeidbaren – Konvergenz, ja partiellen Übereinstimmung in den Zielen lag doch in den Mitteln, den Formen und dem Stil der Kriegszielrealisierung der eigentliche Unterschied zwischen Bethmann Hollweg und den Alldeutschen. Man wird dem Kanzler zugute halten dürfen, daß er als einer der wenigen die Folgen gesehen und mitbedacht hat, auch wenn er seine Vorbehalte letztlich, so in Belgien und Polen, nur bedingt zur Richtschnur seines Handelns bzw. der von ihm zu verantwortenden Politik gemacht hat oder infolge begrenzter Durchsetzungsfähigkeit machen konnte. Zwar hat er sich bis zuletzt geweigert, sich im Detail festzulegen, hat durch flexibles

[29] Das Kriegstagebuch des Reichstagsabgeordneten Eduard David 1914 bis 1918. In Verbindung mit Erich Matthias bearbeitet von Susanne Miller. Düsseldorf 1966, S. 138.

(ebenso taktisches wie opportunistisches) Entgegenkommen manche extreme Forderung abzuwehren gewußt, doch scheint es zweifelhaft, ob aus dieser, aus Unsicherheit geborenen Flexibilität geschlossen werden darf, er sei Vertreter eines auf langfristigen Ausgleich bedachten Verständigungsfriedens und als solcher zu erheblichen Abstrichen an den Grundlinien seines September-Programms bereit gewesen. Immerhin war er am 16. September 1914, also bereits *nach* der Marneschlacht, aus der Erkenntnis, daß sein Programm sich nicht »auf der Basis einer Verständigung über gemeinsame Interessen« verwirklichen lasse, zu dem Eingeständnis gelangt, dies werde »nur bei einem eventuell von uns zu diktierenden Frieden unter dem Druck politischer Überlegenheit« möglich sein[30]. Wohl hat er schon Ende 1914 gewußt, daß ein Frieden auf der Grundlage des Status quo ante ein kaum mehr zu erhoffender Erfolg sein würde. Aber dennoch war für ihn, der ebenfalls in den engen Kategorien von »Weltmacht oder Niedergang« gedacht hat, etwas anderes als eine deutsch bestimmte, imperiale Nachkriegsordnung offenbar nicht vorstellbar. In dieser war die Rückkehr zu einer multilateralen Gleichgewichtsordnung ebensowenig vorgesehen wie das Voranschreiten zu einer multinationalen Friedenssicherung nach dem Muster des späteren Völkerbundes. Es gab auch für Bethmann keine Alternative zum Siegfrieden, selbst wenn er die Chancen dafür angesichts der militärischen Entwicklung immer mehr schwinden sah.

Ähnlich wie in der Julikrise war auch bei der Formulierung der Kriegsziele sehr bald der Punkt erreicht, an dem die Alternativlosigkeit in der Lagebeurteilung und das Fehlen politischer Flexibilität den nächsten, nicht mehr kompromißfähigen Schritt erzwangen. Es offenbarte sich zugleich die unerbittliche Sachlogik des einmal eingeschlagenen Kurses. Hatte schon die Politik in der Julikrise nur dann einen »Sinn«, wenn sie durch erweiterte zukünftige Sicherheit nachträglich legitimiert wurde, so verraten auch bereits die allerfrühesten Kriegszielplanungen die unausweichliche Erkenntnis, daß derart definierte Sicherheit nur durch eine Ausdehnung der territorialen oder hegemonialen Sphäre bzw., wie es offiziell gerne verbrämt wurde, durch »Garantien« und »Sicherungen« zu gewährleisten war. Ein solcher Sicherheits-Imperialismus war schließlich bis weit in die Reihen der SPD hinein akzeptabel, da er mit einiger dialekti-

---

[30] Zitiert nach Fischer, Griff nach der Weltmacht, S. 119.

schen Mühe mit dem Einkreisungs-Dogma und dem Verteidigungscharakter des Krieges in Einklang zu bringen war. Spätestens jetzt, im September 1914, wurde offenkundig, was in der Julikrise noch verdrängt oder nicht konsequent zu Ende gedacht worden war, daß nämlich unerbittlich der Punkt erreicht war, an dem die (subjektiv defensive) Prävention notwendig in die (objektiv aggressive) Präventivmaßnahme übergehen mußte. In diesem Sinne mag Bethmann Hollweg selbst aus der Rückschau des Jahres 1915 zu dem Eingeständnis gelangt sein, der Krieg sei »in gewissem Sinne ... ein Präventivkrieg«[31] gewesen.

2. Das Ende einer Illusion. Kriegführung 1914–1916

Schlieffen-Plan und Marne-Schlacht 1914

Der Schlieffen-Plan war vielleicht das bezeichnendste Dokument deutscher Selbstüberschätzung, in seiner fatalistischen Unbeirrbarkeit bedrückender Beleg für das Alternativen nicht (mehr) suchende außenpolitische »Denken« im späten Kaiserreich. Entstanden in den Jahren 1897 bis 1905, hatte er sich zu einer starren Doktrin verfestigt, die weder den Militärs noch den Diplomaten politische Wahlmöglichkeiten offenließ. Auf der Grundlage der um die Jahrhundertwende bestehenden Militärbündnisse, aber angesichts eines für das Reich günstigeren Stärkeverhältnisses ging er von der unverrückbaren Tatsache eines zukünftigen Zweifrontenkrieges gegen Rußland und Frankreich aus. Die mögliche Rolle Englands und Italiens ließ er offen; aber mehr oder weniger stillschweigend ging Schlieffen doch von der Annahme aus, diese würden zumindest neutral bleiben. Von der Idee her strategisch genial, wie sich 1914 anfänglich bestätigen sollte, beharrte der Plan doch letztlich auf unzutreffenden Grundannahmen und Voraussetzungen, die ihn allmählich immer offenkundiger als Wunschtraum decouvrieren sollten.

Es war bezeichnend für das Verhältnis von »Staatskunst und Kriegshandwerk« im späten Kaiserreich, daß es keinen abgestimmten Planungsprozeß zwischen Militär und Diplomatie gab. Einmal auf die Verschwörungsthese von der »Einkreisung«

[31] Zitiert nach Hans Herzfeld, Der Erste Weltkrieg. München 2. Aufl. 1970, S. 37.

des Reiches festgelegt, war ein Zurückschneiden der deutschen Aspirationen auf die Vorgaben von Geographie (Mittellage) und Geschichte (»verspätete Nation«) keine legitime Denkkategorie mehr. Die Militärdoktrin akzeptierte widerspruchslos die Notwendigkeit, durch eine »Flucht nach vorn« den »Knoten durchzuschlagen«, ohne aus den Rüstungsfortschritten der potentiellen Gegner rechtzeitig den Schluß zu ziehen, daß das Reich entweder durch eine Reduzierung seiner Weltmachtansprüche oder zumindest durch einen Teilverzicht, zum Beispiel auf die Flottenparität, sich mit einem der Hauptkonkurrenten arrangieren müsse. Statt dessen schraubte der Generalstab, trotz realistischer Analyse der stetig sinkenden Chancen, das Risiko zum Vabanquespiel herauf, und die Diplomatie hielt sich (noch nachträglich) zugute, in diesem autonomen militärischen Entscheidungsprozeß nicht interveniert zu haben.

Das Ergebnis einer solchen fahrlässigen, aber bezeichnenden Außenpolitik, in der die Marine zusätzlich als Störfaktor eine bedeutsame Rolle spielen konnte, ist bekannt. Das Militär glaubte bzw. hoffte, das Reich im Notfall gegen eine »Welt von Feinden« sichern zu können, indem die strukturelle Unterlegenheit zum einen durch bessere Organisation, Ausbildung und Führung, zum zweiten durch Überraschung (»Blitzkrieg«) und zum dritten durch »Willen« kompensiert werden sollte. Dieser Zweckoptimismus der Militärs wiederum bildete das Fundament, auf dem die zivile Reichsleitung ihre riskante, weil inflexible Außenpolitik aufbaute. Die Diplomatie sah insofern keinen Anlaß, den Militärs das größte anzunehmende Unglück, den Zweifrontenkrieg, als existentiellen Test auf die Tragfähigkeit seiner Operationspläne und der zugrundeliegenden Annahmen zu ersparen. Wie fatal sich dieser dilettantische Leichtsinn auswirken sollte, zeigte sich in den letzten Tagen der Juli-Krise 1914: Zum einen waren alle kunstvollen Bemühungen Bethmann Hollwegs, durch die Verlagerung der Kriegsschuld auf das russische Konto die englische Neutralität doch noch zu sichern, insofern aussichtslos, als der vom Generalstab als unvermeidbar angesehene Vormarsch durch Belgien einen solchen diplomatischen Erfolg sofort wieder aufheben mußte. Zum zweiten verlor Moltke regelrecht die Nerven, als die für einen Moment möglich erscheinende englische Neutralität den seit Schlieffen starren Plan, zunächst Frankreich anzugreifen, wertlos zu machen drohte, da seit 1913 die Alternative eines reinen Ostfeldzuges nicht einmal mehr als Planungsmodell weiterverfolgt worden war. Abermals wurde deutlich, wie sehr die Eingleisigkeit des Denkens und des außenpolitischen Handelns in den vorangegangenen Jahren die Zwangslagen selbst produziert hatte, die nun dem Reich subjektiv wie objektiv gar keine andere Wahl mehr ließen, als dem »Sachzwang« und der »Logik« der militärischen Mobilmachungskalender zu folgen und der Diplomatie nur noch legitimatorische anstatt kriegsverhütende Funktion zuzuweisen.

Je verbissener das Reich den nächsten Krieg als Kampf um Sein oder Nichtsein begriff, je mehr die strukturelle Unterlegenheit durch Überraschung und Kampfmoral, also durch den »Blitzkrieg«, ausgeglichen werden mußte, desto weniger erlaubte der Zeitfaktor »Rücksichten«. Vor allem mußte das Reich, wollte es den Vorteil der schnellen Mobilmachung nicht aus der Hand geben, relativ früh die nicht mehr rückgängig zu machende Konsequenz ziehen und sich, ungeachtet möglicher diplomatischer Vermittlungschancen, für oder gegen den Krieg – und zwar den Zweifrontenkrieg – entscheiden. Da die Vogesengrenze auf französischer Seite durch Festungsbauten für einen deutschen Durchbruch zu gut gesichert war, blieb in der Tat nur eine gewisse Erfolgsaussicht bei einer auf Umfassung ausgerichteten Offensive durch Belgien, um auf diese Weise die französischen Verteidigungspositionen umgehen und dann vom Rücken her zerschlagen zu können. Obwohl strategisch brillant, war dies politisch verheerend. Denn hiermit war die Respektierung der belgischen wie der luxemburgischen Neutralität nicht zu vereinbaren, so prekär diese Neutralität im belgischen Falle auch gewesen sein mag. Mit dieser weit ausholenden Umfassungsbewegung gewann der Schlieffen-Plan zugleich eine geographisch überdehnte Dimension, denn auch Paris sollte umfaßt und Mittelfrankreich einbezogen werden. Eine Kessel-Schlacht solchen Ausmaßes, ein »Super-Cannae«, mußte allein aufgrund der gegebenen technischen Voraussetzungen scheitern. Mit den Möglichkeiten der Zeit waren kaum mehr als regional eng begrenzte Operationen durchzuführen, wie 1870 bei Sedan oder 1914 bei Tannenberg, solange eine entsprechende Marschgeschwindigkeit durch die Motorisierung der Infanterie oder durch Panzer (wie 1940) nicht zu erreichen war. Doch abgesehen von diesem fast allein schon ausschlaggebenden Zeitfaktor war der Schlieffen-Plan von mehreren anderen Unwägbarkeiten abhängig, die sich – wie im Grunde seit längerem absehbar war – 1914 allesamt als Fehlschlüsse erweisen sollten: von der britischen (und italienischen) Neutralität oder doch Zurückhaltung, der russischen Ineffizienz, der mangelnden französischen Vorbereitung und der Leistungsfähigkeit des österreichisch-ungarischen Heeres.

Daß der Schlieffen-Plan gescheitert und damit der Krieg kaum noch zu gewinnen war, hat nicht nur Bethmann Hollweg schon am Ausgang der Marne-Schlacht gewußt, wenngleich nicht akzeptiert. Dabei hatte der Krieg geradezu fahrplanmäßig erfolgreich begonnen. Der Aufmarsch der Truppen verlief so exakt, daß vom 6. bis 16. August in ca. 11 100 Transporten 843 Bataillone, 236 Eskadrone, 693 Feldartilleriebataillone und 92 schwere Batterien mit zusammen 3,12 Millionen Mann und 860 000 Pferden in ihre Aufmarschstellungen gebracht werden konnten. Nachdem am 2. August, also noch am Tage vor der Kriegserklärung an Frankreich, Luxemburg besetzt worden war, begann am 4. August der »Handstreich« gegen die belgische Festung Lüttich, die trotz energischen Widerstandes nicht zuletzt dank des persönlichen Einsatzes Ludendorffs, der hier seinen militärischen Ruhm begründete, am 16. August fiel. Mit dem Fall Lüttichs war eine wesentliche Voraussetzung des Schlieffen-Plans erfüllt; der Weg zum nördlichen Maas-Ufer war für den rechten deutschen Flügel frei.

Frankreich hatte mit einer derart weit ausfassenden Operation nicht gerechnet, sondern den Deutschen den »Liebesdienst« erwiesen, seine Angriffe gegen die Vogesenfront und die Mitte des deutschen Schwenkflügels zu richten, so daß eine erfolgreiche Umschließung möglich schien. Zudem war der rechte deutsche Flügel so verstärkt worden, daß allein hier eine auch numerische und artilleristische Überlegenheit gegeben war. Die deutschen Erfolge begeisterten die Heimat, aber schon die geringe Anzahl von Gefangenen und erbeuteten Geschützen deutete darauf hin, daß die Franzosen einen weitgehend geordneten Rückzug antreten konnten. Dagegen machten sich schon bald auf deutscher Seite erste ernsthafte Störungen bemerkbar: Die vorwärtsstürmende Infanterie, die auf dem äußersten rechten Flügel in zehn Tagen 230 km marschieren mußte, verlor an Substanz und Kampfkraft, da u.a. Reserven und Nachschub nicht rechtzeitig und in ausreichendem Maße herangeführt werden konnten. Vor allem aber hatte die OHL trotz moderner Kommunikationsmittel auf eine direkte Führung aus dem Großen Hauptquartier in Koblenz bzw. Luxemburg verzichtet, so daß die Koordination an der Front den dienstältesten, aber nicht unbedingt besten Armeeführern überlassen blieb, zum Teil ohne nachrichtendienstliche Unterstützung. Angesichts dieser eklatanten Defizite erscheint die Diskussion der 20er Jahre müßig, ob Führungsfehler der OHL oder der Armeeoberkommandos, ob persönliches Versagen oder ungenügende Aufklärungstätigkeit den »zum Greifen nahen« Sieg verhindert haben. Zwar schien eine Umfassung des britischen Expeditionskorps für einen Moment möglich, wären die erforderlichen Reserven nicht an der Vogesenfront eingesetzt worden; es bleibt indes fraglich, ob solche taktischen Erfolge kriegsentscheidende Wirkung gehabt hätten. Der französische Oberbefehlshaber Joffre hatte mittlerweile die Gefahr durchaus erkannt. Und es zeigte sich, daß der Vorteil insofern bei den geschlagenen Alliierten lag, als sie auf der inneren Linie mit einem intakten Eisenbahnnetz flexibel und schneller operieren konnten als die deutschen Angreifer, denen beweglichere Kavallerie in ausreichendem Maße nicht zur Verfügung stand, die ohnehin den modernen Verteidigungswaffen hoffnungslos unterlegen war.

Während die Alliierten sich in hinhaltenden Kämpfen planvoll zurückzogen, gewannen sie die entscheidende Zeit, um bei Paris zum Flankenangriff eine neue Armee aufzustellen und den Gegenangriff an der Marne vorzubereiten. Am Morgen des 6. September begann auf der gesamten Frontlinie der Gegenstoß. Es ist viel diskutiert und gestritten worden, welche Seite die größeren taktischen Vorteile errungen habe. Entscheidend war aber letztlich, daß die deutschen Truppen, als sie den französischen Gegenangriff erfolgreich abwehrten und dem zurückweichenden Feind nachsetzten, aufgrund von Führungsfehlern in eine ungünstige Position gerieten, nicht trotz, sondern wegen ihrer Erfolge. Infolge wechselseitiger Durchbruchserfolge wurde die Schlachtordnung für die deutsche Seite, durch Falschmeldungen zusätzlich verwirrt, so unübersichtlich, daß sich der höchstkommandierende Frontoffizier, General von Bülow, und der von der OHL detachierte Oberst Hentsch am 9. September zum Rückzug entschlossen. Dieser Rückzugsbefehl war, indem er die deutsche Niederlage in dieser Schlacht besiegelte, zweifellos der Wendepunkt des Krieges. Aber es wäre verfehlt, diesen beiden Offizieren die individuelle Schuld dafür zuzuschreiben, wie dies lange Zeit getan worden ist. Es war bezeichnend für den Zustand der deutschen Führung, daß nicht Moltke selbst diese folgenreiche Entscheidung traf, sondern daß dies einem unzureichend instruierten jüngeren Offizier überlassen wurde. Die tieferen Ursachen wird man indes in den unkalkulierbaren Risiken, den immanenten Bruchstellen des Schlieffen-Planes zu suchen haben.

Mit dem Rückzug an der Marne war mehr als nur eine Schlacht verloren, wie den Verantwortlichen nicht entging. Schon begann die Zeit gegen Deutschland zu arbeiten, als Moltke noch auf dem Höhepunkt des Vormarsches Ende August zwei Armeekorps aus der Westfront herausziehen mußte, um die Ostgrenze gegen die nach Ostpreußen hereinbrechenden Russen zu schützen. Nachdem der deutsche Angriffsschwung an der Marne gebremst worden war, trat genau der Fall ein, der unbedingt hatte vermieden werden sollen: die Erstarrung der Front mit der Perspektive eines langen, kräftezehrenden Kampfes, für den das Reich nicht gerüstet war und der die Mittelmächte im einkalkulierten Nachteil sah. Deutschland hatte alles auf die Karte des Schlieffen-Planes gesetzt – und verloren. Moltke hatte sich frühzeitig dieser Lage nervlich nicht gewachsen gezeigt, war offenbar auch seiner Aufgabe insgesamt nicht gewachsen. Er wurde, um die Tragweite der Ereignisse vor den Augen der Öffentlichkeit zu verbergen, am 14. September heimlich von dem preußischen Kriegsminister Erich von Falkenhayn abgelöst, dessen Ernennung erst am 3. November bekanntgegeben wurde.

Wie wenig auch die neue OHL sich auf die veränderte Lage einzustellen vermochte, zeigte der nun einsetzende »Wettlauf zum Meer«, der ein letztes Intermezzo vor dem Übergang zum reinen Stellungskrieg im Westen darstellte. Um zum einen die Überflügelung durch den Gegner zu verhindern und zum anderen wichtige Positionen an der Kanalküste zu besetzen, verlagerte sich die Kampftätigkeit immer weiter nach Norden. Von einem neuerlichen großen Angriff an der Yser, der am 20. Oktober begann, erhoffte sich Falkenhayn noch einmal den Durchbruch und damit die Kriegswende. Erstmals machten sich hier die Gesetze des Stellungskrieges bemerkbar, daß nämlich auch der zahlenmäßig unterlegene Gegner durch den Einsatz moderner Waffen im Abwehrkampf überlegen sein konnte. Obwohl die nur notdürftig ausgebildeten, von überalterten Offizieren geführten, meist aus (studentischen) Kriegsfreiwilligen neu aufgestellten Reserveverbände bei Ypern und Langemarck von den englischen Maschinengewehren niedergemäht wurden, hielt Falkenhayn an dem sinnlosen Massaker bis zum 22. November fest. Schließlich tauchten Zweifel an Falkenhayns Fähigkeiten auf, so daß Bethmann Hollweg erstmals Grund sah, seine Ablösung durch die im Osten so erfolgreichen Hindenburg und Ludendorff zu betreiben. Zwar war der Kanzler wie Falkenhayn hinsichtlich der Erfolgsaussichten des Krieges sehr bescheiden geworden (»Wenn wir den Krieg nicht verlieren, haben wir ihn gewonnen«[32]), doch fürchtete er vor allem, daß ein überraschender Zusammenbruch die Monarchie als solche gefährden könnte. Bereits hier tauchte der Hintergedanke auf, daß die Berufung der Sieger von Tannenberg nicht nur die allgemeine Kampfmoral, den Willen zum »Durchhalten« im Volke stärken würde, sondern daß mit dieser Maßnahme zugleich der Krone das Alibi für den Notfall zu verschaffen war, daß auch Ludendorff letztendlich die Niederlage nicht abzuwenden vermochte. Nicht zuletzt aus diesen Gründen wurde der Mythos der beiden »Heroen« gezielt kultiviert; aber noch hielt der Kaiser an Falkenhayn unbeirrt fest.

Der Übergang zum Stellungskrieg nach der Ypern-Schlacht führte zur allmählichen Ausbildung einer völlig neuen Kriegstechnik, da sich trotz erster Erfahrungen im russisch-japanischen Krieg von 1904/06 kein europäischer Generalstab auf den Stellungs- und Grabenkampf ausreichend vorbereitet hatte. Die Einführung des Stahlhelms, der Einsatz von Maschinenwaffen und Flammenwerfern, die Anfänge der Luftaufklärung durch Fesselballons und Flugzeuge u.ä.m. waren Ergebnis dieser technischen »Vervollkommnung« des Grabenkrieges. Da alle Heerführer dennoch an dem Offensiv-Dogma festhielten, suchten sie immer wieder, ungeachtet der ungeheuren Verluste, die frontale Durchbruchsschlacht. Trotz erster, mangelhaft vorbereiteter Versuche 1916 wurde erst 1918 in dem massierten Einsatz von Tanks auf alliierter Seite das taktisch wirksame Gegenmittel gefunden, mit dem die bis dahin offenkundige Überlegenheit einer in ausgeklügelten Grabensystemen gestaffelten Abwehr überwunden werden konnte. Die deutsche Seite hat diese Waffe lange Zeit unterschätzt, obwohl gerade sie es war, die, als der Zwang zur raschen siegreichen Beendigung des Krieges immer drängender wurde, zur Eskalation der Mittel als erste bereit war. Noch im November 1914 war das Angebot

[32] Zitiert nach Karl-Heinz Janßen, Der Kanzler und der General. Die Führungskrise um Bethmann Hollweg und Falkenhayn (1914–1916). Göttingen 1966, S. 50.

einer Firma, die eine neuartige »Benzin-Explosions-Brand-Bombe« mit einem Wirkungsradius von bis zu 3000 Metern offerierte, entrüstet mit dem Bescheid zurückgewiesen worden, daß »diese Bombe das gräßlichste Mordwerkzeug sei, das die deutsche Armee je bekommen würde«[33]. Wenig später, als das deutsche Heer im April 1915 erstmals Giftgas einsetzte, waren solche Skrupel hinfällig geworden. Pläne, Paris und London mit einer »besonders wirkungsvollen Brandbombe« anzugreifen, wurden – trotz der vorangegangenen Zeppelin-Angriffe auf England – nun angesichts des nahenden Kriegsendes aus Angst vor Vergeltungsmaßnahmen zurückgestellt.[34]

Durchaus ähnlich ist der Übergang des Reiches zum U-Boot-Krieg zu bewerten, der trotz aller völkerrechtlichen Probleme als Notwehr gegen die nicht minder völkerrechtswidrige Seeblockade Englands legitimiert schien. Nachdem die Hochseeflotte entgegen den vollmundigen Versprechungen der Marineleitung inzwischen versenkt oder in den deutschen Häfen versteckt worden war, schien die U-Boot-Waffe – neben dem Tank das wirkungsvollste neue technische Kampfmittel – das probate Instrument zu sein, um wenigstens mittelbar wieder Bewegung in die Fronten auf dem Festland zu bringen. Wieder einmal lockte die Marine mit falschen Zahlen das Reich in ein maritimes Abenteuer. Von den angeblich 54 »frontbereiten« Booten waren nur neun für Fernfahrten verwendbar, von denen jeweils nur drei gleichzeitig am Feind einsetzbar waren. Die großsprecherische Ankündigung des Admirals Tirpitz, England werde in sechs Monaten friedensbereit sein, erwies sich als völlig haltlos. Dagegen sollte sich Bethmann Hollwegs Befürchtung, mit dem warnungslosen U-Boot-Krieg werde die Existenz des Reiches aufs Spiel gesetzt, bald bestätigen. Nach der Versenkung der ›Lusitania‹ am 7. Mai und der ›Arabic‹ am 19. August 1915, die jeweils amerikanischen Staatsbürgern das Leben kosteten, drohte eine neuerliche Ausweitung des Krieges. Am 18. September mußte daraufhin in einem Geheimbefehl der U-Boot-Krieg de facto vollständig eingestellt werden – zumindest bis auf weiteres. Wieder hatte sich eine Wunderwaffe als zweischneidiges Schwert, ja sogar als wirkungslos erwiesen. Die Eskalation der Mittel mochte kurzfristig die Illusion nähren, auf

---

[33] HStA Stuttgart, E 14, Bü 2073.
[34] Erich Ludendorff, Meine Kriegserinnerungen 1914–1918. Berlin 1919, S. 565.

diese Weise ließe sich vielleicht doch noch die strategische Offensive an der Westfront zurückgewinnen. Als aber auch diese Wendung nicht eintrat, lag die Frage nahe, ob die Entscheidung nicht im Osten zu suchen sei.

Erschöpfung oder Vernichtung? Der Krieg im Osten 1914/15

Die deutschen Operationspläne scheiterten nicht allein an den militärischen Kräfteverhältnissen im Westen, sondern auch an der im Grunde fahrlässigen Unterschätzung Rußlands. Bis zuletzt hatte Schlieffen die Überzeugung vertreten, die Entscheidung im Westen würde längst gefallen sein, ehe die russischen Armeen eingreifen könnten. Die schwache 8. Armee sollte daher lediglich den Einfall russischer Truppenteile nach Deutschland verhindern und die österreichische Offensive durch Bindung möglichst starker russischer Kräfte unterstützen. Die Planungen bzw. die Hoffnungen gingen im wesentlichen also dahin, die Lage im Osten solange zu halten, bis im Westen die (rasche) Entscheidung gefallen wäre, um dann mit herbeigeführten Verstärkungen den zweiten, entscheidenden Schlag führen zu können.

Auch dieser Teil des Schlieffen-Planes erwies sich schon in den ersten Tagen als hinfällig, da die Russen ihre Armeen »unerwartet« rasch mobilisiert und bereitgestellt hatten. Ebenfalls nicht in das Kalkül einbezogen waren die empfindlichen Rückschläge der österreichisch-ungarischen Armee, die sich nach kurzen Anfangserfolgen selbst gegen die zahlenmäßig unterlegenen, aber gut geführten serbischen Truppen nicht behaupten konnte, sondern unter großen Verlusten hinter die Donau zurückweichen mußte. Es konnte daher kaum überraschen, daß die Österreicher auch in Galizien der russischen Übermacht nicht gewachsen waren. Nach der entscheidenden Schlacht bei Lemberg (6. bis 11. September 1914) sahen sie sich gezwungen, die Front weit zurückzunehmen, und es war vielleicht nur dem schneereichen Winter zu verdanken, daß die Russen nicht durch die Karpaten nach Ungarn durchbrachen. Von diesen Anfangsverlusten hat sich die österreichisch-ungarische Armee nicht wieder erholt; sie hatte gegen Serbien fast die Hälfte, in Galizien ein Drittel des jeweils eingesetzten Bestandes verloren, bis zum Frühjahr 1915 insgesamt 1,6 Millionen Mann.

Damit lag die Hauptlast der Verteidigung bei den schwachen deutschen Kräften, die ebenfalls die Nerven frühzeitig zu verlieren drohten. Der Führer der 8. Armee, General von Pritt-witz, entschied sich am 20. August infolge von Führungsfehlern und unzureichender Aufklärung zum Abbruch der Schlacht von Gumbinnen. Um nicht in die Umklammerung durch die 1. und 2. russische Armee zu geraten, trat er den Rückzug an, den er in der ersten Erregung bis hinter die Weichsel fortsetzen wollte. Die OHL, die die Gefahr sofort erkannt hatte, handelte unverzüglich und löste Prittwitz ab. Ludendorff wurde zum Generalstabschef ernannt und der zu seinem Naturell passende, binnen weniger Stunden reaktivierte Hindenburg ihm zur Seite gestellt. Beide trafen am 23. August in Ostpreußen ein, wo in-zwischen im Stab der 8. Armee die Lage als weniger bedrohlich erkannt und entsprechende Gegenmaßnahmen vorbereitet wor-den waren. Darauf aufbauend führten Hindenburg und Luden-dorff die deutschen Truppen bei Tannenberg (26. bis 31. Au-gust) zu einem vollständigen Sieg, der mit der Einkreisung und schließlichen Vernichtung der 2. russischen Armee endete. Die-ser Erfolg begründete bekanntlich den Ruhm, den Mythos des »Dioskurenpaares« Hindenburg und Ludendorff. Aus schwie-riger militärischer und psychologischer Ausgangslage heraus hatten sie durch eine kühne Operation gegen einen allerdings schlecht geführten Gegner nicht nur einen triumphalen Sieg errungen, sondern sie hatten vor allem die ins Wanken geratene Ostfront stabilisiert. Der Rückzug hinter die Weichsel, freiwil-lig oder erzwungen, wäre zweifelsohne für den weiteren Kriegsverlauf folgenreicher gewesen als der Rückzug an der Marne. Nicht zu Unrecht brüstete sich vor allem Ludendorff als »Retter des Vaterlandes«, doch leitete er daraus persönliche, politische und militärische Forderungen ab, die den Preis für die spätere Niederlage um so höher werden ließen.

Hindenburg und Ludendorff belasteten in der Folgezeit die politische und militärische Kriegführung der Jahre 1914 bis 1916 mit ihrer ständigen Forderung, daß sie, mit genügenden Kräften ausgestattet, in die Lage versetzt werden müßten, mit weiträumigen Operationen in einer riesigen Kesselschlacht die russische Armee entscheidend zu schlagen und damit den Krieg im Osten zu gewinnen. Dabei übersahen sie geflissentlich, daß nach dem taktischen Erfolg ihrer zweiten Operation gegen die nun isolierte 1. russische Armee in der Schlacht bei den Masu-ren (6. bis 15. September) die angestrebte Wiederholung der Umfassung scheiterte. Denn der Gegner wich, durch Tannen-berg gewarnt, der Schlacht aus und zog sich, wenngleich unter großen Verlusten, in die Weite des Raumes zurück. Die Russen waren geschlagen, aber nicht besiegt, vor allem, da sie gleichzeitig weiterhin gegenüber Österreich-Ungarn Erfolge erzielten, die – zumindest soweit es Kampfmoral und Koalitionstreue betraf – die empfindlichen Niederlagen gegen die Deutschen ausglichen und die Hoffnung nährten, mit dem militärischen Zusammenbruch der Donaumonarchie auch das Reich in die Niederlage zu zwingen. Vor allem aber brauchten die Russen, solange ihre Südwestfront in Galizien immer weiter vorrückte, einen weitgefaßten Zangenangriff der Mittelmächte nicht zu fürchten.

Nachdem sich im Westen der Krieg ohnehin festgerannt hatte, gab es für Falkenhayn und die OHL gar keine andere Wahl, als für das Jahr 1915 der Stabilität der Ostfront höchste Priorität einzuräumen. Dies war auch insofern unvermeidlich, als es nicht allein um die psychologisch wichtige Befreiung Ostpreußens von russischen Truppen ging, die endgültig erst im Zuge der Winterschlacht bei den Masuren im Februar 1915 erreicht wurde; nicht minder wichtig war die Sicherung des oberschlesischen Industriereviers, dessen Verlust angesichts des russischen Vorrückens in Galizien im Oktober 1914 zu befürchten stand und kriegswirtschaftlich eine vorentscheidende Schwächung des Reiches bedeutet hätte. Vor allem aber mußte der angeschlagene Bündnispartner Österreich-Ungarn aus seiner fast schon verzweifelten Lage gerettet werden. Es galt, seine militärische Niederlage ebenso zu verhindern wie seinen inneren Kollaps, denn nur unter dieser Voraussetzung konnten die neutralen Mächte auf dem Balkan (Rumänien, Bulgarien, auch Griechenland) sowie Italien von einem als kriegsentscheidend beurteilten Anschluß an die Entente abgehalten werden. Außerdem wurde die militärische und/oder politische Öffnung des Landweges zur Türkei immer dringlicher, vor allem nachdem sich im Februar 1915 die Entente zum Angriff auf die Dardanellen entschlossen hatte, deren Verlust kurzfristig eine entscheidende Verbesserung der russischen Versorgungslage, langfristig das Ende aller deutschen Aspirationen im Nahen Osten bedeutet hätte.

Falkenhayn sah sich damit vor eine schwierige Entscheidung gestellt, denn es war überdeutlich, daß der Krieg im Herbst 1914 einer ersten schweren Krise zutrieb. Solange die Front im Westen nicht voll gesichert war, mußte der Kräfteeinsatz im Osten auf ein Mindestmaß reduziert bleiben. Aber eine Niederlage im Osten mußte die Neutralen zum Anschluß an die Entente veranlassen, wenn der Krieg dann nicht ohnehin bereits vollständig verloren war. Um aber die Lage im Osten nachhaltig zu stabilisieren, mußte die Westfront vorübergehend von starken Kräften entblößt werden. Da für Falkenhayn (ganz im Sinne Schlieffens) als unverrückbares Dogma feststand, daß die Kriegsentscheidung nur im Westen fallen könne, ging es für ihn im Osten nur um eine – wenn auch lebenswichtige – Zwischenlösung. Sein Entschluß jedoch, im Jahr 1915 sich auf den Osten zu konzentrieren, beinhaltete drei schwerwiegende Einsichten bzw. Eingeständnisse: Deutschland verfügte weder über die erforderlichen Ressourcen noch die entsprechenden Bundesgenossen für eine kraftvolle Kriegführung an allen Fronten; der Krieg würde aller Voraussicht nach auch 1915 nicht zum Abschluß kommen; der Krieg war für Deutschland militärisch nicht mehr zu gewinnen.

Falkenhayns Plan, im Osten nur begrenzte, der bloßen Entlastung dienende Operationen durchzuführen, bedeutete keineswegs nur stures Anklammern an die Grundsätze Schlieffens. Dahinter stand vielmehr die Überzeugung, die sich schließlich als richtig erweisen sollte, daß die Niederlage des Zarenreiches die Westmächte nicht zum Frieden zwingen werde, daß die russische Armee vor allem aber die Möglichkeit besaß und auch nutzte, durch Rückzug in die Weite des Raumes der Vernichtungsschlacht immer wieder auszuweichen, und daß das Reich, nicht zuletzt angesichts der prekären Lage im Westen, weder über die Kräfte noch die Zeit für einen großen Vernichtungsfeldzug gegen Rußland verfügte. Durch eine Vielzahl begrenzter Schläge sollte der Gegner soweit erschöpft werden, daß er auf absehbare Zeit als ernsthafte Gefahr ausschied, – ein deutlicher Vorgriff auf die dann Ende 1915 explizit als Gesamtkonzeption (auch gegenüber den Westmächten) formulierte »Ermattungsstrategie«.

Mit der brillanten, aber für seinen Nachruhm kaum wirksam gewordenen Durchbruchsschlacht bei Tarnow und Gorlice im Mai 1915 hat Falkenhayn seine begrenzten Ziele erreicht. Doch hat er es bewußt vermieden, trotz aller gegenteiligen Forderungen Hindenburgs und Ludendorffs einerseits, des österreichisch-ungarischen Armeeoberkommandos andererseits, diesen Durchbruch in eine riesige Umfassungsbewegung von Ostpreußen im Norden und von den Karpaten im Süden übergehen zu lassen. Ob eine solche Operation unter den gegebenen Umständen überhaupt durchführbar gewesen wäre oder gar die versprochene Vernichtung der russischen Hauptstreitkräfte erlaubt hätte, war und bleibt umstritten. Falkenhayn, der die verzweifelte Lage der Westfront in seiner Gesamtverantwortung als Chef der OHL in Rechnung zu stellen hatte, war zu einem solchen Risiko nicht bereit, und es gibt gewisse begründete Hinweise, daß ohne den Einsatz der in letzter Minute abgezogenen Divisionen aus dem Osten die Abwehr des alliierten Angriffs in der Champagne kaum mehr möglich gewesen wäre. »Eine Vernichtung des Feindes ist von den laufenden Operationen im Osten niemals erhofft worden«, so faßte der Generalstabschef sein Konzept gegen die harsche Kritik Hindenburgs und Ludendorffs zusammen, »sondern lediglich ein den Zwekken der O.H.L. entsprechender, entscheidender Sieg. Die Vernichtung im ganzen durfte im vorliegenden Falle auch nicht angestrebt werden, denn man kann einen der Zahl nach weit überlegenen, frontal gegenüberstehenden Gegner nicht zu vernichten streben, der über vorzügliche Verbindungen, beliebige Zeit und unbeschränkten Raum verfügt, während man selbst im eisenbahnlosen, wegearmen Gelände mit enger Zeitbegrenzung zu operieren gezwungen ist.«[35]

Falkenhayn hatte in dieser kritischen Situation angesichts der Gesamtlage sicheres Augenmaß, ruhige Nerven und Feldherrenqualitäten unter Beweis gestellt. Dies festigte einerseits seine Position, brachte ihn sogar (ohne sein Zutun) als Kandidaten für den Reichskanzlerposten ins Gespräch. Andererseits provozierte seine fast einsame Entscheidung den Dauerkonflikt mit Hindenburg und Ludendorff sowie die steigende Entfremdung von seinem österreichischen Kollegen Conrad von Hötzendorf, deren Intrigen er schließlich doch zum Opfer fallen sollte. Schon in den entscheidenden Wochen von Tarnow-Gorlice hatte er, ebenso wie in den sich anschließenden Operationen, die bis Ende Juli eine weitgehend begradigte Frontlinie von Riga bis zur rumänischen Grenze sicherstellten, sich wiederholt gegen seine Konkurrenten von »Oberost« nicht mehr durchsetzen können. Gegen deren Proteste, aber angesichts seiner begrenzten Ziele letztlich nicht konsequent genug, brach er mit Rückendeckung durch den Kaiser als Oberstem Kriegsherrn Anfang September den Ostfeldzug ab, um einerseits die Lücken in

[35] Erich von Falkenhayn, Die Oberste Heeresleitung 1914–1916 in ihren wichtigsten Entschließungen. Berlin 1920, S. 107.

der Westfront stopfen zu können, andererseits den bislang erfolgreich abgewehrten Forderungen der zivilen Reichsleitung und des Bündnispartners nachzukommen und endlich den Feldzug gegen Serbien am 6. Oktober 1915 zu beginnen.

Seine Ziele sah Falkenhayn auch deshalb als erreicht an, weil er auf mehr nicht zu hoffen wagte. Obwohl Italien im Mai 1915 gegen Österreich-Ungarn in den Krieg eingetreten war, hatte für den Bundesgenossen das drohende Unheil abgewendet werden können: Ein russischer Einbruch nach Ungarn stand im Augenblick nicht zu erwarten, Rumänien blieb weiterhin neutral. Bulgarien aber schloß sich am 6. September den Mittelmächten an, so daß damit eine wesentliche Voraussetzung für den erfolgreichen Angriff auf Serbien und die Herstellung einer festen Landverbindung mit der Türkei gegeben war. Falkenhayn hielt daher im Juli 1915 den Zeitpunkt für gekommen, Rußland einen Separatfrieden anzutragen. Er fand darin, trotz der vorangegangenen ernsten Spannungen, die prinzipielle Unterstützung Bethmann Hollwegs, der wie der Generalstabschef zu dieser Zeit längst einen Status-quo-Frieden als Erfolg betrachtet hätte, jedoch die Ergebnisse des Ostfeldzuges noch nicht für ausreichend hielt, um das Zarenreich friedensbereit zu machen. Falkenhayn gab sich zweifellos, und dies in stärkerem Maße als der skeptische Reichskanzler, einer Reihe von trügerischen Hoffnungen und Fehleinschätzungen, ja Selbsttäuschungen hin. Er hielt Rußland angesichts des Verlustes von 2,2 Millionen Mann sowie des gescheiterten Angriffs der Entente auf die Dardanellen für so geschwächt, daß es innenpolitisch bald friedensbereit und militärisch auf längere Sicht nicht in der Lage sein würde, neue Kräfte zu erfolgversprechenden Aktionen zu sammeln. Daß beide Annahmen falsch waren, zeigte zunächst die schroffe Ablehnung eines Separatfriedens, im Sommer 1916 dann die Brussilow-Offensive.

Aber auch unter innenpolitischen Aspekten erwies sich Falkenhayns Kalkulation als falsch, indem er die operativen Entscheidungen im Osten unter vorwiegend militärischen Erwägungen traf und beurteilte. Er mißverstand die Forderungen Hindenburgs und Ludendorffs als »Jagd nach militärischen Leistungen von zweifelhaftem Dauerwert«, wenngleich ihm nicht völlig verborgen blieb, daß es dabei auch um die Verfolgung »nebelhafter Kriegsziele« ging. Aber eben diesen Aspekt dürfte er wohl unterschätzt haben, da sich die Chefs von Oberost in zunehmendem Maße zu den Exponenten eines ausgreifenden Annexionismus entwickelten, die eine Beschränkung auf rein militärisch sinnvolle Positionen zugunsten der Eroberung von besetzbarem Territorium ablehnten. Die Vorstöße im Baltikum, das Drängen auf den Serbienfeldzug trotz der äußerst gespannten Gesamtlage, später die Ausweitung des Krieges auf die Ukraine nahmen eine Überdehnung der deutschen Kräfte in Kauf, die Falkenhayn, selbst Befürworter einer ökonomischen Mitteleuropa-Konzeption, militärisch nicht verantworten zu können glaubte. Dies, und weniger die bis zum Haß gesteigerte persönliche Rivalität, war wohl der tiefere Grund für die anhaltende Intrige gegen Falkenhayn. Doch der Generalstabschef wußte, so sehr er sich gelegentlich selbst überschätzt haben mag, daß er als erfolgreicher Feldherr vom Kaiser kaum entlassen werden konnte; er wußte aber in zunehmendem Maße nicht mehr, ob und wie er diese Erfolge noch erzielen konnte. Die Siege des Jahres 1915 hatten die Annexionisten, aber auch die breite Masse des Volkes noch weniger friedensbereit werden lassen, hatten sie doch bislang die strukturelle Unterlegenheit des Reiches überdeckt. Diesen wachsenden Zwiespalt hat er mit realistischer Skepsis durchaus erkannt, zugleich aber wohl eher gehofft als geglaubt, mit einem neuerlichen großen Einsatz aller Kräfte im Jahr 1916 die Entscheidung herbeiführen zu können.

Kriegswende Sommer 1916

Als Falkenhayn Ende 1915 die Bilanz des bisherigen Kriegsverlaufes zog, um die strategische Planung für das Jahr 1916 vorzubereiten, schien ihm ein positives Gesamturteil schon nicht mehr uneingeschränkt möglich. Gewiß, so urteilte er in seiner ›Weihnachtsdenkschrift‹, waren die Erfolge vor allem im Osten beeindruckend. Serbien war geschlagen, das Landungsunternehmen der Entente bei Gallipoli war gescheitert, der Kriegseintritt Rumäniens auf der Seite der Kriegsgegner hatte verhindert werden können, und Bulgarien war als Bündnispartner gewonnen. Damit hatte eine »ganz außerordentliche« Entlastung Österreich-Ungarns erreicht werden können, aber Falkenhayns alte Warnung war bestätigt worden, daß das entscheidende Ziel, »die Vernichtung der Wehrmacht Rußlands im ganzen«, trotz aller Teilerfolge nicht möglich war. »Man war im Rahmen des Möglichen geblieben«, so lautete das bescheiden gewordene Fazit, »indem man sich darauf beschränkte, eine kaum in absehbarer Zeit heilbare Lähmung der Stoßkraft des

Kolosses anzustreben«, immer mehr darauf bauend, daß eine Revolution im Inneren das bewirken werde, was durch militärische Schläge von außen nicht mehr zu erzwingen war.[36] Insofern hatte Falkenhayn allen Grund zur Skepsis, denn die Verschlechterung der Gesamtlage im Osten aufgrund der »Minderleistung« Österreich-Ungarns mußte zugleich die deutsche Position im Westen erheblich beeinträchtigen.

Entsprechend zurückhaltend war die Lagebeurteilung für die Westfront: »Auf die Absicht, die Operationen im Westen so weit zu führen, daß den Franzosen und Engländern keine Hoffnung mehr blieb, einen Umschlag zu ihren Gunsten zu erzwingen, bevor sich Frankreich verblutete, hatte man verzichten müssen.« In diesem Satz war letztlich bereits das Eingeständnis enthalten, daß der Krieg kaum noch zu gewinnen war. Vielmehr sah sich das Reich durch die Doppelbelastung des Zweifrontenkrieges gezwungen, »sich auf dem Westkriegsschauplatz mit der Behauptung der gewonnenen Linie zu begnügen«. Das Reich war in die strategische Defensive geraten, und es mußte das Ziel im neuen Jahr sein, die Initiative zurückzugewinnen. Ein weiteres Zuwarten würde die Gewichte erneut zugunsten der Entente verschieben: »Den Gegnern strömen aus ihrer Überlegenheit an Menschen und Material erheblich mehr Kräfte zu als uns. Es müßte bei diesem Verfahren einmal der Augenblick eintreten, wo das rohe Stärkeverhältnis Deutschland nicht viel Hoffnung mehr ließe. Das Vermögen zum Durchhalten ist bei unseren Verbündeten begrenzt, das unserige immerhin nicht unbeschränkt.«

Da die Mittelmächte die Kraft zur großen Durchbruchsschlacht nicht mehr besaßen, sollte der Gegner mit begrenzten, wuchtigen Operationen zum Einlenken gezwungen werden, indem ihm die Aussichtslosigkeit einer Fortführung des Krieges demonstriert wurde. Es war dies eine kurzsichtige Betrachtung, da Falkenhayn die vielfältige Unterstützung der Alliierten seitens der (neutralen) USA nicht unbekannt war. Der Generalstabschef verrannte sich, wie später die 3. OHL, in die Hoffnung, selbst ohne entscheidende militärische Siege den Krieg in etwa neun Monaten gewinnen zu können. Dieses Wunschdenken verleitete ihn dazu, die Kampfkraft des Gegners in fahrlässiger Weise zu unterschätzen; es zwang ihn zugleich, in einer verzweifelten letzten Anstrengung alles auf eine Karte zu set-

---

[36] Dieses und die folgenden Zitate aus ebd., S. 163, 176 ff. Vgl. Dok. 9.

zen. Anders als Bethmann Hollweg, der noch immer ernsthaft an die Möglichkeit eines Friedens auf der Grundlage des Status quo ante glaubte, hatte er inzwischen nüchtern erkannt, daß es nur noch um Sieg oder Niederlage ging: »England kann schon jetzt nicht anders handeln wie wir, d.h. es muß den Krieg bis zum bitteren Ende führen.«

England rückte immer stärker in den Mittelpunkt seines strategischen Kalküls. Er hatte Englands Entschlossenheit bis dahin ebenso unterschätzt wie dessen Fähigkeit, seine Präsenz auf dem westlichen Kriegsschauplatz durch Kitcheners »neue Armeen« mehr als zu verdoppeln. In einem umfassenden Szenario suchte Falkenhayn eine Antwort auf die aktuelle Lage zu entwerfen: Zum einen sollten durch eine »Ermattungsstrategie« die britischen »Festlandsdegen« Frankreich, Rußland und Italien »ausgeblutet« werden. Damit sollte zum zweiten England selbst zu einem verfrühten Entlastungsangriff provoziert werden, der im Gegenstoß in einen operativen Vorteil umgemünzt werden sollte. Durch die Wiederaufnahme des U-Boot-Krieges sollte zum dritten eine solche übereilte Reaktion beschleunigt werden, indem das Inselreich von seinem »heimlichen Bundesgenossen«, den USA, abgeschnitten und durch das Ausbleiben des Nachschubs an Lebensmitteln von innen heraus geschwächt wurde. Zur Unterstützung dieser militärischen Operationen sollte zum vierten »die Anbahnung eines politischen und wirtschaftlichen Zusammenschlusses« des Reiches mit seinen Verbündeten einerseits, »mit allen noch nicht ganz im Bannkreis Englands gefesselten Staaten« andererseits betrieben werden, um Britannien auf seinem »eigensten Gebiet« zu schädigen und »rücksichtslos« unter Druck zu setzen.

Man hat diese Denkschrift als Dokument illusionärer Selbstüberschätzung oder Selbsttäuschung verstehen wollen. Dahinter stand aber wohl in erster Linie der aufkeimende Zweifel an den militärischen Erfolgschancen. Inzwischen erschien es Falkenhayn sogar fraglich, ob selbst ein militärischer Erfolg den Gesamtsieg sicherstellen würde, »weil England wohl zuzutrauen ist, daß es auch dann nicht nachgeben wird, und weil Frankreich nicht selbst schwer getroffen sein würde«, sollte England vom Festland vertrieben, Frankreich hinter die Somme zurückgeworfen werden. »Hierzu wäre Einleitung einer neuen Operation erforderlich. Es ist sehr fraglich, ob Deutschland dazu noch über die nötigen Kräfte verfügen würde.«

War der Erfolg auf dem Lande nicht zu erzielen, so blieb nur

die Hoffnung auf die U-Boote. Zwar beurteilte er die Erfolgsaussichten des U-Boot-Krieges nicht weniger skeptisch (»Voraussetzung bei ihm ist, daß die Marine sich nicht irrt«), gleichwohl befürwortete er ihn in seiner Ratlosigkeit als das unausweichliche, weil letzte zu Hoffnungen berechtigende Mittel.
Der Verzicht auf den Einsatz dieser Waffe bedeute, so suchte er
seine eigenen Zweifel zu beschwichtigen, einen »sicheren (!)
Gewinn von unschätzbarem Wert aus Besorgnis vor einem,
wenn auch schweren, so doch nur möglichen Nachteil preis-
[zu]geben«. Und es folgte der bezeichnende Nachsatz: »Das ist
in der Lage Deutschlands nicht zulässig.«

Falkenhayns strategische Konzeption für das Jahr 1916 war
damit an mehrere Unwägbarkeiten gebunden, die ihm allesamt
nicht verborgen geblieben waren: daß die Ostfront halten, die
Briten zum Gegenstoß nicht fähig sein, die USA überhaupt
nicht oder zu spät bzw. mit ungenügenden Kräften eingreifen
würden. Die wohl größte Unwägbarkeit war aber seine zyni-
sche Absicht, in einer großen und anhaltenden »Blutmühle«
den Gegner »weißzubluten«, diesem mehr Verluste zuzufü-
gen als das eigene Heer verkraften mußte. Auch wenn Falkenhayn mit seinen Auffassungen nicht völlig allein stand, erwiesen sich alle diese Prämissen als unzutreffend. Und doch
wiederholte die 3. OHL die gleichen Fehler 1918 in anderem
Rahmen.

Da durch die Erfolge des Jahres 1915 die Lage im Osten
zugunsten des Reiches stabilisiert schien, ein kriegsentscheiden-
der Erfolg gegen Italien nicht absehbar war, wurde Frankreich
als »Angriffsobjekt« und Verdun als »Blutmühle« ausersehen.
Durch konzentrierte und anhaltende Angriffe auf das dortige
Festungssystem sollte die französische Führung gezwungen
werden, »den letzten Mann einzusetzen. Tut sie es, so werden
sich Frankreichs Kräfte verbluten, da es ein Ausweichen nicht
gibt, gleichgültig, ob wir das Ziel selbst erreichen oder nicht.«
Gegen den Widerstand der Frontoffiziere legte Falkenhayn keinen sonderlichen Wert auf eine rasche Eroberung Verduns, um
so einen möglichst großen Anteil der französischen Streitkräfte
dort binden und vernichten zu können.

Am 21. Februar 1916 begann die »Hölle von Verdun«. Zunächst konnten Geländegewinne erzielt werden, am 25. Februar
wurde gar das Fort Douaumont genommen. Aber da sich infolge schlechten Wetters der Angriff um neun Tage verzögert hatte, war der Überraschungseffekt teilweise zunichte gemacht

worden; der französische Widerstand versteifte sich rascher als erwartet. Der Kampf weitete sich zu einer bis dahin ungeahnten Materialschlacht aus mit ebenso ungeahnten Verlusten an Menschen. Allerdings verlor das französische Heer weitaus weniger, das deutsche Heer weitaus mehr Kräfte, als Falkenhayn erhofft hatte, so daß Ende März die gesamte Operation letztlich militärisch sinnlos geworden war. Weder hatte sich England zum unvorbereiteten Angriff herauslocken lassen, noch hatte der Kaiser den »unbeschränkten« U-Boot-Krieg auch gegen neutrale Schiffe und ohne Vorwarnung befohlen. Selbst der »verschärfte« U-Boot-Krieg gegen bewaffnete Handelsschiffe war nach Torpedierung der ›Sussex‹ nicht aufrechtzuerhalten, wollte man die scharf reagierenden USA nicht weiter provozieren. Wenn Falkenhayn die Schlacht um Verdun trotz steigender Kritik dennoch bis zum August fortführte, dabei mit völlig überzogenen Angaben über die französischen Verluste argumentierend, so war dies zweifellos ein Zeichen der Hilflosigkeit, aber auch Ausdruck menschenverachtenden Prestigedenkens. Spätere Berechnungen ergaben, daß vor Verdun die Franzosen 317000 Mann an Toten, Verwundeten und Vermißten verloren hatten, das deutsche Heer 282000. Aus deutscher Sicht bedeutete dies bestenfalls einen Netto-»Gewinn« von 10 Prozent; doch die Verluste konnten die Mittelmächte langfristig nicht mehr, die Entente aber durch amerikanische Truppen ausgleichen. Zugleich war unübersehbar, daß die Überlebenden auf französischer Seite infolge kürzerer Einsatzzeiten an der Front physisch und psychisch weniger be- bzw. überlastet worden waren als die 47 auf deutscher Seite eingesetzten Infanterie-Divisionen. Vor Verdun hatte die Kampfmoral der deutschen Truppen einen ersten Bruch erlitten.

Die Entscheidung zur Fortsetzung der Verdun-Operation war um so unverständlicher, als sich inzwischen die strategische Gesamtlage dramatisch zuungunsten der Mittelmächte verschlechtert hatte. Nachdem sich die Entente auf einer Konferenz vom 6. bis 8. Dezember 1915 in Chantilly für 1916 auf eine gemeinsame strategische Konzeption geeinigt hatte, konnte sie jetzt, obwohl die Vorbereitungen für die vorgesehenen Offensiven längst nicht abgeschlossen waren, koordiniert reagieren. Vom 11. bis 16. März unternahm Italien in der 5. Isonzo-Schlacht eine »offensive Demonstration«, am 18. März griffen die Russen bei Riga an. Obwohl beide Offensiven ohne militärische Erfolge abgebrochen werden mußten und die Russen allein 110000 Mann verloren, waren deutsche Kräfte im Osten gebunden worden. Allerdings war auch Falkenhayn in seiner Auffassung bestärkt worden, im Osten drohe keine wirkliche Gefahr.

Indem die Mittelmächte beide Aktionen als begrenzte präventive Entlastungsoffensiven falsch beurteilten, unterschätzten sie auch weitere Alarmzeichen. Größere Truppenbewegungen ließen erkennen, daß die Russen an der Südwestfront massive Angriffsvorbereitungen trafen und daß im Westen an der Somme eine Großoffensive bevorstand. Dennoch startete das österreichische Armeeoberkommando, das sich im Rahmen seines »Privatkrieges« gegen Italien der deutschen Gesamtstrategie nicht beugen wollte, am 15. Mai in Tirol eine Offensive an der Südfront. Für diesen Angriff waren die kampfstärksten Truppen von der galizischen und von der Isonzo-Front abgezogen worden. Dies nutzte die russische Armee, um am 4. Juni unter General Brussilow in Galizien zum Entlastungsangriff überzugehen. Obwohl ihre Vorbereitungen nicht abgeschlossen waren und es an Ausrüstung mangelte, brachen die Russen durch. Die Österreicher verloren bereits in den ersten zehn Tagen 200000, bis Ende August 616000 Mann, darunter allein 327000 Gefangene und Vermißte, unter denen sich zahlreiche Überläufer der nichtdeutschen Minderheiten befanden. Zur Stabilisierung mußten weitere deutsche Truppen als »Korsettstangen« eingezogen, österreichische Einheiten aus Italien zurückgeführt werden. Dadurch geriet die Donaumonarchie auch an der Südfront rasch wieder in die Defensive, da Italien die Gunst der Stunde zur 6. Isonzo-Schlacht (4. bis 16. August) zu nutzen verstand.

Während nun die Entente die möglichen Vorteile des Koalitionskrieges in steigendem Maße demonstrierte, indem sie durch konzertierte Offensiven die Mittelmächte zu Tode zu hetzen suchte, zeigte die Koalition der Mittelmächte immer deutlicher Risse. Österreich-Ungarn setzte sich in Verfolgung eigener Kriegsziele einem Zweifrontenkrieg aus, dem es schon allein wegen seiner inneren Schwäche nicht gewachsen war, und zwang damit das Reich in steigendem Maße, durch ständige Unterstützungsaktionen seine eigenen, für die Kriegsentscheidung zweifellos wichtigeren Operationen an der Westfront einzuschränken. In dem Maße, in dem die Gefahr eines militärischen oder innenpolitischen Kollapses der Donaumonarchie immer deutlicher hervortrat, stieg der deutsche Druck auf den Bündnispartner und damit die politische Verstimmung. Führende Politiker der Doppelmonarchie (Czernin, Andrássy) glaubten nicht mehr an einen militärischen Sieg, befürchteten eher eine Katastrophe und dachten daher recht laut über einen möglichen österreichisch-ungarischen Separatfrieden nach.

Es ist kaum noch verständlich, daß angesichts dieser Umstände Falkenhayn fast erleichtert die große, erhoffte Offensive der Briten an der Somme begrüßte. Am 24. Juni begann dort auf breiter Front ein bis dahin unvorstellbares einwöchiges Trommelfeuer, bei dem die Entente auf jeden Quadratmeter der deutschen Stellungen eine Tonne Stahl verschoß. Wieder einmal war eine Rechnung Falkenhayns nicht aufgegangen. Zu seiner Überraschung traten die alliierten Truppen mit einer Überlegenheit von 2:1 bei Menschen und Material an, wobei vor allem die Franzosen, die er doch bei Verdun »weißgeblutet« wähnte, nicht nur in unerwartet großer Zahl erschienen, sondern auch besonders erfolgreich operierten. Aber trotz des ungeheuren Materialeinsatzes in der Phase der artilleristischen Vorbereitung gelang den Alliierten der Durchbruch nicht. Allein die Briten verloren am ersten Tag 60 000 Mann. Den Geländegewinn von 25 km Breite und 8 km Tiefe bezahlte die Entente schließlich mit 190 000 britischen und 80 000 französischen Soldaten, die deutschen Verluste betrugen 200 000 Mann. Bis zum Abschluß der Kämpfe Ende November 1916 summierten sich die beiderseitigen Verluste auf zusammen 1 Million.

Die Bilanz des Sommers 1916, nach nur vier Monaten erbitterter Material- und Massenschlachten, war ebenso erschrekkend wie ernüchternd. Der Versuch, in einer großen Kraftanstrengung an der Westfront die Initiative zurückzugewinnen und damit dem Krieg die entscheidende Wendung zu geben, war nachhaltig gescheitert – für beide Seiten. Aber dennoch hatte sich die Waagschale eindeutig zugunsten der Alliierten zu neigen begonnen; ihre strukturelle Überlegenheit, mit den USA im Rücken, begann sich auszuwirken, ganz wie Falkenhayn vorausgesehen hatte. In seinem Bemühen, den Sieg zum wohl letzten möglichen Zeitpunkt zu erzwingen, hatte er Menschen und Material bedenkenlos und in einem Ausmaß geopfert, das nicht wieder auszugleichen war. Österreich-Ungarn, dessen multinationale Existenz durch einen erfolgreichen Krieg hatte gerettet werden sollen, hatte sich als Risikofaktor, als Einbruchstelle für die immer besser koordinierten alliierten Gegenmaßnahmen erwiesen. Es war verständlich, wenngleich in dieser

Personalisierung kurzsichtig, Falkenhayn die Schuld an dieser Entwicklung zuzuschieben und damit neue Hoffnung auf einen siegreichen Abschluß des Krieges zu wecken. Sein Festhalten an der verfehlten und mörderischen Verdun-Offensive lieferte eher den Vorwand als die Rechtfertigung für seine Ablösung. Obwohl erstmals offen die Möglichkeit einer militärischen Niederlage diskutiert wurde, war die Konsequenz doch nicht der Ruf nach einem rechtzeitigen Frieden, sondern nach Eskalation des Krieges: durch die totale ökonomische Mobilmachung, durch die Rückkehr zum unbeschränkten U-Boot-Krieg, durch die Berufung Hindenburgs und Ludendorffs an die Spitze der OHL.

Der Sturz Falkenhayns

Die Schlachten des Sommers 1916 hatten beide Seiten erschöpft. Die Zeit der Regeneration wurde zu einer Phase der Reorganisation. Die ungeahnte Eskalation der Kriegführung hatte Schwächen in der strategischen Gesamtplanung, der operativen Taktik wie der materiellen Mobilmachung schonungslos offenbart, die auf beiden Seiten den verantwortlichen Oberbefehlshabern angelastet wurden. In Frankreich mußte Joffre ebenso gehen wie in Deutschland Falkenhayn. Diese Maßnahme war in einem Moment, als der Stern des Generalstabschefs zu sinken, das Vertrauen in ihn zu schwinden begann, psychologisch kaum zu vermeiden und hat, unter dem deutlichen Einfluß der Kritik Ludendorffs, lange Zeit zu einer überwiegend negativen Beurteilung Falkenhayns geführt. War der Vorwurf, er habe die wirtschaftliche Mobilmachung zu wenig gefördert, nicht ohne Berechtigung, so ist das Urteil des Reichsarchivs, er habe in subjektiver Selbstüberschätzung das Augenmaß, den Blick für die Spannung zwischen Wollen und Können verloren, insofern aufschlußreich, als es Falkenhayn näher an Ludendorff heranrückt, nachdem in der neueren Forschung eine Tendenz zu beobachten war, ihn als »Feldherrn des Maßhaltens« mehr als Pendant Bethmann Hollwegs, als nüchternen, aber selbstzweiflerischen Realisten zu stilisieren.

Es besteht jedoch hinreichend Grund zu der Annahme, daß auch Falkenhayn nicht bereit gewesen wäre, den Krieg vorzeitig zu beenden. Er sah das Reich vor die Alternative »Sieg oder Untergang« gestellt, weshalb es kämpfen müsse, »selbst auf die Gefahr hin, daß Deutschland dabei den letzten Mann und den letzten Groschen einsetzen müßte«[37]. Diesen Weg müsse das Reich »bis zum guten oder bitteren Ende« gehen, »ob wir wollen oder nicht«. »Derjenigen [sic!] Partei, die in einem solchen Ringen, in dem es um das Höchste geht, mit Friedensanerbietungen hervortritt, ohne daß sie ganz sichere Anzeichen von seiten eines der Gegner hat, daß er nachzugeben bereit ist, zeigt verderbliche Schwäche, wenn sie ihre Vorschläge auch noch so vorsichtig faßt. Ich sage verderbliche Schwäche, weil das Anerbieten automatisch zur Schwächung des Willens zum Durchhalten beim eigenen Volk, der Kampfkraft beim Heere und zur Stärkung dieses Willens bei den Feinden führen muß.« Falkenhayn war damit ein Befürworter des bedingungslosen »Durchhaltens« wie sein Nachfolger auch. Doch hat er, trotz einer durchaus nüchternen Analyse der Entwicklung des Stärkeverhältnisses auf lange Sicht, die materiellen Ressourcen weder ausreichend entwickelt noch »maßhaltend« geschont. Aber seine Fähigkeiten als Feldherr waren, trotz seiner Fehlentscheidungen bei Ypern und Verdun, unbestritten und, wie sich bald erweisen sollte, keineswegs geringer als die Ludendorffs. Wenn er scheiterte, so war dies nicht auf persönliche Defizite, Führungsfehler oder mangelndes Kriegsglück zurückzuführen, sondern auf das Gesetz, unter dem Deutschland in diesem Weltkrieg angetreten war. Eine Politik des »Maßhaltens« bedeutete 1916/17 fast zwangsläufig politischen Selbstmord; sie wäre aber auch kaum in seinem Sinne gewesen.

Es entbehrt nicht einer gewissen Ironie, daß ausgerechnet seine Feinde ihn als »Verbrecher« bezeichneten, als »Spieler«, der die Existenz des Reiches aufs Spiel setzte. Er wurde gestürzt, um einer OHL Platz zu machen, die für noch weniger Augenmaß, für noch mehr Rücksichtslosigkeit bekannt war und eben daher ihre Chance erhielt. Als am 27. August Rumänien gegen Österreich-Ungarn in den Krieg eintrat und sich damit die militärische Gesamtlage bedrohlich verschlechterte, waren die Tage Falkenhayns nach langer vergeblicher Intrige endgültig gezählt. Anlaß war die Tatsache, daß er den rumänischen Kriegseintritt erst für Ende September erwartet und daher für entsprechende militärische Gegenmaßnahmen nur ungenügende Vorsorge getroffen hatte. Der Kaiser sah den Krieg

---

[37] Hier und im folgenden aus: Der Weltkrieg 1914 bis 1918. Bearbeitet im Reichsarchiv und von der kriegsgeschichtlichen Forschungsanstalt des Heeres. 14 Bde, Berlin 1925–1944, Bd. 10, S. 1 f. (29. 11. 1915).

bereits als verloren an und wollte um Frieden bitten. Die lange hinausgezögerte Berufung der ehrgeizigen Hindenburg und Ludendorff an die Spitze der OHL war für ihn, und nicht nur für ihn, die letzte Trumpfkarte.

Es ist auf den ersten Blick unverständlich, daß ausgerechnet Bethmann Hollweg es war, der die Ablösung Falkenhayns durch Hindenburg und Ludendorff betrieb. Der Kanzler hatte schon Anfang 1916 den Generalstabschef insofern durchschaut, als er dessen Forderung nach Wiederaufnahme des U-Boot-Krieges als reinen Verzweiflungsakt, einen Ausdruck der Rat- und Hilflosigkeit erkannte. Ihm selbst war bewußt, daß der U-Boot-Krieg, »wenn er mit einem Mißerfolg ende, finis Germaniae bedeute«. Er teilte mit Falkenhayn die Überzeugung, »entscheidende« militärische Erfolge seien nicht mehr zu erwarten, da u. a. mit dem Kollaps der Bundesgenossen bis Ende 1916 zu rechnen sei. Noch immer hielt der Kanzler ein »Remis« für möglich, einen Frieden des »Status quo ante 1914«, – »solange wir noch als Sieger dastehen«[38]. Der U-Boot-Krieg werde die Chance zu einem Frieden zunichte machen, und der dann zu erwartende »enttäuschende« Ausgang des Krieges ließ Bethmann Hollweg über den »Albdruck der Revolution nach dem Kriege« sinnieren. »Es wird das ganze Volk auf ein Jahrhundert ruiniert«, so notierte Riezler, »wenn ein schlechter Friede, der kaum zu tragendes bringt, kommen sollte, ohne daß die [U-Boot-]Waffe, an die das Volk nun einmal glaubt, eingesetzt wurde – es liegt eine innere Logik darin in der vielleicht grausamen Tragik, dass auch noch dies gemacht werden muß – ein schlimmes Schicksal kann nur von einem Volksgeist ertragen werden, wenn alles möglich erscheinende versucht war – jedenfalls nicht aus Mangel an Kühnheit oder Abneigung gegen brutale Gewalt vermieden erscheint.«[39]

Der Kanzler sah sich offenbar in einer ausweglosen Lage: Ein erträglicher Frieden schien außenpolitisch aussichtslos, wenn die U-Boot-Waffe eingesetzt würde; aber kein Frieden war innenpolitisch erträglich, solange die U-Boot-Waffe nicht eingesetzt worden war. Mit rabulistischer Logik sah er offenbar einen Ausweg aus diesem Dilemma in der Berufung Hindenburgs

[38] Regierte der Kaiser? Kriegstagebücher, Aufzeichnungen und Briefe des Chefs des Marine-Kabinetts Admiral Georg Alexander von Müller 1914–1918. Hrsg. von Walter Görlitz. Göttingen 1959, S. 215; Riezler, Tagebücher, S. 322 (Anm. 5).

[39] Riezler, Tagebücher, S. 328, 359, 372 f.

und Ludendorffs, indem nämlich diese durch militärische Erfolge zu Lande den U-Boot-Krieg überflüssig machen, zumindest aber doch hinauszögern würden. In diesem Sinne erwartete er von ihrer Berufung eine allgemeine innere Stabilisierung, die Stärkung des Durchhaltewillens im eigenen Volk ebenso wie bei den wankenden Bundesgenossen. Mit dieser Flucht nach vorn gedachte Bethmann Hollweg zugleich eine Art politischer Rückversicherung abzuschließen – für den Fall der nicht mehr völlig auszuschließenden Niederlage: »Der Name Hindenburg«, so schrieb er Ende Juni, »ist der Schrecken unserer Feinde, elektrisiert unser Heer und Volk, die grenzloses Vertrauen zu ihm haben. Unsere Situation beurteile ich ernst ... Aber selbst wenn wir eine Schlacht verlören, was Gott verhüten wolle, unser Volk würde auch das hinnehmen, wenn Hindenburg geführt hat, und ebenso jeden Frieden, den sein Name deckt. Andererseits werden, wenn dies nicht geschieht, die Länge und die Wechselfälle des Krieges schließlich von der Volksstimme dem Kaiser angerechnet werden. Mit diesen Imponderabilien müssen wir rechnen.«[40]

Der Kaiser und sein Kanzler wußten, daß sie mit der Berufung Hindenburgs und Ludendorffs zugleich ein Stück stillen Verfassungswandels akzeptierten. Der Rekurs auf den Mythos Hindenburgs und der damit einhergehende Appell an die populistische Akklamation würde wieder einen kleinen Schritt im allmählichen Rückzug des Kaisers als relevantes Verfassungsorgan, die Aufwertung Hindenburgs zum »Ersatzkaiser« bedeuten. Es charakterisiert die Ausweglosigkeit der Lage, wenn Kaiser und Kanzler glaubten, die Monarchie nur noch durch diesen kleinen Staatsstreich retten zu können. Die Entlassung Falkenhayns diente also auch dazu, angesichts des militärischen Risikos mit Hilfe der neuen OHL eine vorsorgliche Entlastung von allen Schuldzuweisungen zu betreiben und durch politische Abdankung die persönliche Abdankung nicht nur des Kaisers zu vermeiden.

Bereits mit der lange umstrittenen und verzögerten Ernennung Hindenburgs zum Oberbefehlshaber über die gesamte Ostfront am 1. August war die Vorentscheidung zum Sturz Falkenhayns gefallen. Diese Aufwertung von Oberost mußte nach allen vorangegangenen Erfahrungen zur Quelle neuer Konflikte

[40] Zitiert nach Gerhard Ritter, Staatskunst und Kriegshandwerk. Das Problem des »Militarismus« in Deutschland. München 1964, Bd. 3, S. 227.

mit der OHL werden, über deren Ausgang kaum noch ein Zweifel bestehen konnte. Hindenburg und Ludendorff spielten nun selbst gegenüber dem Kaiser ungeniert ihren »Mythos«, ihre Unentbehrlichkeit als Trumpfkarte aus, indem sie bei jeder Gelegenheit mit Rücktritt drohten. Es wurde immer offenkundiger, daß sie ihren persönlichen Ehrgeiz über die Belange der Kriegführung und die Interessen des Reiches stellten. Sie hatten Falkenhayn nie verziehen, daß er ihnen, angeblich aus Neid und Ranküne, die angeforderten Truppen und damit weitere große Siege im Osten verweigert hatte. Sie hatten, nicht zuletzt aus verletztem Stolz und ohne Kenntnis der Gesamtlage, gefordert, zunächst im Westen die Front nur zu halten, durch einen Entscheidungssieg im Osten sich den Rücken freizukämpfen, um dann den Krieg an der Westfront zu gewinnen – eine Konzeption, die 25 Jahre später ihre Chance erhielt und in einem noch größeren Fiasko endete.

Einmal in der Verantwortung, mußten Hindenburg, eher Mittelmaß als Mirakel, und Ludendorff, machtbesessen bis zur Insubordination, sehr rasch erkennen, daß nicht sie, sondern der Feind und die deutsche Wirtschaftslage die Strategie bestimmten, »die auch weiterhin für die neuen Männer nichts anderes als ein System von Aushilfen war«. Sie brachen die ohnehin unhaltbar gewordene Ermattungsstrategie ab, bemühten sich, die Front zu entlasten, dafür die Heimat kriegswirtschaftlich stärker zu belasten. Propagandaparolen vom »stahlharten Kriegs- und Siegeswillen, Selbstvertrauen, Entsagungskraft und Einmütigkeit« ersetzten keine strategische Gesamtkonzeption[41]. Sie gerieten sehr rasch, nachdem sie sich hatten eingestehen müssen, daß sie die Verhältnisse an der Westfront völlig falsch beurteilt hatten, in die gleiche Zwangslage wie Falkenhayn, nämlich den Krieg zu Lande nicht gewinnen zu können. Nach kurzem Zögern blieb es unausweichlich, daß auch sie, allerdings mit größerem Nachdruck und nachhaltigerem Erfolg, die Wiederaufnahme des unbeschränkten U-Boot-Krieges befürworten mußten. Weitsichtige Beobachter, wie der Oberst von Marschall, kommentierten bereits im August 1916 den Wechsel in der Obersten Heeresleitung mit der Prophezeiung, »daß Ludendorff in seinem maßlosen Ehrgeiz und Stolz den Krieg bis zur völligen Erschöpfung des deutschen Volkes führen und dann die Monarchie den Schaden zu tragen haben

---

[41] Ludendorff, Kriegführung und Politik, S. 110ff.

werde«[42]. Doch griff diese personalisierende Sicht zweifellos zu kurz. Denn Ludendorff konnte sich nicht nur bis zuletzt breitester politischer Unterstützung für seinen Kurs erfreuen, sondern die Mechanismen der Eskalation zwangen den Unterlegenen, im Zeichen der drohenden Niederlage zum »letzten Mittel« zu greifen, auch wenn dies den eigenen Untergang letztlich nur beschleunigte.

3. Die Organisierung der Kriegswirtschaft

Die wirtschaftliche Mobilmachung

Die Erkenntnis, daß ökonomische Macht Voraussetzung und Garant für Großmachtstellung und Weltpolitik war, fand vor 1914 ihren Niederschlag in der Ausweitung der Rüstungsindustrie und in der Modernisierung der Rüstungstechnologie, kurz, in einer Beschleunigung des Rüstungswettlaufs, nicht aber in konzentrierten Maßnahmen zur Vorbereitung einer wirtschaftlichen Mobilmachung. Im Gegenteil: Entsprechende Maßnahmen, vor allem die Vorratsbildung bei Lebensmitteln und Rohstoffen, hätten – so schien es – in ungebührlicher Form privatwirtschaftliche Finanzmittel gebunden und dirigistische Eingriffe des Staates in die Friedenswirtschaft erfordert. Eine leistungsfähige Friedenswirtschaft werde sich, so war die Überzeugung, den Erfordernissen eines Krieges anzupassen wissen und aufgrund ihres hohen Entwicklungsstandes in der Lage sein, dem Feldzug den erforderlichen Rückhalt zu geben. Diese Planungen, eher politisch mit wirtschaftsliberalen Dogmen begründet als militärisch rational, gingen jeweils von der Erwartung eines »kurzen« Krieges aus, entsprachen in vielem den Erfahrungen von 1870/71 und, im Gleichklang mit den anderen europäischen Mächten, einer eher chevaleresken Auffassung vom Wesen des Krieges.

Die Vorstellung vom »kurzen« Krieg baute im wesentlichen auf ökonomischen Vorgaben auf: Erstens werde der zukünftige Krieg als »Volkskrieg« solche Menschenmassen mobilisieren, »daß man mit einigem Recht auf eine Beschleunigung der

---

[42] Wilhelm Groener, Lebenserinnerungen. Jugend, Generalstab, Weltkrieg. Hrsg. von Friedrich Frhr. Hiller von Gaertringen. Göttingen 1957, S. 316.

Kriegführung wird rechnen dürfen«[43]. Zweitens galt es zu verhindern, daß der Krieg so tief in das Wirtschaftsleben eingriff, daß die Rückkehr zu normalen Friedensverhältnissen beeinträchtigt werden würde. »Die schnelle Rückkehr zum status quo ante mußte aber unter allen Umständen unser Ziel sein«, allein um keine tiefgreifende »Beunruhigung« der Bevölkerung, besonders der Arbeiterschaft, herbeizuführen. Zum dritten, und diese Auffassung wurde von zivilen wie militärischen Stellen gleichermaßen akzeptiert, würde in einem langen Krieg »die Ausschaltung der größten und wirtschaftlich mächtigsten Staaten Europas die Weltwirtschaft in verhältnismäßig kurzer Zeit lahmlegen und eine allgemeine wirtschaftliche Erschöpfung herbeiführen ... Alles das berechtigte zu der Annahme, daß eine allgemeine wirtschaftliche Erschöpfung und der Druck der Neutralen den kriegerischen Ereignissen in nicht allzu ferner Zeit ein Ziel setzen würde.«[44]

Obwohl gewichtige Stimmen vor dieser Auffassung warnten, auch innerhalb des Militärs durchaus die Möglichkeit eines langen Krieges diskutiert wurde, die englischen Pläne einer Seeblockade bekannt waren, wurden Konsequenzen nicht wirklich gezogen. Die Vorbereitungen, besser: Vorüberlegungen für eine wirtschaftliche Mobilmachung steckten, wenngleich seit der Marokkokrise von 1911 deutlich beschleunigt, bei Kriegsausbruch in den Anfängen. Dies lag weniger an den Versprechungen der Marine oder der Hoffnung auf die Seerechtsvereinbarungen von 1907/09, die die ungehinderte Versorgung des Reiches über See hätten gewährleisten können. Sondern die Vorstellung vom »kurzen Krieg« stellte durchaus *auch* die besondere Verletzlichkeit industrieller Volkswirtschaften in Rechnung: die internationale Arbeitsteilung, die Verflechtung in den Weltmarkt, die Importabhängigkeit. Während Großbritannien als klassische Seemacht mit Hilfe der Blockade den Krieg im Felde durch die Belagerung der deutschen Wirtschaft zu ersetzen strebte, versuchte Deutschland im Stile einer klassischen Landmacht, auf diese Gefährdung mit Hilfe der »Blitzkriegs«-Strategie des Schlieffen-Planes zu antworten bzw., nach deren Scheitern, mit Hilfe der U-Boote zur Gegenblockade überzugehen.

[43] Kriegsrüstung und Kriegswirtschaft. Bearbeitet im Reichsarchiv. Bd. 1, Berlin 1930, S. 319; vgl. ebd., S. 326 ff., 484.
[44] Clemens von Delbrück, Die wirtschaftliche Mobilmachung in Deutschland 1914. Hrsg. von Joachim von Delbrück. München 1924, S. 116 f.

Wenn Deutschland derart wirtschaftlich unvorbereitet in den Krieg ging, so war dies kein Beleg dafür, das Reich habe den Krieg nicht gewollt. Im Gegenteil: Die Planungsdefizite entsprangen vor allem der Zuversicht auf einen schnellen Sieg im Feld, dem Vertrauen in die kurzfristig erfolgreiche militärische Überlegenheit. Insofern schlossen die Militärs die Möglichkeit eines lang anhaltenden Wirtschaftskrieges ebenso aus ihren Planungen aus wie eine auf den Bedarf der Materialschlachten ausgerichtete Kriegswirtschaft. Wichtiger schien es, für den Feldzug »großzügig« bemessene Munitionsvorräte anzulegen, als für die Produktion des Nachschubs zu sorgen. Während eine Bevorratung strategischer Rohstoffe angesichts der ungeahnten Dimensionen des Materialkrieges nur kurzzeitig entlastende Wirkung gehabt haben dürfte, waren die Versäumnisse bei der Lebensmittelbevorratung sträflicher Leichtsinn, zu dem die hohe Selbstversorgungsquote von 90 Prozent (bzw. von 80 Prozent bei Ausfall der Futtermittelimporte) verleitete. Stark ins Gewicht fiel zudem die mangelnde personelle, institutionelle und organisatorische Vorbereitung. Während selbst Österreich-Ungarn sich 1912 auf die Bedingungen modernerer, auch industrieller Kriegführung einzurichten suchte, vertraute das Reich (nicht nur aus verfassungsrechtlichen Gründen) weiterhin auf das Kriegsleistungsgesetz von 1873, das sich an den Bedürfnissen der Einigungskriege orientierte.

Entsprechend kurzatmig waren die ersten Mobilmachungsmaßnahmen, die insgesamt auf einen möglichst geringen Eingriff in die wirtschaftlichen Verhältnisse und Strukturen ausgerichtet waren. Bewußt war im Interesse einer ungestörten Mobilmachung und mangels einer entsprechenden Bürokratie darauf verzichtet worden, die Arbeiter nach ihrer rüstungswirtschaftlichen Einsatzfähigkeit gestaffelt zum Heeresdienst heranzuziehen bzw. für die Kriegsproduktion zurückzustellen. Ebenfalls defensiv auf die Regulierung der Folgeschäden des erwarteten wirtschaftlichen Einbruchs ausgerichtet, akute Mängel verwaltend statt vorausschauend gestaltend, waren die Maßnahmen, die sich auf das (vorbereitete) Ermächtigungsgesetz vom 4. August 1914 stützten: das Verbot der Aus- und Durchfuhr kriegswichtiger Rohstoffe, Halbfabrikate und Fertigprodukte; die Erleichterung von Lebensmitteleinfuhren; die Regulierung der Kriegsfinanzierung; die Festsetzung von Höchstpreisen für Rohstoffe, Futter- und Lebensmittel sowie Gegenstände des täglichen Bedarfs. Dennoch sollte dieses Gesetz (neben dem ebenfalls völlig unangemessenen Belagerungszustandsgesetz) durch extensive Interpretation und Handhabung zur wichtigsten Grundlage staatlicher Interventionstätigkeit werden.

Die erste Phase der Kriegswirtschaft, die sich etwa bis zum Frühjahr 1915 erstreckte, war zum einen von Improvisation bestimmt, die der Industrie einen weiten Gestaltungsraum beließ, Landwirtschaft und gewerblichen Mittelstand sich weitgehend selbst überließ und nur zur Wahrung des Burgfriedens gegenüber der Arbeiterschaft zu sozialpolitischem Schutz und zu begrenzten beschäftigungspolitischen Interventionen (Notstandsarbeiten) bereit war. Zum zweiten aber schuf die alliierte Blockade zusätzliche Zwänge, indem sie eine grundsätzliche Neubestimmung der Kriterien für die Verteilung der verknappten Ressourcen (Lebensmittel, Rohstoffe) verlangte, die ihre Legitimation aus der kriegswirtschaftlichen Funktionalität, der sozialen Stabilisierung und der militärischen Effizienz beziehen mußte, daher auf sozialen Status, aber auch auf Vermögen und Einkommen erst in zweiter Linie Rücksicht nehmen konnte. Produktions- und Verbrauchsbeschränkungen, Ersatzstoffe oder Ausbeutung der eroberten Gebiete konnten diese Defizite nur zu einem geringen Teil ausgleichen, doch wäre ohne diese Maßnahmen das Reich kaum in der Lage gewesen, den Krieg vier Jahre lang zu führen.

Während eine gewisse Bewirtschaftung der Lebensmittel, vor allem hinsichtlich der Preisgestaltung, bereits vorsorglich mit dem Ermächtigungsgesetz vom 4. August 1914 ins Auge gefaßt worden war, weigerte sich das Reich lange, auch die Notwendigkeit einer Bevorratung zu akzeptieren. Erste vorsichtige Maßnahmen mußten dann aber doch am 28. Oktober 1914 verhängt werden, bis schließlich Ende Januar 1915 eine drastische Rationierung unumgänglich wurde. Die Einrichtung auf einen langen Krieg hatte begonnen. Demonstrierten zivile und militärische Behörden weiterhin eine erstaunliche Sorg- und Perspektivlosigkeit, die sich mit psychologischer Rücksichtnahme auf die Stimmung in der Bevölkerung nicht erklären läßt, so hatten einige Industrielle sehr viel früher erkannt, daß ohne eine durchgreifende Organisation der Wirtschaft und eine Bewirtschaftung der Rohstoffe der Krieg in der Tat nur ein kurzer sein würde, denn der alles entscheidende Engpaß war die Versorgung mit (künstlichem) Salpeter, ohne die keine Sprengstoffproduktion und damit keine Kriegführung möglich war.

Walther Rathenau und sein Berater Wichard von Moellendorff von der AEG hatten sich, darin unterstützt von Berliner Nationalökonomen, bereits am 8./9. August an das Preußische Kriegsministerium gewandt und eine zentrale Bewirtschaftung von Sparmetallen (Kupfer, Blei) gefordert. Falkenhayn reagierte rasch und richtete zwischen dem 13. und 21. August die Kriegsrohstoffabteilung (KRA) ein, deren ziviler Leiter Rathenau selbst wurde. Als Mitarbeiter wählte Rathenau prominente Vertreter von Banken und interessierten Industriefirmen, deren Einfluß zusätzlich durch einen Beirat verstärkt wurde. Aufgabe der KRA war die Zwangsbewirtschaftung der vorhandenen Vorräte, die Beschaffung von Rohstoffen aus den besetzten Gebieten und dem neutralen Ausland, die Lenkung der Produktion sowie die Entwicklung und Herstellung von Ersatzstoffen. Als Unterorgane wurden »zum Aufsaugen, Aufspeichern und Verteilen« der Rohstoffe sogenannte Kriegsgesellschaften errichtet. Deren erste war die am 2. September 1914 gegründete »Kriegsmetall A.G.«, eine Aktiengesellschaft, deren Kapital in Höhe von 6 Millionen Mark von 22 Großunternehmen aufgebracht wurde. Die staatlichen Interessen wurden von einem Staatskommissar mit Vetorecht wahrgenommen, der zugleich darauf achten sollte, daß diese weitgehend autonom agierenden Selbstverwaltungsorgane, die mit staatlicher Exekutivgewalt ausgestattet waren, ihre Macht nicht zugunsten der direkt beteiligten Großunternehmen mißbrauchten. Dies galt besonders für bereits bestehende Syndikate wie den Roheisenverband oder das Rheinisch-Westfälische Kohlensyndikat, die unmittelbar in solche Kriegsgesellschaften umgewandelt wurden. Bis zum Februar 1915 waren 16 derartige Kriegsrohstoffgesellschaften ins Leben gerufen worden, wobei zum Teil auch der Staat einen Kapitalanteil einbrachte. Bis Ende des Krieges wurden ca. 200 Kriegsgesellschaften und Kriegsausschüsse mit 33 000 Angestellten eingerichtet.[45]

Es war zweifellos ein weitsichtiger Entschluß Falkenhayns, der systematischen Errichtung einer solchen Kriegswirtschaftsorganisation den Weg freizumachen. Unter den gegebenen Umständen blieb dem Staat mangels einer kompetenten Bürokratie und einer entsprechenden wirtschaftlichen Mobilmachungspla-

[45] Angaben nach Otto Goebel, Deutsche Rohstoffwirtschaft im Weltkrieg, einschließlich des Hindenburg-Programms. Stuttgart 1930, S. 52; Übersichten bei Alfred Müller, Die Kriegsrohstoffbewirtschaftung 1914–1918 im Dienste des deutschen Monopolkapitals. Berlin 1955, S. 130–135.

nung gar keine andere Wahl, als die Selbstorganisation der Produzenten unter seiner Aufsicht zu akzeptieren. Nicht die bürokratische Schwerfälligkeit, nicht das Gewinnprinzip (maximal 5 Prozent des Aktienkapitals der Kriegsgesellschaften) waren das Hauptproblem. Entscheidender war, daß zum Beispiel der Staatskommissar Rathenau als Gesellschafter der Kriegsgesellschaften wie als Vorstandsvorsitzender der AEG sich selbst kontrollierte, daß die Mitglieder der Kriegsgesellschaften ihre eigenen Betriebe bei der Vergabe der Heeresaufträge bevorzugten, daß Preußen sein Übergewicht zuungunsten der süddeutschen Staaten auszunutzen suchte, daß die Großindustrie, versehen mit staatlicher Exekutivgewalt, ihre Befugnisse bei Stillegung, Enteignung und Überwachung zu einem stillen Verdrängungswettbewerb, zu Preisabsprachen und Syndizierung nutzte. Der Staat begab sich damit in eine nicht nur ökonomische, sondern – durch die Spitzenverbände und den am 8. August 1914 ins Leben gerufenen Kriegsausschuß der Deutschen Industrie zusätzlichem Druck ausgesetzt – auch politische Abhängigkeit von der Industrie. Aus dieser konnte er sich durch eine gewisse Aufwertung der organisierten Arbeiterbewegung zum Teil befreien und auch dann nur zu Lasten anderer sozialer Gruppen. Vor allem aber konnte eine solche Konstellation, die den Unternehmen Konkurrenz und – angesichts offener oder (über den Preis) verdeckter Subventionierung – wirtschaftliches Risiko weitestgehend abnahm, langfristig nicht ohne gravierende Rückwirkungen auf das Preis-Lohn-Gefüge bleiben. Solange das Reich gewillt war, den Krieg (im Sinne des Wortes) um jeden Preis zu gewinnen, bot sich die Entschärfung der sozialen Verteilungskonflikte durch eine gezielte, wenngleich schleichende Inflationierung als innenpolitisch vermeintlich risikoloser Ausweg an. Dahinter stand die Hoffnung, nach dem Sieg den Kriegsgegnern durch Reparationen die Kosten für die Rückkehr zur Stabilität aufbürden zu können.

Die zweite Phase der Kriegswirtschaft, die von Anfang 1915 bis September 1916 reichte, brachte eine bemerkenswerte Konsolidierung dieser Organisationsbemühungen. Noch ließen sich, trotz des Übergangs zum Materialkrieg, die jeweiligen Ansprüche von Wirtschaft und Heer, von Produktion und Konsumtion auf einen relativ akzeptablen Nenner bringen. Die Bewirtschaftung begann zu greifen, die konsequente Umstellung auf den Kriegsbedarf befriedigte die Bedürfnisse der Front, sorgte für eine Entspannung auf dem Arbeitsmarkt, ließ auch die Ernährungsprobleme durch den Übergang von der Verteilung zur Zuteilung auf einem erträglichen Niveau einfrieren. Unter dieser Decke einer »Normalisierung« des Kriegsalltags entwickelten sich indes deutlich erkennbar die Konfliktlagen, die die zweite Hälfte des Krieges entscheidend prägen sollten. Hier sind vor allem drei Punkte zu nennen. Erstens: Erst nach dem Übergang zum Stellungskrieg zeigte sich ein Großteil der Betriebe bereit, Rüstungsaufträge zu übernehmen, und auch das nur im Falle staatlicher Subventionen und Abnahmegarantien. Bislang hatte die Erwartung eines kurzen Krieges die entsprechenden Umrüstungen und Investitionsvorhaben als nicht »lohnend« erscheinen lassen. Besonders die verarbeitenden, exportorientierten Betriebe gerieten in eine starke Abhängigkeit von der Schwerindustrie, die – nicht zuletzt dank der Kriegsgesellschaften – das Beschaffungswesen kontrollierte. Die Unzuträglichkeiten, die sich daraus ergaben (»Vermittlerunwesen«, Preisabschläge, Lohndrückerei), veranlaßten die Militärbehörden zu einer immer intensiveren Interventionstätigkeit: »Der Widerstreit der mannigfaltigen Interessen der beteiligten Kreise wird sich erfolgreich nur dann lösen lassen, wenn die außerhalb dieses Widerstreites stehende Heeresverwaltung die endgültige Entscheidung sich selbst vorbehält.«[46] Zweitens: Da sich diese Konflikte innerhalb der Industrie durch einen ausgeprägten Nord-Süd-Gegensatz auszeichneten, fanden sich in den süddeutschen Bundesstaaten Industrie und Militärbürokratie zu einer gemeinsamen Front gegen Preußen bzw. die rheinisch-westfälische Schwerindustrie zusammen, um durch einen immer virulenteren Regionalprotektionismus die schleichende Aushöhlung des politischen wie des wirtschaftlichen Föderalismus abzuwehren. Drittens: Innerhalb der Industrie entspann sich ein stiller Kampf um die immer knapper werdenden Facharbeiter. Da die Arbeiter ihre Chance nutzten, um durch häufigen Arbeitsplatzwechsel in den Genuß materieller Vorteile (»Locklöhne«) zu kommen, forderte im Januar 1915 die Berliner Metallindustrie von der dortigen Feldzeugmeisterei, die Freizügigkeit der Arbeiter durch eine militärische Bindung an den Arbeitsplatz einzuschränken. Nachdem die Feldzeugmeisterei zunächst diesem Verlangen ohne weitere Bedenken nachgekommen war, mußte sie aufgrund der Proteste der Gewerk-

---

[46] Zitiert nach Gunther Mai, Kriegswirtschaft und Arbeiterbewegung in Württemberg 1914–1918. Stuttgart 1983, S. 173.

schaften, die im Kriegsministerium Gehör fanden, diesen
Schritt wieder rückgängig machen. Nach kurzen Verhandlungen wurde der »Kriegsausschuß der Metallbetriebe Groß-Berlins« eingerichtet.

Das Hilfsdienstgesetz von 1916

Dieser Kriegsausschuß leitete ein völlig neues Verhältnis zwischen Militär und Arbeiterschaft ein. Die Militärbehörden hatten sich, trotz aller Bemühungen, im Interesse des Burgfriedens
Lohndrückerei, Arbeitszeitverlängerung oder ungerechtfertigte
Kündigungen zu verhindern, aus den Konflikten zwischen Arbeitgebern und Arbeitnehmern herausgehalten, da sie vor dieser
»Übernahme einer ziemlichen Verantwortung«[47] noch zurück-
scheuten. Nun aber waren sie nicht nur zu einer prinzipiellen
Entscheidung zugunsten der Arbeiterschaft gefordert, sondern
die Konstruktion des Kriegsausschusses machte sie in Gestalt
des unparteiischen Vorsitzenden zum Konfliktbeteiligten und
schob sie in eine innenpolitisch ausgesprochen exponierte
Schiedsrichterfunktion. Denn kam ein einvernehmlicher Arbeitsplatzwechsel durch Abkehrschein nicht zustande und
konnte sich auch der paritätisch mit Arbeitnehmer- und Arbeit-
gebervertretern besetzte Kriegsausschuß nicht einigen, mußte
der Vorsitzende, ein Vertreter der Feldzeugmeisterei, die letzte
Entscheidung treffen.
  Vergeblich versuchte der Deutsche Metallarbeiterverband
(DMV), diesen Erfolg auszunutzen, der ihm die Parität mit den
Arbeitgebern und die Anerkennung seitens der Militärbehör-
den gebracht hatte. Er fand dabei zwar die Unterstützung von
Teilen des Preußischen Kriegsministeriums, die der bürgerli-
chen Sozialreform nahestanden. Aber es gelang, von einigen
lokalen Lohnkommissionen abgesehen, erst nach massivem
Druck des Kriegsministeriums und auf Initiative regionaler Mi-
litärbehörden im Sommer 1916, vergleichbare Ausschüsse in
Sachsen, Thüringen, Bayern, der bayerischen Pfalz, Baden und
Württemberg einzurichten. In Preußen selbst kam es nur in
Frankfurt am Main und Hannover zu wenig erfolgreichen
Gründungen; in den übrigen Korpsbereichen lehnten die Mili-
tärbehörden solche Schiedshöfe ab, nicht zuletzt unter dem
Druck des Vereins deutscher Eisen- und Stahlindustrieller

---

[47] Zitiert nach ebd., S. 167.

(VDESI) und dem Einfluß einzelner einflußreicher Industrieller. Während die Schwerindustrie an Saar und Ruhr sowie in Oberschlesien kompromißlos jedes Zugeständnis ablehnte, waren einsichtigere Kreise durchaus bereit, »die mit Begeisterung gebrachten Opfer der breiten Massen an Gesundheit und Leben für das Vaterland« zu honorieren und von der »für den Existenzkampf unseres Vaterlandes mitentscheidenden Kriegsbegeisterung der Arbeiterschaft ... die fernere Beurteilung der Gewerkschaftsbewegung nach geschlossenem Frieden« abhängig zu machen. Indem »durch eine gerechte Vermittlung zwischen Unternehmer- und Arbeiterstandpunkt« die Voraussetzung dafür geschaffen werde, »die Leistungen der Arbeiterschaft so zu steigern, wie es die Landesverteidigung und das berechtigte Interesse der Arbeitgeber einerseits erfordern, die billige Rücksichtnahme auf das Leistungsvermögen der Arbeiter andererseits zuläßt«, werde es auch möglich sein, den Arbeiter an Nation und Vaterland ideell zu interessieren und materiell zu binden.[48]

Zwischen diesen unterschiedlichen Auffassungen und Strategien kam es zum offenen Konfliktaustrag, als im Herbst 1916 die dritte Phase der Kriegswirtschaft begann. Die Erfahrungen, vor allem die Verluste der Somme-Schlacht, machten eine abermalige, gewaltige Steigerung der Kriegsproduktion erforderlich, die ohne eine entsprechende Steigerung der Leistungsbereitschaft wie der Leistungsfähigkeit der Arbeiterschaft nicht möglich war. Die Industrie verlangte von der neuen, der 3. OHL, daß als Voraussetzung und Ergänzung des Hindenburg-Programms die seit langem geforderte Anbindung der Arbeiter an ihre Arbeitsplätze, auch durch Zwang, eingeführt werde. Die industriefreundliche OHL, allen voran der zuständige Oberst Bauer, war zu diesem weitreichenden Schritt ohne weiteres bereit. Bauer schlug in einer Denkschrift[49] von Mitte September 1916 ein Kriegsleistungsgesetz vor, das – orientiert an dem österreichisch-ungarischen Vorbild von 1912 – eine umfassende Mobilmachung aller verfügbaren männlichen und weiblichen Arbeitskräfte, inklusive »aller z. Zt. Untauglichen«, durch ökonomischen und militärischen Zwang ermöglichen sollte. »Der Grundsatz ›wer nicht arbeitet, soll auch nicht essen‹ ist in

[48] Militär und Innenpolitik, S. 461 ff., hier 465.
[49] Ebd., S. 482 ff.; Erich Ludendorff (Hrsg.), Die Urkunden der Obersten Heeresleitung über ihre Tätigkeit 1916/18. Berlin 1920, S. 65 ff.

unserer jetzigen Lage mehr denn je berechtigt, *auch den Frauen gegenüber.*« Mit rücksichtsloser Härte sollten kriegsunwichtige Betriebe ebenso wie Universitäten geschlossen werden. Kriegerfrauen, »die nur dem [sic] Staat Geld kosten«, sowie Frauen, »die nichts tun oder höchst unnützen Berufen nachgehen«, sollten dem Arbeitszwang unterworfen, die »unwürdige Gewinn- und Vergnügungssucht« unterbunden werden. Bauer hatte dabei keineswegs übersehen, daß »innerpolitische Rücksichten« gegen seine Forderung nach einer letztlich »totalen« Kriegsanstrengung sprechen mochten, indem diese »die Folgen für die spätere Friedenswirtschaft weit hinter die Forderungen der Kriegswirtschaft zurückstellen« müsse. Technokratische Rücksichtslosigkeit eines Generalstäblers ging mit kriegswirtschaftlicher Effizienz und reaktionärer Gesellschaftspolitik, mit antikapitalistischen, ja auch antisemitischen Ressentiments Hand in Hand. Bauer wurde dabei durch Ludendorff gedeckt, und beide liebäugelten, Bauer mehr als der zögernde Ludendorff, mit der Idee einer Militärdiktatur. Dementsprechend befürworteten sie eine weitreichende Militarisierung des Arbeitsverhältnisses, »etwa in Verbindung mit der Zuteilung von Nahrungsmittelansprüchen«.[50]

Bereits in diesem frühen Stadium stießen diese Pläne auf entschiedenen Widerstand innerhalb der Militärbürokratie und der zivilen Reichsregierung. Zwar hatte auch das Kriegsministerium zur Behebung des immer drängenderen Arbeitskräftemangels Zwangsmaßnahmen, zum Beispiel die Ausdehnung der Wehrpflicht, ins Auge gefaßt; es hatte jedoch rasch erkannt, daß dies den Kreis der Arbeitsfähigen nur unwesentlich erweitern, die Frauen dagegen ausschließen würde. In diesem Sinne antwortete auch der Reichskanzler[51] am 30. September 1916 der OHL, »daß zur Vermeidung jeder unnötigen Beunruhigung der Bevölkerung gesetzliche und behördliche Maßnahmen einschneidender Art nur insoweit ins Auge zu fassen sein werden, als diese eine sichere Gewähr für den Erfolg bieten«. Bethmann Hollweg bestritt zunächst in Übereinstimmung mit dem Kriegsministerium, daß eine Ausdehnung der Wehrpflicht »in nennenswertem Umfang weiteres brauchbares Menschenmaterial aus den dauernd Untauglichen für Heereszwecke« erbringen werde. Durch direkte und indirekte Steuerungsmaßnahmen

[50] Ebd., S. 68.
[51] Ebd., S. 70ff.

sei bereits eine solche Anpassung an die Bedürfnisse der Kriegszeit erreicht worden, daß »durch zwangsweise, in ihrem praktischen Ergebnis von vornherein auf ganz geringfügige Wirkungen beschränkte Eingriffe von außen her diese gesunde Anpassung gestört und der ganze Aufbau unserer Wirtschaft ins Wanken gebracht werden könnte«. Nachdem er auch die übrigen Forderungen der OHL mit dem Argument zurückgewiesen hatte, daß Aufwand und Nutzen in keiner vertretbaren Relation stünden, nachdem er zugleich jede Zwangsverpflichtung der Frauen als arbeitsmarktpolitisch nicht gerechtfertigt abgelehnt hatte, bot er schließlich nur die forcierte Anwendung der bisherigen Praktiken an. Denn die geforderten Maßnahmen würden nicht nur an der Unmöglichkeit einer Wirtschaftsregulierung »durch obrigkeitliche Anordnung« scheitern, sondern darüber hinaus »die ohnedies stark gelichteten Kaders völlig vernichten, die wir für den Wiederaufbau und den Fortbestand unseres Wirtschaftslebens nach dem Friedensschlusse nicht entbehren können«.

Damit waren die beiden grundsätzlichen Positionen abgesteckt, die in den nächsten beiden Jahren die Auseinandersetzung um die notwendigen bzw. die hinreichenden innenpolitischen Kosten des beiderseits angestrebten Zieles bestimmen sollten. »Der angestrebte Sieg, der den inneren Status quo garantieren sollte«, so hat Kocka diese Zwangslage beschrieben, »setzte mehr und mehr die sehr grundsätzliche Änderung dieses Status quo voraus, ohne natürlich durch solche Änderung garantiert zu sein.«[52] Die Frontlinien zwischen den Entscheidungsträgern waren jedoch keineswegs deutlich abgesteckt. Die Militärs waren weitgehend einig in der Überzeugung, daß – so Groener – die »Konzentration der Kräfte …, einzig eingestellt auf Produktion der Kampfmittel«, unvermeidlich sei, auch ohne die von den Zivilisten geforderte Rücksichtnahme auf die zukünftige Friedenswirtschaft. Aber mit Bethmann Hollweg waren Groener und das Preußische Kriegsministerium der Auffassung: »Gegen die Arbeiter könnten wir diesen Krieg überhaupt nicht gewinnen. Innerpolitische Bedenken müßten daher zurücktreten, und wir müßten alle politischen Ansichten lediglich auf den Gedanken einstellen, wie der Krieg zu einem siegreichen Ende zu bringen sei.«[53] Obwohl er wußte, daß diese

[52] Jürgen Kocka, Klassengesellschaft im Krieg. Deutsche Sozialgeschichte 1914 bis 1918. Göttingen 1973, S. 123.
[53] Militär und Innenpolitik, S. 513.

Zugeständnisse kaum wieder rückgängig zu machen sein würden, ordnete Groener alle Bedenken dem Ziel unter, »die Arbeitnehmerorganisationen, das heißt die Gewerkschaften, in den Dienst des Staates zu stellen, um dadurch auf die Führung der Arbeiterschaft dauernd bestimmenden Einfluß zu erhalten«. Nur durch die Befriedigung der sozialpolitischen Forderungen der Arbeiterorganisationen würde es möglich sein, »für die Fortführung des Krieges überhaupt einen Pakt zu schließen und dadurch den Einfluß der Gewerkschaften auf die Massen für den Fall revolutionärer Entwicklung zu stärken«.[54]

Selbst wenn, wie die Rechte erbittert kolportierte, auf diese Weise die Unterstützung der Gewerkschaften für die Fortführung des Krieges »erkauft« wurde, so war doch eine realistische Alternative nicht erkennbar. Schließlich rückten notgedrungen sowohl Österreich-Ungarn als auch Großbritannien zu dieser Zeit bereits wieder von einer weitergehenden Militarisierung des Arbeitsverhältnisses ab und konzedierten, wie auch Frankreich, im Frühjahr 1917 ebenfalls Schlichtungseinrichtungen mit erweiterten Einflußmöglichkeiten der Gewerkschaften. Und trotz aller späterer Kritik hatte die OHL selbst zu dieser Entwicklung beigetragen, indem sie, um möglichen innen- wie außenpolitisch nachteiligen Wirkungen des Friedensangebots der Mittelmächte vom 12. Dezember 1916 vorzubeugen, eine parlamentarische Behandlung des Hilfsdienstgesetzes forderte. Sie selbst eröffnete den Gewerkschaften die Chance, anders als bei den Kriegskrediten zum ersten und einzigen Male ihre Zustimmung zu einer zentralen Kriegsmaßnahme an politische Gegenleistungen der Regierung zu knüpfen.

Das »Gesetz über den Vaterländischen Hilfsdienst« vom 5. Dezember 1916 wurde parlamentarisch von einem Bündnis aus Reichskanzler, süddeutschen Bundesstaaten und »Gewerkschaftsachse« der Reichstagsmehrheit getragen, die gemeinsam darauf bedacht waren, den erweiterten Zwang durch sozialpolitische Kompensationen für die Betroffenen akzeptabel zu machen. Die ursprüngliche Konzeption der OHL war noch in den sogenannten Feststellungs- und Einberufungsausschüssen (Art. 2, 4, 7) erkennbar, die – jeweils weisungsgebunden – dem Kriegsamt bzw. den militärischen Ersatzbehörden unterstellt waren. Zunächst hatte der Feststellungsausschuß diejenigen

---

[54] Bundesarchiv-Militärarchiv (Freiburg), Nachlaß Groener, Nr. 127, Bl. 10, 31f.

Branchen, Betriebe und Berufe zu benennen, die nicht als kriegswichtig erachtet wurden. In einem zweiten Schritt sollten dann die dem Hilfsdienstgesetz unterworfenen Arbeitskräfte, das heißt die männlichen Deutschen vom 17. bis zum 60. Lebensjahr, aus ihrer bisherigen Tätigkeit herausgezogen und an rüstungswichtige Betriebe überwiesen werden. Durch diesen Entzug von (hilfsdienstpflichtigen) Arbeitskräften, Heeresaufträgen, ja selbst Rohstoffen und Arbeitsmaschinen hätten ganze Branchen und Industrieregionen auf »kaltem« Wege stillgelegt werden können – wenn nicht die Betroffenen selbst mit Hilfe regionaler, auch bundesstaatlicher Behörden sich gegen diesen »Ausverkauf«, diese »Erdrosselung« der heimischen Industrien zugunsten »Preußens« und der rheinisch-westfälischen Schwerindustrie gewehrt hätten.

Die Hilfsdienstpflichtigen, die damit an sich nur in kriegswichtigen Betrieben und Branchen eingesetzt werden durften, konnten ihren Arbeitsplatz nur mit Zustimmung ihres Arbeitgebers verlassen, zurückgestellte Wehrpflichtige mit Genehmigung der Militärbehörden. Gegen die Verweigerung des Abkehrscheins (wie bei den Kriegsausschüssen) konnte der Hilfsdienstpflichtige Beschwerde bei einem Schlichtungsausschuß einlegen oder aber unter Inkaufnahme einer vierzehntägigen Karenzzeit ungestraft eine neue Arbeit im Bereich des Hilfsdienstgesetzes annehmen. Als »wichtigen Grund« für den Arbeitsplatzwechsel erkannte das Gesetz (Art. 9, 3) ausdrücklich die »angemessene Verbesserung der Arbeitsbedingungen« an, das heißt vor allem höhere Löhne, aber auch Rücksichtnahme auf gesundheitliche Belastungen oder doppelte Haushaltsführung. Zusätzlichen Schutz erhielten die Hilfsdienstpflichtigen durch die Bestimmung des Art. 11, nach der in den Betrieben mit mehr als 50 Beschäftigten ständige Arbeiterausschüsse errichtet werden mußten, die nach Art. 13 das Recht zur Kollektivbeschwerde bei den Schlichtungsausschüssen besaßen.

Ein Erfolg war das Hilfsdienstgesetz in erster Linie für die bürgerliche Sozialreform, die hier ihre bereits vor dem Krieg erkennbare Rolle als Geburtshelfer und Stütze der »Gewerkschaftsachse« eindrucksvoll unter Beweis stellte. Ihr war es gelungen, auch die freien Gewerkschaften auf das Konzept eines »korporativen Arbeitsrechts« festzulegen. Dies sollte sich vor allem 1918/19 als folgenschwer erweisen, als sich SPD und Gewerkschaften nicht recht zwischen »offenen«, tarifrechtlich frei vereinbarten, und »gebundenen«, öffentlich-rechtlich verankerten Formen der Konfliktregulierung entscheiden konnten. Mit der paritätischen Zentralarbeitsgemeinschaft einerseits, den korporativen Organisationsmodellen des Art. 165 der Weimarer Reichsverfassung andrerseits wurde eine dual angelegte Arbeitsverfassung begründet. Und in diesem Wechselspiel zwischen gesellschaftlich-»freiem« und staatlich-»autoritärem« Korporativismus sollte es schließlich relativ leichtfallen, die Gewerkschaften aus den mit dem Hilfsdienstgesetz gewonnenen Machtpositionen wieder zu verdrängen.

Dennoch war das Hilfsdienstgesetz auch für die Gewerkschaften ein Erfolg, die nicht nur die politische Anerkennung durch Regierung und Arbeitgeber verbuchen konnten, sondern denen über die Arbeiterausschüsse endlich auch der Weg in die Großbetriebe geöffnet wurde. Ja, im Übergang »zur geregelten Bedarfswirtschaft des Staates« glaubten einige bereits »sozialistische Grundgedanken« erkennen zu können. Zugleich aber war den Gewerkschaften von Beginn an das Risiko klar, das sie mit diesem »Zwangsgesetz mit einigen Tropfen sozialen Öls« (Legien) eingegangen waren. Sie hatten sich, und darin lag der politische Erfolg der Reichsregierung, mit ihrer Zustimmung zum Gesetz faktisch zu einer vorbehaltlosen Unterstützung der Kriegsanstrengung, zur Aufrechterhaltung der Ruhe in den Betrieben, zur Streikprophylaxe durch »Aufklärung«, das heißt zur Stabilisierung des Status quo verpflichtet.

Es war weniger die mögliche Beeinträchtigung der kriegswirtschaftlichen Effizienz, die die Industrie veranlaßte, dem Hilfsdienstgesetz den Kampf anzusagen, sondern die sich abzeichnende gesellschaftspolitische Perspektive: »Das gerade Gegenteil von dem, was mit dem Gesetz bezweckt wurde, ist infolge der im Reichstag hineingebrachten Änderungen erreicht worden.«[55] Mit Rückendeckung durch die OHL unternahm die Industrie seit Januar 1917 mehrere Anläufe, um eine Revision des Gesetzes in ihrem Sinne durch Einschränkung der Freizügigkeit zu erzwingen. Allerdings war die Fluktuation der Arbeiterschaft keineswegs so hoch, wie die Industrie öffentlich behauptete. Firmeninterne Erhebungen hatten gezeigt, daß das Gesetz durchaus seinen Zweck erfüllte. Gegenseitiges Abwerben der Facharbeiter durch »Locklöhne«, militärischer Einzug und Abstoßen »ungeeigneter« Kräfte durch die Industrie trugen

[55] Archiv-Geschichte-Museum Daimler-Benz AG (Stuttg.), ME 08.10. 01.001 (März 1917).

ihren Teil zur Unruhe in den Betrieben bei, doch wollten die Unternehmer vor allem der großen Rüstungsbetriebe offenbar nicht einsehen, daß durch eine bloße Bewirtschaftung des Arbeitsmarktes auch bei steigendem Einsatz von Zwangsmaßnahmen die Zahl der dringend erforderlichen Facharbeiter sich nicht beliebig vermehren ließ. Offenkundig ging es der Industrie mit ihren beharrlichen Vorstößen weniger um die Unterbindung der Fluktuation als solcher, sondern mehr um die Beseitigung des dahinterstehenden Instrumentariums: der betrieblichen Arbeiterausschüsse und der Schlichtungsausschüsse als Appellationsinstanzen, das heißt der neugewonnenen Machtpositionen der Gewerkschaften. Doch da sie mit ihren Revisionsbestrebungen auch nach dem Sturz Groeners und Bethmann Hollwegs scheiterte, ging sie zunehmend dazu über, mit Unterstützung der ihr nahestehenden stellvertretenden Generalkommandos das Hilfsdienstgesetz zu umgehen bzw. zu unterlaufen, da die Militärbefehlshaber aufgrund ihrer Notstandskompetenz nach § 1 des Belagerungszustandsgesetzes und ihres Rechtes der militärischen Kommandierung zur Arbeitsleistung weitgehend autonom agieren konnten.

Dennoch: Der zunehmende direkte und indirekte Zwang verwandelte Deutschland keineswegs in ein »Militärzuchthaus«, wie Lenin die Kampfparole der Linken gegen das »schändliche Zwangsgesetz« formulierte. Es scheint fraglich, ob in Deutschland (und Österreich-Ungarn) die Zwangsmaßnahmen weiter gingen als in Westeuropa. Nicht die bei Teilen der Industrie und der OHL vorhandenen extremen Intentionen dürfen Kriterium der Beurteilung sein, sondern im Falle der Mittelmächte dürfte zweifellos als maßgeblich anzusehen sein, daß die gestiegenen Leistungsanforderungen (Hindenburg-Programm) und die gesteigerte Disziplinierung (Hilfsdienstgesetz) mit der Ernährungskrise des »Kohlrübenwinters« zusammenfielen und daher materiell nicht ausgeglichen werden konnten. Das Hilfsdienstgesetz gab der überforderten Arbeiterschaft das Instrumentarium an die Hand, zum einen Kompensationen für das in der ersten Kriegshälfte deutlich gesunkene Reallohnniveau durchzusetzen, zum anderen der Chimäre nachzulaufen, daß durch ständige Lohnerhöhung das objektive Defizit in der Lebensmittelversorgung überwunden werden könne. Solches war, aber das wollten sie nicht wahrhaben, nur auf Kosten anderer sozialer Gruppen möglich. Trotz der Massenstreikbewegungen vom April 1917 und Januar 1918 war es zweifellos dem Hilfsdienstgesetz zuzuschreiben, wenn es insgesamt nur vereinzelt zu spontanen, aber isolierten und daher meist sehr kurzlebigen Streikaktionen kam. Hier ist einer der erfolgreichsten Wirkungsbereiche des Gesetzes zu sehen – ein Erfolg, der sich letzten Endes vor allem für die Gewerkschaften zum Nachteil auswirken sollte.

Der Aufstieg der Arbeiterausschüsse während des Krieges war keineswegs ein Ausdruck des Mißtrauens der Basis gegenüber den Gewerkschaftsführungen. Obwohl sie oft nicht mehr als ein innerbetriebliches Führungsinstrument der Arbeitgeber waren, wurde ihre relative Autonomie doch darin erkennbar, daß sie und nicht ad hoc gewählte Streikkomitees in den Lohnbewegungen auch der frühen Kriegsjahre in steigendem Maße mit der Führung betraut wurden. Gemessen an der relativ ungünstigen Ausgangssituation von 1914 war die Aufwertung der Arbeiterausschüsse durch die informelle Einflußnahme der Militärbehörden, dann durch die rechtliche Verankerung im Hilfsdienstgesetz ein bedeutsamer Fortschritt. Mit ihrer Hilfe konnte der tradierte »Fabrikkonstitutionalismus« (wenn nicht »Fabrikabsolutismus«) zugunsten einer direkten Einflußnahme der Gewerkschaften in den Betrieben überwunden werden. Wenn auch weiterhin zahlreiche Lohnbewegungen eher ohne die Gewerkschaften als mit ihnen, aber nicht *gegen* sie geführt wurden, so war dies eher Ausdruck syndikalistischer Spontaneität als Zeichen des Mißtrauens gegenüber den Organisationen. Soweit die Arbeiterausschüsse sich in der Lage zeigten, die materiellen Interessen der Belegschaften einigermaßen zu wahren, stärkten ihre Erfolge zweifellos die Position der Gewerkschaften – nicht zuletzt gegenüber der radikalen Linken und ihrem Vormarsch in Betrieben und Organisationen. Dies gilt auch, obwohl die Erfolge solcher Aktionen oft genug mehr der Hilfestellung der Militärbehörden als dem Rückhalt bei den Gewerkschaften zu danken waren.

Wenngleich die Arbeiterausschüsse von den Initiatoren mehr als Frühwarnsystem konzipiert worden waren, so wurden sie doch auch zu einem Kristallisationspunkt der entstehenden Linken. Ohne die Arbeiterausschüsse sind weder die Organisationserfolge der USPD denkbar, wie das Beispiel der Berliner Revolutionären Obleute zeigt, noch die Mobilisierungserfolge in den Massenstreiks vom April 1917 und Januar 1918. Die hier erkennbare Radikalisierung, das legte die USPD gezielt ihrer Agitation zugrunde, war in erster Linie Ausdruck der akuten

Not und der physischen Überforderung. Erst in zweiter Linie zählte der Krieg, die mittelbare Ursache dieser Nöte. Die gelegentliche Distanz zwischen betrieblicher Basis und Gewerkschaftsführung entsprang häufig nicht einer anhaltenden politischen Entfremdung – trotz wachsender Kritik an der gewerkschaftlichen Kriegspolitik –, sondern sie war ein temporäres Krisenphänomen, sobald die Gewährleistung der minimalen Lebensbedürfnisse nicht mehr auf dem Wege des politischen, das heißt schiedsgerichtlichen, sozialpartnerschaftlichen Ausgleichs durchsetzbar war. Das Absinken der Arbeiterausschüsse zu betrieblichen Unterorganen der Gewerkschaftsbürokratie in der Endphase des Krieges, als die verstärkte Einbeziehung der Arbeiterbewegung in die politische Verantwortung den Militärbehörden wie den Arbeitgebern eine direkte Kooperation auf Spitzenebene opportun erscheinen ließ, stand dem nicht entgegen. Das Verhältnis von Arbeiterausschüssen und Gewerkschaften blieb ambivalent, und selbst Ausschüsse, die von USPD (und Spartakus) dominiert wurden, wahrten (noch) den engen Zusammenhalt mit den Organisationen – und dies keineswegs nur aus taktischen Rücksichten.

An diesem Punkt, zieht man die innenpolitische Bilanz, ist Groeners Konzeption, allen Angriffen der Rechten und der Arbeitgeber zum Trotz, zweifellos aufgegangen. Bis zuletzt erwiesen sich gerade die Arbeiterausschüsse zu einem stabilisierenden Ausgleich zwischen syndikalistischem Aktionismus und organisationsgebundener Pazifizierung fähig. Von spektakulären Ausnahmen abgesehen, zum Beispiel in Berlin, dem Ruhrgebiet und anderen Zentren der Radikalen, gelang es den Arbeiterräten in der Novemberrevolution eben nicht, die Gewerkschaften aus den Betrieben zu verdrängen und zur politisch-gewerkschaftlichen Einheitsorganisation zu werden. Im Gegenteil: Der anhaltend starke Einfluß des rechten Gewerkschaftsflügels in den betrieblichen Arbeiterausschüssen trug entscheidend dazu bei, die Rätebewegung schon in den ersten Anfängen kontrollierend zu kanalisieren. Erst die Betriebsrätebewegung des Jahres 1919 hat sich aus dieser Umklammerung lösen können. Doch dieser Bruch kam viel zu spät, um noch entscheidenden Einfluß auf die zentralen politischen Weichenstellungen ausüben zu können.

Das Hilfsdienstgesetz hat sicherlich nicht die Erwartungen erfüllt, die man aufgrund völlig unrealistischer, überzogener Vorstellungen daran geknüpft hatte. Im Sinne seiner Protagonisten dürfte es letztlich mehr positive als negative Auswirkungen gehabt haben. Arbeitsmarktpolitisch war es insofern ein Erfolg, als es die Fluktuation einschränkte, eine Konzentration der Arbeitskräfte ermöglichte – beides effektiv allerdings nur dann, wenn der Zwang durch materielle Anreize kompensiert wurde. Fehlende Facharbeiter und neue Arbeitergruppen, vor allem Frauen, konnte die Arbeitspflicht freilich nicht beschaffen; das Gesetz verhinderte im Gegenteil alle Ansätze zu einer Ausdehnung des Arbeitszwanges, u. a. auch auf die Frauen, wie sie in der Endphase des Krieges auf der Grundlage des Notstandsrechtes und unter Aushöhlung der Schutzklauseln des Hilfsdienstgesetzes in Angriff genommen wurden. Eklatant waren seine sozialpolitischen Folgen. Mit dem Einsetzen der aktiven Sozialpolitik zur Stützung des Burgfriedens hatte sich, wenngleich eher unbeabsichtigt, zunehmend das Anspruchsprinzip durchgesetzt, da die allgemeine Not »nicht durch das freie Spiel der Kräfte, sondern durch Maßnahmen des Staates, den Krieg, herbeigeführt worden« war[56]. Vor allem im Übergang zum Hilfsdienstgesetz, und noch mehr in der darauf fußenden Planung für den Demobilmachungsfall, vollzog sich das Abrücken von dem patriarchalischen Fürsorgeprinzip des traditionellen Armenrechts in markanter Form. Mit Ausnahme des Achtstundentages gibt es keine wesentliche sozialpolitische Neuerung in der Weimarer Republik, die nicht bereits während des Krieges auf der Grundlage des Anspruchsprinzips eingeführt worden wäre: Arbeitslosenunterstützung, Kurzarbeitergeld, Kindergeld, Arbeitsvermittlung, ja de facto sogar eine Art Mindestlohn. Nicht die Verlautbarungen des Rates der Volksbeauftragten im November 1918, sondern das Hilfsdienstgesetz sowie das Notstandsrecht des Krieges und der Demobilmachungsplanung wurden zur Grundlage des Weimarer Sozialstaates.

Rüstungsproduktion und Ernährungswirtschaft

Wesentlich schwieriger zu beurteilen ist die Bedeutung des Hilfsdienstgesetzes für die Entwicklung der industriellen und landwirtschaftlichen Produktion, da es hier mit anderen Einflüssen und Organisationen konkurrierte.

Die 3. OHL hatte in ihrem »Hindenburg-Programm« die Verdoppelung der Munitionsfertigung binnen eines halben Jah-

[56] StA Ludwigsburg, E 170, Bü 1720.

res sowie die Verdoppelung bzw. Verdreifachung der Produktion von Geschützen, Minenwerfern und Maschinengewehren gefordert. Um die 1917/18 erzielte Monatsproduktion von 10000 Tonnen Pulver zu Infanterie- und Artilleriemunition zu verarbeiten, wurden 2000 Tonnen Kupfer und 4000 Tonnen Blei für die Geschosse, 4200 Tonnen Messing, 1600 Tonnen Zink und 2100 Tonnen Stahlblech für die Kartuschenhülsen, 2100 Tonnen Kupfer, 2900 Tonnen Zink und 1000 Tonnen Aluminium für die Zünder sowie insgesamt 150000 Tonnen Stahl benötigt. Die jährliche Eigenproduktion von Kupfer betrug jedoch nur 40–50000 Tonnen, von Blei 160–200000 Tonnen, während infolge der Blockade die Importmengen 1917 bei Kupfer von 230000 auf 123000 Tonnen abgesunken waren, bei Blei von 838000 auf 273000 Tonnen und bei Zink von 57600 auf 40400 Tonnen. Die Roheisenproduktion ging von 1913 bis 1918 von 19,3 auf 10,8 Millionen Tonnen zurück.[57]

Tab. 1: Die Rohstoffversorgung des Deutschen Reiches 1910 bis 1919 (1913 = 100)

	Stein-kohle	Braun-kohle	Erdöl	Eisenerz	Zinkerz	Bleierz	Kupfererz
1910–1913	89,3	88,1	110,2	89,2	95,8	98,2	98,7
1914	84,8	95,9	91,2	71,7	82,5	89,0	93,8
1915	77,2	100,8	82,0	61,9	75,7	83,4	108,6
1916	83,7	108,0	76,6	74,6	81,6	94,5	136,1
1917	88,1	109,5	74,9	78,5	81,6	86,2	121,0
1918	83,2	115,3	31,5	27,7	69,2	86,2	107,1
1919	61,4	107,4	30,9	21,5	44,3	58,6	66,9

	Roh-eisen	Stahl	Eisen- u. Stahlguß-waren	Zink	Blei	Kupfer	Walz-werke	insge-samt
1910–1913	87,5	88,5	92,7	93,6	87,0	87,1	85,1	87,8
1914	74,5	79,7	79,2	84,6	95,3	93,5	77,3	78,4
1915	60,1	69,8	83,5	66,5	64,2	119,2	74,8	74,5
1916	68,8	62,6	67,0	63,9	57,1	161,5	94,3	79,5
1917	68,0	83,1	93,6	66,9	47,6	149,8	101,1	91,9
1918	61,4	68,6	74,6	66,4	42,5	141,3	85,1	77,1
1919	32,5	39,9	53,4	34,9	33,0	67,0	41,8	43,1

Quelle: W. G. Hoffmann, Das Wachstum der deutschen Wirtschaft seit der Mitte des 19. Jahrhunderts. Berlin 1965, S. 342, 353 f.

[57] Ernst von Wrisberg, Erinnerungen an die Kriegsjahre im Königlich Preußischen Kriegsministerium. 3 Bde, Leipzig 1921/22, Bd. 3, S. 93.

Allein bei den kriegswichtigen »Sparmetallen« stand das Reich damit in seinen Produktionsmöglichkeiten unüberwindlichen Engpässen gegenüber, denen durch organisierte Sammelaktionen von Türgriffen, Kirchenglocken, selbst Kriegerdenkmälern von 1870/71 nur punktuell begegnet werden konnte. Zwar rechtfertigte von Wrisberg seine Tätigkeit im Kriegsministerium mit der zahlenmäßig untermauerten Aussage, »aus Munitionsmangel haben wir den Krieg nicht verloren«, doch bestätigte das Reichsarchiv die vielfältigen Klagen der Fronttruppen, daß zahlreiche als notwendig erachtete Operationen »mit Rücksicht auf den Munitionsverbrauch von der Obersten Heeresleitung abgelehnt werden mußten. Mit dem Munitionseinsatz der Gegner im Westen auch nur einigermaßen Schritt zu halten, war völlig ausgeschlossen, wobei allerdings die gewaltige Unterlegenheit an Zahl der Rohre (11000 gegen 17000) mitsprach.«[58]

Ähnlich unterschiedlich waren unter dem Rechtfertigungszwang von Niederlage und Memoirenkrieg die Beurteilungen des Hindenburg-Programmes. Während wiederum von Wrisberg der OHL vorwarf, »ohne das Hindenburg-Programm wäre die Munitionsfertigung im Jahre 1917 schneller gestiegen«, scheint es im Gegenteil wahrscheinlicher, daß das Programm in Verbindung mit dem Hilfsdienstgesetz die neuerliche Steigerung der wirtschaftlichen Kriegsanstrengungen möglich gemacht hat. Zwar wurden zweifellos Ressourcen sinnlos vergeudet, indem überdimensionierte Produktionsanlagen nie oder viel zu spät fertiggestellt wurden, aber insgesamt konnten mit Hilfe eines gesteigerten Arbeitseinsatzes und einer konzertierten Festlegung von Förder- und Produktionsprioritäten die Rohstoffbasis und die Produktionskapazitäten rationeller genutzt, zum Teil sogar ausgeweitet werden. Dies galt vor allem für die Förderung von Kohle und Erzen (Tab. 1), auch wenn sich die Planziele schon 1917 als völlig überzogen erwiesen und zum Teil erst mit erheblicher Verzögerung erreicht werden konnten. Allerdings waren diese Leistungssteigerungen nur mit Hilfe einer hemmungslosen Ausbeutung der Rohstoffvorkommen wie der menschlichen Arbeitskräfte möglich geworden, so daß drastische Einbrüche in Förder- und Arbeitsleistung früher oder später unvermeidlich wurden. Die Anstrengungen zur Vorbereitung der großen Entscheidungsschlachten im Frühjahr

[58] Ebd., S. 99; Reichsarchiv, Weltkrieg, Bd. 13, S. 29.

1918 machten es noch einmal möglich, daß im Juni 1918 in fast allen Bereichen die Produktionshöchstleistungen der gesamten Kriegszeit erzielt wurden. Dann aber brachen infolge dieser Überanstrengung aller Kräfte nicht nur das Transportsystem und die Rüstungswirtschaft, sondern vor allem die physisch endgültig überforderten und daher für die seit Juni grassierende Grippewelle besonders anfälligen Rüstungs- und Eisenbahnarbeiter buchstäblich zusammen.

Tab. 2: Index der Produktion wichtiger Industriegruppen und -zweige 1913 bis 1918 (1913 = 100)

Industriegruppe	1913	1914	1915	1916	1917	1918
Kriegsindustrien						
Bergbau	100	84	78	86	90	83
Eisen und Stahl	100	78	68	81	83	53
NE-Metalle	100	89	72	113	155	234
Private Industrien						
Wohnungsbau	100	68	30	10	4	4
Baustoffe	100	88	69	59	58	35
Handelsschiffe	100	73	65	75	61	42
Gemischte Industrien						
Textilien	100	87	65	27	22	17
Genußmittel	100	92	88	84	67	63
Gesamt	100	83	67	64	62	57

Quelle: R. Wagenführ, Die Industriewirtschaft. Berlin 1933, S. 23

Wie verzweifelt schmal die Rüstungsbasis des Reiches letztlich war, hatte sich schon seit dem Sommer 1917 angedeutet, als trotz unbedingter Priorität die Flugzeugproduktion kaum mehr gesteigert werden konnte. Wegen fehlender Produktionskapazitäten mußte schließlich auf die Entwicklung eigener Tanks ebenso verzichtet werden wie auf die Motorisierung von Artillerie und Nachschub. Vor die Alternative gestellt, Flugzeuge *oder* Tanks zu produzieren, entschied sich die OHL für die Luftwaffe (und die U-Boote), da sie diese als »von mitentscheidender Wichtigkeit« erachtete, die Tanks aber nicht für »kriegsentscheidend« hielt. Neben den 20 produzierten deutschen Panzerwagen wurden zuletzt 25 bis 30 britische Beutepanzer eingesetzt. Im übrigen aber mußte man sich wie im Falle der Luftwaffe damit abfinden, daß die materielle Überlegenheit des

Gegners »in der Zukunft dauernd zu unseren Ungunsten sich verschieben wird«[59]. Und in der Tat konnte das Reich zwar bei Sprengstoff, Gewehren oder Geschützen die Produktionsziffern von England *oder* Frankreich überflügeln, aber beiden zusammen, ganz zu schweigen von den Lieferungen der USA, war Deutschland nicht gewachsen, und das gerade bei den »modernen« Waffen wie Flugzeugen oder Tanks.

Doch es war keineswegs nur die Verknappung der Rohstoffe, die zu Produktionseinschränkungen zwang. Im Kohlebergbau trat im Winter 1916/17 neben die Förderkrise auch noch die Beförderungskrise: Die Eisenbahn war dem Transportaufkommen nicht mehr gewachsen. Dazu trugen die steigenden Militärtransporte ebenso bei wie der Einsatz von rollendem Material in den besetzten Gebieten und hinter der Front, der Mangel an Betriebsstoffen, erhöhter Verschleiß und fehlender Ersatz. Infolge des Arbeitskräftemangels wurden die Waggons zu schleppend entladen, so daß ihre Umlaufgeschwindigkeit sich verlangsamte. In den Wintermonaten, als scharfer Frost die Binnenwasserstraßen wie die Weichen zufrieren ließ, führten Lieferschwierigkeiten und Kapazitätsbegrenzungen zu erheblichen Produktionsausfällen und »Kohleferien«. Die von Groener und Stinnes propagierte Lösung, die Rüstungsproduktion zur Verringerung des Transportaufwandes im Ruhrgebiet zu konzentrieren, scheiterte nicht nur am politischen Widerstand der süddeutschen Staaten, die im Hinblick auf die Nachkriegszeit auf die Erhaltung der heimischen Wirtschaft und ihrer ökonomischen Unabhängigkeit von Preußen bedacht waren. Schon der Mangel an Baustoffen und Arbeitskräften für die erforderlichen Fabrikbauten, ganz zu schweigen vom Wohnraum für die umzusetzenden Belegschaften, machten solche Vorstellungen illusorisch, wurden doch allein in Preußen 40 Prozent der Rüstungsgüter in und um Berlin hergestellt.

Wohl war mit zunehmender Kriegsdauer eine Konzentration der Ressourcen unumgänglich, doch konnte, trotz der Gründung eines Ständigen Ausschusses für Zusammenlegungen in Berlin Ende 1916, angesichts der vielfältigen Widerstände an eine systematische Still- und Zusammenlegung von Betrieben nicht gedacht werden. Begrenzt waren auch die Möglichkeiten, auf indirektem Wege, das heißt durch Entzug von Arbeitskräf-

---

[59] Reichsarchiv, Weltkrieg, Bd. 14, S. 525; Wrisberg, Erinnerungen, Bd. 3, S. 158 ff.

ten oder Betriebsmitteln, zum Ziel zu kommen. Erst der immer bedrohlicher werdende Kohlemangel gab Veranlassung, durch eine rigorose Zuteilungsbeschränkung steuernd einzugreifen: 1918 konnten nur noch 5000 Vorzugsbetriebe voll beliefert werden, obwohl die Kohleförderung noch einmal Spitzenwerte erreichte; 35000 hochwichtige Rüstungsbetriebe erhielten nur noch 80 bzw. 60 Prozent ihrer Anforderungen. Die verfügbaren Daten weisen darauf hin, daß die Stillegung von Betrieben zumeist nicht Ergebnis behördlicher Eingriffe war, sondern eher beiläufiges Nebenprodukt eines durch die Blockade und die veränderte Nachfragestruktur künstlich verknappten Marktes. Ein Drittel aller Handwerksbetriebe und ein Fünftel aller industriellen Betriebe waren diesem Prozeß zum Opfer gefallen, die Hälfte davon allerdings schon in den ersten Kriegsmonaten. Gegenüber dem Tiefpunkt des Jahres 1917 war im letzten Kriegsjahr bereits wieder ein leichtes Ansteigen der Zahl der Betriebe zu beobachten.

Daß damit zugleich der industrielle Konzentrationsprozeß vor allem in der zweiten Kriegshälfte in seinen verschiedenen Formen weiter vorangetrieben wurde, läßt sich zunächst an der Verlagerung des Arbeitskräftepotentials in die Kriegsindustrien ablesen.

Tab. 3: Berufsgenossenschaftlich versicherte Personen
(1913 = 100)

	Kriegsindustrien	Zivile Industrien	»Gemischte Industrien«
1914	88	91	91
1915	78	53	77
1916	89	46	69
1917	103	43	63
1918	110	41	63

Quelle: J. Kuczynski, Die Geschichte der Lage der Arbeiter unter dem Kapitalismus. Berlin 1966, Bd. 4, S. 312

So stieg zum Beispiel in Württemberg der Anteil der gewerblichen Arbeiter, die in Betrieben mit mehr als 50 Beschäftigten tätig waren, von 51 Prozent 1914 auf 58 Prozent 1917. Aussagekräftiger ist aber wohl der Hinweis, daß von diesen Arbeitern 1918 etwa 30 Prozent in den sogenannten Riesenbetrieben mit mehr als 1000 Beschäftigten tätig waren, gegenüber 5 Prozent

1907 und 14,5 Prozent 1922. Dieser Aspekt des Konzentrationsprozesses sollte sich, da er nicht zuletzt in starkem Maße von Frauen getragen wurde, in der Demobilmachung als weitgehend reversibel erweisen. Sehr viel folgenreicher war aber zum zweiten die Konzentrationsbewegung in Form von Interessengemeinschaften (zum Beispiel IG Farben 1916/25) oder der vertikalen Konzernbildung, die allerdings erst in der Inflationszeit ihren Höhepunkt erreichte. Zum dritten traf der Rückgang der industriellen Produktion um ca. 40 Prozent die einzelnen Sektoren sehr unterschiedlich (Tab. 2). Die sich in der Vorkriegszeit andeutende Schwerpunktverlagerung von der Produktions- zur Verbrauchsgüterindustrie wurde durch die erzwungene Autarkie in Kriegs- und Nachkriegszeit aufgehalten bzw. unterbrochen, sowohl im Hinblick auf den ökonomischen Strukturwandel als auch auf die entsprechende Verteilung des politischen Einflusses. Der Verlust der Außenmärkte oder der Anstieg der Rüstungs- bzw. Kriegsausgaben von 4 Prozent 1913 auf 61 Prozent des Volkseinkommens 1917 traf die Verbrauchsgüterindustrie auch insofern stärker, als sie – trotz des Übergangs zu Standardisierung, Serienfertigung, Zergliederung der Arbeitsprozesse und umfassender Rationalisierung, trotz hoher Eigenfinanzierung von Investitionen und Eigenkapitalbildung infolge der ungeheuren Kriegsgewinne – zu zweimaliger Umrüstung ihrer Produktionsanlagen, zunächst auf Rüstungs-, dann auf Friedensbedarf, gezwungen war. Zusätzlich hat die langfristig wirkende, in der (Hyper-)Inflation noch verschärfte Vernichtung der Massenkaufkraft eine nachfrageinduzierte Wiederbelebung des Binnenmarktes während der Nachkriegsrekonstruktion lange Zeit verhindert.

Durchaus vergleichbar waren die Probleme in der Landwirtschaft. Bereits vor 1914 war das Reich zum Netto-Importeur von Lebens- und Futtermitteln geworden: So mußten u. a. 2 Millionen Tonnen Weizen, 225 000 Tonnen Fleisch und Fett, 110 000 Tonnen lebendes Vieh, 135 000 Tonnen Milchprodukte, 8,3 Millionen Tonnen Futtermittel sowie 2 Millionen Tonnen Düngekalk und 770 000 Tonnen Chilesalpeter eingeführt werden. Die verheerenden Folgen der alliierten Blockade wurden verschärft durch den Rückgang der binnenländischen Agrarproduktion um ca. 30 bis 40 Prozent gegenüber dem Vorkriegsstandard.

Die Ursachen für diesen Produktionsrückgang waren vielfältig. Sie reichten von fehlendem Kunst- und Naturdünger über

Tab. 4: Landwirtschaftliche Produktion 1910 bis 1920
(1913 = 100)

Durchschnitt	Weizen	Roggen	Hafer	Kartoffeln	Zuckerrüben
1910–1913	91	92	87	84	86
1914	85	85	93	84	91
1915	83	75	62	100	59
1916	66	73	72	46	55
1917	49	57	38	64	54
1918	50	55	45	46	53
1919	47	50	46	40	31
1920	48	41	50	52	43

Quelle: Hoffmann, Wachstum, S. 286 f.

Mißernten bis zum Entzug von Arbeitstieren (Pferde) und Arbeitskräften oder dem Mangel an Betriebsmitteln und Saatgut. Waren dies im wesentlichen kaum vermeidbare Folgen von Krieg und ungünstiger Witterung, so spielte darüber hinaus die verfehlte Politik der Behörden eine nicht minder wichtige Rolle. Eine hilflose und unüberlegte Preispolitik sorgte zum Beispiel dafür, daß die Bauern 1916 vermehrt Kohlrüben anstelle von Kartoffeln anbauten. Die Folgen der Mißernte wurden dadurch noch verschärft, doch wurden gleichzeitig, wenngleich unbeabsichtigt, auf diese Weise die »Ersatz«-Lebensmittel für den berüchtigten Kohlrübenwinter 1916/17 in ausreichender Menge produziert. Ebenso sollte der unsinnige »Schweinemord« von 1915 das Schwein als Hauptnahrungskonkurrenten des Menschen ausschalten, ohne in Rechnung zu stellen, daß damit der wichtigste Abfallverwerter aus der Nahrungskette beseitigt wurde, der zur Produktion des dringend benötigten Fleisches und vor allem Fettes unverzichtbar war. Da zudem durch Bestandsverminderung und Futtermangel das Viehaufkommen, das Schlachtgewicht, die Fett- und die Milchproduktion drastisch sanken, nahm die Fleisch- und Fettaufbringung bei einer Versorgungsquote von nur 20 Prozent gegenüber dem Friedensverbrauch katastrophale Ausmaße an.

Bei einem durchschnittlichen Tagesbedarf von 2500 bis 2750 Kalorien konnten die offiziellen Rationen bei mittlerer Arbeitsbelastung nur noch ca. 50 bis 60 Prozent, zum Teil noch weniger, abdecken. Zwar gingen die Behörden davon aus, daß Ende

Tab. 5: Das Gewicht der offiziellen Lebensmittelrationen in Prozent des Friedensverbrauchs.

	1916/17	1917/18	1. 7.–28. 12. 1918
Fleisch	31,2	19,8	11,8
Eier	18,3	12,5	13,3
Schmalz	13,9	10,5	6,7
Butter	22	21,3	28,1
Zucker	48,5	55,7–66,7	82,1
Kartoffeln	70,8	94,2	94,3
Pflanzliche Fette	39	40,5	16,6

Quelle: Jürgen Kocka, Klassengesellschaft im Krieg. Deutsche Sozialgeschichte 1914 bis 1918. Göttingen 1973, S. 20

1918 (nach dem Tiefpunkt von 1000 Kalorien im Sommer 1917) zu den zugeteilten 1200 Kalorien ca. 300 weitere durch Schwarzmarktversorgung beschafft werden konnten, dies änderte indes wenig an der Tatsache einer anhaltenden, sozial zunehmend gestaffelten Unterversorgung. Nach Berechnungen des Reichsgesundheitsamtes verloren die Erwachsenen im Krieg ca. 20 Prozent des Körpergewichts, nachdem bereits 1915 erstmals Anzeichen für eine verbreitete Unterernährung beobachtet worden waren.

Die Stimmungsberichte der Militärbehörden belegen, daß trotz lohnpolitischer Stützungsmaßnahmen (Soziallohn, Mindestlohn) den verschiedenen sozialen bzw. Einkommensgruppen schrittweise der Zugang zum Schwarzmarkt versperrt wurde. Seit 1917 konnten in erster Linie Angestellte und Beamte nicht mehr mithalten, (spätestens) im Frühjahr 1918 griff diese Entwicklung auf schlechter verdienende Arbeiter über, bis sie im Sommer 1918 zunehmend auch die Rüstungsarbeiter erfaßte. Der Hunger führte zu einer »überaus betrüblichen Zuspitzung der innerpolitischen Verhältnisse«, zu einem »immer weiteren Nachlassen der Moral«, das sich nicht nur in einem »fast vollständigen Versagen der gesetzlichen Bestimmungen«, sondern zugleich in einem allgemeinen »Nachlassen des monarchischen Gefühls« bis weit in den Mittelstand hinein, in einem verbreiteten »Spielen mit der Revolution« niederschlug. Mit großer Besorgnis beobachteten die Militärbehörden diese Entwicklung, die symptomatisch in der Äußerung auf einer Streikversammlung im Sommer 1918 zusammengefaßt zu sein schien: »Eine Regierung gibt es nicht mehr. Die Bestimmungen bestehen noch, aber regieren tut niemand mehr.«[60]

Angesichts des extremen Massenhungerns (und bald auch Massensterbens) war es nicht erstaunlich, daß 1918 ca. 30 bis 50 Prozent mancher Lebensmittel auf dem immer lukrativeren Schwarzmarkt umgesetzt wurden, und dies bei bis zu zehnfachen Preisen. Obwohl die Landwirte klagten, ihre Einkommen würden zugunsten konsumenten- bzw. arbeiterfreundlicher (»politischer«) Preise unerträglich beschnitten, während ihre Betriebsausgaben ungehemmt stiegen, gehörten sie doch unzweifelhaft zu den Kriegsgewinnern. Die bereits 1915 einsetzende Entschuldung, wie sie an der Hypothekenlöschung, der Anhäufung von Sparkapital oder der Zeichnung von Kriegsanleihen ablesbar ist, kaschierte indes einen schleichenden Substanzverlust. Denn die Bauern waren nicht in der Lage, das Barkapital in Investivkapital umzuwandeln, solange Kunstdünger oder Zugtiere, Maschinenteile oder Betriebsstoffe nicht zu kaufen, der Liegenschaftsverkehr durch amtliche Kontrollen bzw. die allgemeine »Flucht in die Sachwerte« stark reduziert worden, Ersatzbeschaffungen von Nutz- oder Zuchtvieh nicht möglich waren. Die hohen Buch- oder Bargewinne waren eine Scheinblüte. Denn nach dem Krieg dauerten die ungünstigen betriebswirtschaftlichen Verhältnisse zum Teil bis 1919/20 an, während auf der anderen Seite niedrige Preise, Fehlallokationen (Überkapitalisierung) und Enteignungseffekte der Inflation sehr rasch zu Liquiditätsmangel und neuer Verschuldung nach der Stabilisierung von 1923/24 führten.

Die ungenügende Lebensmittelversorgung war zweifellos eines der innenpolitisch brisantesten Probleme. Die allgemeine Erschöpfung von Boden und Rohstoffen, die Überforderung von Tieren und Menschen, die Unmöglichkeit, Heer und Kriegswirtschaft gleichermaßen ausreichend mit Arbeitskräften zu versorgen, all dies ließ realistische Beobachter spätestens im Sommer 1918 erkennen, daß das Reich vor dem kriegswirtschaftlichen Zusammenbruch stand. Zu diesen gehörte auch die OHL, doch zog sie aus dieser Analyse den Schluß, daß die fehlende materielle Basis durch »Willen«, durch den Glauben an den Sieg ersetzt werden könne. Mit Verbitterung mußte sie allerdings im Sommer 1918 feststellen,

[60] HStA Stuttgart, M 1/11, Bü 1025, Bl. 418, 556, 593; M 1/9, Bü 302.

daß nach dem Zusammenbruch der deutschen Offensive im Westen die Industrie sich auf baldige Friedenszeiten einzurichten begann. Die OHL mußte zur Kenntnis nehmen, daß eine verschärfte Mobilmachung der letzten Kräfte weniger am Widerstand der Arbeiterschaft als an der Zurückhaltung der Industrie scheitern würde.[61] Dennoch unternahm sie einen neuerlichen Vorstoß, um doch noch eine radikale Ausrichtung der Wirtschaft auf den »Kampf bis aufs Äußerste« zu erzwingen.

In einem Schreiben an den Reichskanzler forderte die OHL am 18. Juni 1918 praktisch ein neues Hindenburg-Programm, das mit einer »Erweiterung der Wehrpflicht und der Hilfsdienstpflicht« gekoppelt sein, nun aber endlich auch eine »gewisse Militarisierung der Rüstungsbetriebe« auch gegen die Unternehmer gewährleisten sollte[62]. Zwar konnten Regierung und Heimatbehörden die Notwendigkeit einer rigorosen Verschärfung der bisherigen Maßnahmen nicht leugnen, sie hielten aber die innenpolitischen Voraussetzungen für wenig günstig. Vor allem waren sie nicht bereit, der Arbeiterschaft den unvermeidlichen innenpolitischen Preis zu zahlen. In einer Besprechung mit der OHL am 1. Juli lehnte das Kriegsministerium abermals eine Erweiterung von Wehr- und Hilfsdienstpflicht ab, da es im Reichstag einen »Kuhhandel, ähnlich wie er bei dem Hilfsdienstpflichtgesetz eingetreten ist, in verschärftem Maße« befürchtete.[63] Auf dem »Verordnungswege oder durch entsprechende Auslegung schon bestehender Gesetze« sollten die Bindung der Arbeiter an die Betriebe, die Erhöhung der Arbeitsleistung und die erweiterte Heranziehung der Frauen erreicht werden. Auf der Grundlage des Notstandsparagraphen 9b des Belagerungszustandsgesetzes und entsprechender Regelungen des Kriegsleistungsgesetzes hatten die stellvertretenden Generalkommandos seit dem Frühjahr 1917 systematisch eine entsprechende Praxis vorbereitet. Und auch das Reichswirtschaftsamt hatte sich seit dem Frühjahr 1918 bemüht, dieser umstrittenen Praxis eine gesetzliche Grundlage zu verschaffen, war aber bereits im Vorfeld am Widerstand des Reichstages gescheitert[64]. Es kündigte sich damit eine erhebliche Ausweitung der Militarisierungsmaßnahmen gegen die Arbeiterschaft, weniger gegen die Industrie an, die das Reich vor

[61] Wrisberg, Erinnerungen, Bd. 2, S. 99 ff.
[62] Ludendorff, Urkunden, S. 109.
[63] Militär und Innenpolitik, S. 645.
[64] HStA Stuttgart, E 74, Bü 222, Bl. 95 ff.; vgl. Mai, Kriegswirtschaft, S. 208 ff.

eine harte innenpolitische Belastungsprobe gestellt hätte, – unabhängig von der Frage, ob das Transportsystem, die Menschen oder auch die Front einen fünften Kriegswinter hätten durchhalten können. In diesem Falle hätte wohl nicht länger der seit 1916 diskutierten Entscheidung ausgewichen werden können, ob die neuerlichen Opfer durch eine Parlamentarisierung »honoriert« oder durch eine Militärdiktatur erzwungen werden sollten.

4. Parlamentarisierung oder Militärdiktatur? September 1916 bis Frühjahr 1918

Friedensinitiative der Mittelmächte und U-Boot-Krieg 1916/17

Wenn das Hilfsdienstgesetz zum parlamentarischen Erfolg der erneuerten Reformmehrheit der Vorkriegsjahre werden konnte, so hatte das nicht zuletzt seine Ursache in dem Drängen der OHL, das Gesetz durch den Reichstag und nicht als Bundesrats-Verordnung verabschieden zu lassen. Dahinter stand die Hoffnung, entweder durch einen mehr oder minder akklamatorischen Akt den Reichstag und damit die Parteien in die politische Verantwortung für die gesteigerten Kriegsanstrengungen einzubinden oder aber, sollten sich die Parteien diesem Schritt verschließen, notfalls diese zukünftig insgesamt auszuschalten: »Sollte der Reichstag bei der Lösung dieser Aufgaben versagen, so wird sich zeigen, welche Teile sich den Forderungen der Staatserhaltung verschließen. Über die dann zu ergreifenden Maßnahmen«, behielt sich Hindenburg vieldeutig vor, »brauche ich mich heute noch nicht zu äußern.«[65] Die Verabschiedung sollte jedoch, in diesem Punkt waren sich OHL und Reichsregierung einig, vor allem dem Ausland innere Geschlossenheit und militärische Zuversicht demonstrieren und damit die möglichen psychologischen Rückwirkungen des bevorstehenden Friedensangebotes der Mittelmächte konterkarieren, das seinerseits wiederum diplomatisches Vorspiel für die Eröffnung des uneingeschränkten U-Boot-Krieges werden sollte.

Die OHL hatte damit von Beginn an deutlich gemacht, daß sie zu einer »Politik der Rücksichtslosigkeit« nach innen wie

[65] Ludendorff, Urkunden, S. 81.

nach außen bereit war. Schon bei der Errichtung des General-gouvernements Polen sowie bei der Zwangsrekrutierung polnischer und belgischer Arbeitskräfte hatte sie auf Drängen der rheinisch-westfälischen Schwerindustrie und der Rechtsparteien erstmals in die Außenpolitik eingegriffen und dabei versucht, diese Fragen als rein militärische der zivilen Reichsregierung zu entziehen. Außenpolitische Rücksichten auf den Verbündeten Österreich-Ungarn oder die Stimmung bei den Neutralen wurden nicht genommen. »Meiner Auffassung nach«, so begründete Hindenburg den neuen Stil, »müssen alle politischen Rücksichten angesichts unserer verzweifelten Lage zurückgestellt werden.«[66] Es war dies aber eher ein Versuch innenpolitischer Pression, so wie das Hindenburg-Programm weniger ein »Programm der Verzweiflung« als ein »Programm der Selbstüberschätzung« war.[67] Es war zugleich ein Zeichen neuer Entschlossenheit, den Krieg mit allen Mitteln zu gewinnen. Bethmann Hollweg, der die verheerenden innenpolitischen Folgen der U-Boot- und Kriegsziel-Diskussion ebenso fürchtete wie die militärische Eskalation auf den Schlachtfeldern, unternahm mit dem Friedensangebot vom 12. Dezember 1916 einen letzten Versuch, dieser Entwicklung zuvorzukommen und sich zugleich politisch zu salvieren. Doch war das Angebot zu vage, zu vieldeutig gehalten, um bei Neutralen und Kriegsgegnern auf ernsthaftes Interesse zu stoßen. Aber noch scheute sich die OHL, wegen des »rücksichtslosen« U-Boot-Krieges den entscheidenden Machtkampf mit dem Kanzler aufzunehmen: Zu groß waren das politische wie das militärische Risiko angesichts des möglichen Kriegseintritts der USA, als daß die OHL die Verantwortung für diese Maßnahme hätte allein tragen wollen. Scheiterte der Kanzler mit seiner Friedensinitiative, so war seine mäßigende Politik desavouiert, seine eigene politische Stellung geschwächt; der neuerlichen Eskalation des Krieges war infolge des fehlenden inneren Konsenses über die anzustrebenden Kriegsziele innenpolitisch wie gegenüber Neutralen und Verbündeten der Weg geebnet.

[66] Zitiert nach Martin Kitchen, The Silent Dictatorship. The politics of the German High Command under Hindenburg and Ludendorff, 1916–1918. London 1976, S. 98 (Rückübersetzung).
[67] Karl Helfferich, Der Weltkrieg. 3 Bde, Berlin 1919, Bd. 2, S. 281 f.; ähnlich Bethmann Hollweg in: Der Hauptausschuß des Deutschen Reichstags 1915 bis 1918. Eingeleitet von Reinhard Schiffers. Bearbeitet von Reinhard Schiffers und Manfred Koch in Verb. mit Hans Boldt. Düsseldorf 1981/83, Bd. 2, S. 761.

Bethmann Hollweg, der gerade in der U-Boot-Frage sehr schwankend war, brauchte gegen diese OHL verstärkte Rükkendeckung, nachdem er in der polnischen und der belgischen Frage bereits hatte nachgeben müssen. Indem er sich gegen eine »Desperadopolitik« wandte, gleichzeitig seine volle Übereinstimmung mit der OHL bekundete und nur für eine Verschiebung des U-Boot-Krieges »pro tempore« plädierte, lud er OHL und Reichstag gleichermaßen zu Interventionsversuchen ein: Den einen ging er zu weit, den anderen nicht weit genug. Darin lag sein persönliches Dilemma begründet und sein politisches Scheitern, das zu seinem baldigen Sturz führen sollte. Mit seiner »Politik der Diagonale« stand er zuletzt mehr zwischen als über den Parteien. Diese trugen schließlich ihren Machtkampf auf seinem Rücken aus, nachdem er sich, als der Burgfrieden endgültig zerbrochen war, nicht für die eine oder die andere Seite entscheiden wollte (oder konnte).

Nicht zuletzt unter dem Eindruck der seit dem Frühjahr 1916 anhaltenden, den Burgfrieden zusehends unterhöhlenden Debatte um den U-Boot-Krieg hatten die Nationalliberalen, das Zentrum und der Freisinn am 29. September 1916 zwei ähnlich lautende Anträge im sogenannten Hauptausschuß des Reichstages eingebracht, die die Einrichtung eines ständigen Ausschusses für auswärtige Angelegenheiten forderten: »Der Reichstag sei für die Führung des Unterseebootkrieges mit verantwortlich, weil er die Gelder dazu bewillige«. Nach der OHL trat damit nun auch der Reichstag als Konkurrent der Reichsregierung im Bereich der Außenpolitik, diesem traditionellen *arcanum* klassischer Kabinettspolitik, auf. Mit der Mehrheit von SPD, Freisinn, Zentrum und Nationalliberalen wurde ein entsprechender Antrag am 26./27. Oktober im Reichstagsplenum angenommen. Dieser parlamentarische Erfolg war jedoch bereits vorher entwertet worden, nachdem der rechte Flügel des Zentrums am 6./7. Oktober in seiner Fraktion eine Resolution durchgesetzt hatte, die den Reichskanzler in der U-Boot-Frage »wesentlich« an das Votum der OHL binden sollte: »Fällt die Entscheidung für die Führung des rücksichtslosen Unterseebootkrieges aus, so darf der Reichskanzler des Einverständnisses des Reichstags sicher sein.« Das Zentrum hatte damit – trotz der Warnungen der SPD, der Reichstag dürfe nicht zugunsten der OHL »auf seine staatsrechtliche Verantwortlichkeit Verzicht leisten« – dem Reichskanzler die einzig mögliche Rückendeckung gegen die OHL entzogen und dem Reichstag damit die

Möglichkeit genommen, den Kanzler in Fragen der Außenpolitik an seine Mehrheitsentscheidungen zu binden[68].

Diese schwankende Haltung von Zentrum und Nationalliberalismus, deren rechte Flügel der annexionistischen »Kriegszielmehrheit« zuneigten, deren linke Flügel aber innenpolitisch mit Sozialdemokraten und Linksliberalen die »Reformmehrheit« bildeten, behinderte auch weiterhin alle Bemühungen des Reichstages um ein Vorantreiben der Parlamentarisierung. Zu spät kamen die Anläufe zur Wiederbelebung einer Reformmehrheit, die sich bereits vor 1914 punktuell zusammengefunden hatte und deren eine wichtige Stütze, wie sich im Falle des Hilfsdienstgesetzes gezeigt hatte, die Gewerkschaftsachse war. Ihr fehlten programmatische Geschlossenheit und politische Entschlossenheit, um sich dauerhaft gegenüber einem ausweichenden Reichskanzler und einem neuen, entschlosseneren Gegner, der OHL, durchzusetzen. Nur wenige Tage später, bei der Behandlung der Friedensinitiative der Mittelmächte, konnte der Erfolg des Hilfsdienstgesetzes nicht wiederholt werden. Seine letztlich ablehnende Haltung gegenüber einer durchgreifenden Parlamentarisierung bewog den Kanzler, die Friedensinitiative ohne, ja im Grunde gegen den Reichstag vorzubereiten. Die Bereitschaft von SPD, Freisinn und Zentrum, Bethmann dennoch gegen die zu erwartende Kritik von Nationalliberalen, Konservativen und Sozialdemokratischer Arbeitsgemeinschaft in Schutz zu nehmen, indem sie auf Wunsch Bethmann Hollwegs mit ihrer Mehrheit eine Debatte über die Initiative vereitelten, war eine Geste ohne politischen Bündniswert, aber immerhin doch ein Bündnisangebot.

Mit dem Beschluß zugunsten des uneingeschränkten U-Boot-Krieges am 9. Januar 1917, den der Kanzler nicht mit seinem demonstrativen Rücktritt beantwortete, hatten sich im inneren Gefüge des Entscheidungs- und Regierungsapparates die Gewichte markant zugunsten der OHL und der kaiserlichen Kamarilla verschoben. Mit der schleichenden Entmachtung des Kanzlers sanken zugleich die Einflußchancen der Parteien, die in ihrer Aufbruchsstimmung die Tragweite der Ereignisse gar nicht voll erfaßten. Die OHL hatte demgegenüber die potentiellen Gefahren dieser Konstellation des Dezember 1916 sofort erkannt. Das Selbstbewußtsein, mit dem die Linksparteien für ihre Zustimmung zum Hilfsdienstgesetz sozialpolitische Kom-

---

[68] Hauptausschuß, Bd. 2, S. 824, 828 (Anm. 6), 829; vgl. Theobald von Bethmann Hollweg, Betrachtungen zum Weltkrieg. Berlin 1919/21, Bd. 2, S. 128.

pensationen ebenso durchgesetzt hatten wie die parlamentarische Kontrolle durch einen Reichstagsausschuß, drängte der
OHL, vor allem Oberstleutnant Bauer, »die unerschütterliche
Überzeugung« auf, »daß wir nur mit Hilfe einer absoluten Militärdiktatur, die allein eine restlose Zusammenfassung all unserer
nationalen Kräfte ermögliche, zu einem erfolgreichen Ende
kommen könnten«. Zu diesem Zweck müsse auch der wankel-
mütige Kaiser »praktisch völlig ausgeschaltet werden«, während der Reichstag durch den plebiszitären Appell an die
»Volksmassen« eliminiert werden sollte.[69]

Diese Überlegungen scheiterten nicht allein an dem zu erwartenden Widerstand der süddeutschen Monarchen, denen ebenfalls ein »völliger Machtverzicht« abverlangt werden sollte,
oder an dem Zaudern Hindenburgs und vor allem Ludendorffs,
die sich letztlich nicht aus ihren monarchistischen Bindungen
zu lösen vermochten. Die OHL zog es vielmehr vor, ihren
Einfluß indirekt geltend zu machen, um sich notfalls jeglicher
politischen Verantwortung entziehen zu können – ein sehr fol-
genschwerer Entschluß, wie sich im Angesicht des Zusammenbruchs 1918 erweisen sollte. Die brüske Zurückweisung der
Friedensinitiative durch die Entente erleichterte diese Entscheidung, da nun der unbeschränkte U-Boot-Krieg ohnehin erreicht war. Indem sie »durch die Proklamation von Polen den
Frieden im Osten ... und nunmehr ... durch den U-Boot-
Krieg den Frieden auch im Westen unmöglich« gemacht hatte[70],
war der Krieg auf unabsehbare Dauer verlängert worden. Damit war eine Situation des Alles oder Nichts gegeben, wie sie
die Siegfriedens-Partei nur begrüßen konnte: Ein Verständigungsfrieden war in weite Ferne gerückt, die Militarisierung der
Kriegswirtschaft unabdingbar geworden, und die Forderung
nach »Sicherungen« durch Annexion gegen zukünftige »Ver-
nichtungskriege« seitens der Westmächte ließ die Kriegsziele-
batte erneut aufflammen. Die Bedeutung militärischer »Sach-
zwänge« und der Einfluß der OHL auf fast alle Bereiche der
Politik hatten eine solche Aufwertung erfahren, daß man – trotz
aller Widerstände und Hemmnisse – durchaus von einer Quasi-
Militärdiktatur sprechen kann: Die OHL konnte zwar nicht
alle ihre Vorstellungen verwirklichen, es war aber auch nichts
gegen ihren Widerstand durchzusetzen.

[69] Militär und Innenpolitik, S. 652.
[70] Ebd., S. 662 (Anm. 2).

Bethmann Hollweg hat diese Gefahren sehr wohl erkannt. Aber aus Gründen des persönlichen Machterhalts wie aus staatsmännischem Verantwortungsbewußtsein war er nicht bereit, Ludendorff, dessen alldeutsche Maßlosigkeit und persönliche Selbstüberschätzung »keine Hemmung an der Einsicht des militärisch und politisch Erreichbaren« fand[71], freie Hand zu geben und ihn damit in die volle Verantwortung zu drängen. Zugleich war er nicht gewillt, den entschlossenen Kampf gegen die OHL aufzunehmen, indem er sich unter dem Vorzeichen eines Verständigungsfriedens an die Spitze der linken Reformmehrheit im Reichstag stellte. So äußerte er Anfang November 1916 vertraulich, er halte »eine wirkliche entschiedene Politik mit einer vernünftigen auswärtigen Linie nur mit der Linken für machbar«, scheute aber zugleich »wegen Kaiser, preußischem Beamtentum, Militär und Marine« vor einem solchen Schritt zurück. Während sein Intimus Riezler ihn Anfang März 1917 drängte, »jetzt die tragfähige Linke zu zimmern«, fürchtete der Kanzler die Wankelmütigkeit der Parlamentarier und ihre Abhängigkeit von der öffentlichen Meinung[72]. So beschränkte er sich darauf, die Linke, besonders die SPD, »mitzukriegen«, sie zu einer parlamentarischen Tolerierung zu gewinnen, ohne die Gegenleistung einer durchgreifenden Parlamentarisierung.

Gleichzeitig versuchte er, sich von der Rechten zu lösen, indem er mittelfristig über eine Wahlrechtsreform in Preußen das reaktionäre Bollwerk zerbrechen wollte, das »von der Tribüne des preußischen Landtags aus auf die Angelegenheiten des Reiches den Einfluß auszuüben« bestrebt war, »den [ihm] die Majoritätsverhältnisse im Reichstag nicht gestatteten«. Der Dualismus Preußen-Reich, das hatte ihm die U-Boot-Debatte erneut vor Augen geführt, »mußte jede Regierung in lähmende Halbheiten verstricken«.[73] Jede »Neuorientierung«, etwa nach dem Vorbild der süddeutschen Staaten, war ihm als Kanzler verwehrt, solange er als preußischer Ministerpräsident von reaktionären Mehrheiten und unverantwortlichen Kamarillas abhängig war. Die »ungeheuere Tragweite« der russischen Februarrevo-

---

[71] Bethmann Hollweg, Betrachtungen, Bd. 2, S. 51.
[72] Riezler, Tagebücher, S. 378, 412.
[73] Bethmann Hollweg, Betrachtungen, Bd. 2, S. 176.

lution bot zusätzlichen Anlaß, die Reformfrage, wie sie in den Diskussionen um das Hilfsdienstgesetz bereits angeklungen war, erneut aufzugreifen, zugleich auch durch begrenzte politische Zugeständnisse den negativen Wirkungen von U-Boot-Entschluß, verschärftem Hunger und gesteigerter Arbeitsbelastung durch Hilfsdienstgesetz und Hindenburg-Programm entgegenzutreten, die sich in der Streikbewegung vom April 1917 Ausdruck verschafft hatten.

Es erscheint insgesamt doch fraglich, welche Ziele Bethmann mit Hilfe einer weitgehenden Liberalisierung des Wahlrechts letztlich erstrebte. Wenn er unter Anrechnung der Tatsache, daß sich im Krieg der ärmste Sohn des Vaterlands als dessen treuester erwiesen habe, dem Volk »auch in seinen breiten Massen vollberechtigte und freudige Mitwirkung an der staatlichen Arbeit« ermöglichen wollte, so war dies im wesentlichen eine Fortschreibung seiner reformkonservativen Taktik der Juli-Krise, die es nun den veränderten Bedingungen anzupassen galt. »Nach einer Katastrophe, wie sie die Welt überhaupt noch nicht gesehen hat«, war keine Rückkehr zum innenpolitischen Status quo ante mehr möglich, war die »demokratische Flut unaufhaltsam«. Wenn Opfer notwendig waren, um den Krieg zu gewinnen, um die Monarchie zu retten, so mußten sie rechtzeitig und in ausreichendem Maße erfolgen, um politische Wirkung zu erzielen. Im Zeichen des Sieges konnte unter diesen Voraussetzungen das »demokratische«, das gleiche Wahlrecht wie schon 1870 dazu dienen, die volle Parlamentarisierung präventiv, geradezu bonapartistisch zu verhindern. Im Falle eines raschen militärischen Erfolges, so notierte auch sein Intimus Riezler, könne man »*statt* des parlamentarischen Regimes das gleiche Wahlrecht noch concedieren, hält also das übrige hin«[74]. Die Modernisierung Preußens – mit Anklängen an die Reformzeit von 1806/07 – sollte im verfassungsrechtlichen Bereich der demokratischen Welle im gesamten Reich vorbeugen.

Bethmann sah deutlicher als die radikalen Annexionisten und die völkisch-alldeutsche Rechte, daß der Weltkrieg je länger, desto tiefgreifender das Ende der alten Ordnung herbeiführen werde. Ein rascher Friedensschluß, begleitet von entsprechen-

[74] Ursachen und Folgen. Vom deutschen Zusammenbruch 1918 und 1945 bis zur staatlichen Neuordnung Deutschlands in der Gegenwart. Hrsg. und bearbeitet von Herbert Michaelis und Ernst Schraepler. Berlin 1958 ff., Bd. 1, S. 312 ff.; Riezler, Tagebücher, S. 424 (Hervorhebung v. Verf.).

den Reformen, konnte einer sozialen und demokratischen Revolution zuvorkommen, die bereits das Zarenreich zerstört hatte. Aber im Unterschied zu seinen Gegnern scheute er vor der entscheidenden Machtprobe zurück. Zum einen vertraute er wohl zu sehr darauf, daß er als der einzige, der die SPD »mitzukriegen« in der Lage sei, unentbehrlich geworden sei. Zum anderen wollte er sich aber auch nicht in die Abhängigkeit vom Parlament begeben, mit dessen Reformmehrheit er weder über das Ausmaß der Parlamentarisierung noch über die Gestaltung des Friedens, das heißt die Kriegsziele, Einigungsmöglichkeiten sah. Seit dem Frühjahr 1917 geriet der Kanzler zusehends in die politische Isolation. Seine »Politik der Diagonale« scheiterte an ihrem Credo, Politik ohne feste Bündnispartner sein zu wollen. Je mehr die Friedensfrage sich zur innenpolitischen Machtfrage, zur Entscheidung zwischen Militärdiktatur und Parlamentarisierung zuspitzte, desto deutlicher wurde seine Bündnisunwilligkeit, ja -unfähigkeit ein verfassungsrechtliches Dilemma, ein sozialer wie verfassungspolitischer Anachronismus. Sein Sturz am 13. Juli 1917, dem der Groeners am 17. August folgte, mochte – im nachhinein betrachtet – vielleicht ein Fehler der Reichstagsmehrheit gewesen sein. Unter den gegebenen Umständen ließ Bethmanns Weigerung, gegen Kaiser, »Preußen« und die OHL zu handeln, ihr indes keine andere Wahl.

Denn der Kanzler hatte das Heft längst aus der Hand verloren, war entbehrlich geworden. Er war der Getriebene, der den Zeitpunkt zum Rücktritt verpaßt hatte, nachdem ihn die OHL im Kronrat am 9. Januar mit dem bereits gefaßten Beschluß zur Eröffnung des unbeschränkten U-Boot-Kriegs vor vollendete Tatsachen gestellt und ihn am 23. April auf ihre maximalen Kriegsziele festgelegt hatte. Bezeichnend für seine Hilflosigkeit und seine Enttäuschung war die (im Kern kaum ernst gemeinte) Äußerung, »wenn er stärker wäre«, würde er sich an die Spitze der Sozialdemokratie stellen (der er als einziger Partei Idealismus zubilligte!) und das gleiche Wahlrecht sofort einführen; er sei jedoch seinen konservativen Gegnern nicht gewachsen. Müde und verbraucht, wollte er je eher, desto lieber abtreten. Noch hielt ihn angesichts der »Zeichen der Zeit« das Bewußtsein, die Macht nicht widerstandslos seinen Gegnern auf der Rechten überlassen zu dürfen. Als er, herausgefordert von den Konservativen, am 14. März im preußischen Herrenhaus erneut die Notwendigkeit von Reformen betonte, schien er noch einmal kämpfen zu wollen. Am 5. April legte er dem Staatsministerium einen Entwurf vor, der das gleiche Wahlrecht für Preußen vorsah. Aber angesichts der ersten Widerstände kapitulierte er praktisch kampflos. Es blieb bei den vagen Versprechungen der Osterbotschaft, die jegliche Reform auf die Zeit nach Kriegsende zu vertagen suchte. Es dürfte – angesichts des politischen Schadens – nur eine geringe Genugtuung für ihn gewesen sein, daß der Kaiser sich am 1. Juli doch noch gezwungen sah, das gleiche Wahlrecht zu konzedieren.

Die Osterbotschaft, so halbherzig sie trotz der nachträglichen Retouchen war, bot den letzten Anlaß für die Rechte wie für die Linke, den Kanzler endgültig fallen zu lassen. Die Rechte sah in ihr einen »Kotau vor der Revolution«. Der Sturz des Kanzlers sollte den verhängnisvollen Weg in die demokratische Reform stoppen und die Voraussetzung für ein Gegensteuern bieten, da »voraussichtlich ... ein Übergang zur parlamentarisch-demokratischen Regierung das Ende der Monarchie und damit der Machtstellung Deutschlands« bedeuten würde. Aus dieser Auffassung zog Oberstleutnant Bauer im Frühjahr 1917 den Schluß, »eine Diktatur sei unbedingt nötig«; dann werde man »nach dem Kriege mit einem Reichstag nicht weiter arbeiten« müssen. Denn: »Wir behalten ja die Maschinengewehre!«[75]

Währenddessen glaubten Teile der Reformmehrheit, zum Beispiel Haußmann von der FVP, für einen Augenblick, Bethmann Hollweg habe sich endlich »offen auf die linke Seite gestellt und der Machtkampf beginnt mitten im Kriege unter Führung des Reichskanzlers«[76]. Am 29./30. März erreichten die Linksparteien mit einem Vorstoß im Reichstag, daß ein Verfassungsausschuß eingerichtet wurde. Die Debatte ließ erkennen, daß die Linke eine Reform noch während des Krieges verlangte, sie erbrachte aber zugleich auf seiten der SPD bemerkenswerte, öffentlich geäußerte Konzessionen an Bethmanns Vorstellungen vom »sozialen Volkskaisertum«. Zum wiederholten Male regte die SPD die Bildung einer linken Mehrheit an und offerierte diese dem zögernden Reichskanzler als Grundlage einer parlamentarischen Reformpolitik. Dieser lehnte jedoch das Angebot abermals ab und tat alles, um die Arbeit des Verfassungsausschusses zu behindern. Er tat dies nicht nur aus taktischen

---

[75] Militär und Innenpolitik, S. 675, 783; vgl. auch ebd., S. 716 ff.
[76] Conrad Haußmann, Schlaglichter. Reichstagsbriefe und Aufzeichnungen. Hrsg. von Ulrich Zeller. Frankfurt a. M. 1924, S. 91.

Rücksichten auf Kaiser und OHL, sondern er scheute aus grundsätzlichen Erwägungen vor einer solchen »radikalen Änderung der Bismarckschen Reichsverfassung« zurück: »Letzten Endes ist es doch eine Revolution, die sich die Regierung in Formen der Evolution zu machen anschickt, und dabei werden die Späne nur so fliegen«[77]. Für einen solchen »revolutionären« Bruch fehlten ihm jedoch die sozio-mentale Disposition wie die persönliche Entschlossenheit. Trotz der politischen Einsicht in die Notwendigkeit von Reformen, trotz des Bewußtseins, daß »Halbheiten« das monarchische System aufs Spiel setzten, daß »ein ›zu spät‹ oder ›zu wenig‹ verhängnisvoll werden« könnte[78], war es doch schließlich seine ratlose Unbeweglichkeit, die seine Gegner auf der Rechten wie auf der Linken zum Handeln zwang.

Friedensinitiativen und Kanzlersturz 1917

Der Reformmehrheit blieb diese Taktik des Ausweichens und Vertagens nicht verborgen. Sie nahm die unbefriedigenden Angebote der Regierung in der Friedensinitiative der Mittelmächte und in der Wahlrechtsfrage zum Anlaß, einen neuen Vorstoß zur Durchsetzung der Parlamentarisierung zu lancieren, und fand sich zu diesem Zweck Anfang Juli im »Interfraktionellen Ausschuß« zusammen. Die Bewilligung der Kriegskredite, die für den Juli 1917 erneut anstand, sollte der Hebel dazu werden. Doch herrschte Uneinigkeit darüber, ob man dieses Instrument notfalls auch gegen den entschlossenen Widerstand der Regierung und ohne Rücksicht auf die Kriegführung kompromißlos handhaben wolle. Während vor allem die SPD und eine Minderheit der FVP forderten, mit Hilfe der Kreditverweigerung als »unausbleibliche Konsequenz ... die Einführung des parlamentarischen Systems, die Parlamentarisierung der Staatssekretäre« durchzudrücken[79], leisteten Zentrum und Nationalliberale hiergegen entschiedenen Widerstand. Sie waren aber zu Zuge-

[77] Zitiert nach Eberhard von Vietsch, Bethmann Hollweg, Staatsmann zwischen Macht und Ethos. Boppard 1969, S. 267 f.; vgl. Bethmann Hollweg, Betrachtungen, Bd. 2, S. 177.
[78] Militär und Innenpolitik, S. 694.
[79] Die Reichstagsfraktion der deutschen Sozialdemokratie 1898 bis 1918. Bearbeitet von Erich Matthias und Eberhard Pikart. Düsseldorf 1966, Bd. 2, S. 287; Von Bassermann bis Stresemann. Die Sitzungen des nationalliberalen Zentralvorstands 1912–1917, bearbeitet von Klaus-Peter Reiß. Düsseldorf 1967, S. 340.

ständnissen gezwungen, wollten sie ein Ausscheren der SPD aus der gemeinsamen Front verhindern. Die Resolution des Reichstages vom 19. Juli, die sich für einen Frieden ohne Annexionen und Kontributionen aussprach, wie die griffige Formel des Petrograder Sowjets lautete, und ein neuer Vorstoß in der Wahlrechtsfrage waren schließlich der (schwankende) Minimalkonsens. Derart isoliert, wich auch die SPD rasch von ihrer Maximalposition zurück: Eine Ablehnung der Kriegskredite werde ihre bisherige Politik desavouieren und der Rechten die Gelegenheit bieten, ihr die Schuld für eine eventuelle Niederlage in die Schuhe zu schieben; die Friedensresolution des Reichstages dürfe durch taktisch unkluges Verhalten nicht gefährdet werden, und der Zerfall der eben erst mühsam geschaffenen Reformmehrheit sei ein nicht zu rechtfertigender Preis. Die Ernüchterung reichte indes tiefer: Da die Parlamentarisierung angesichts der brüchigen Mehrheitsverhältnisse ohnehin nicht zu erzwingen sei, wurden in der SPD, aber keineswegs nur hier, bereits die ersten Stimmen laut, die den generellen Verzicht auf eine sofortige Parlamentarisierung forderten.

Dieser Anlauf zur Parlamentarisierung war zweifellos zu früh erfolgt, wie auch Konservative und Regierung rasch erkannten. Der politische Konsens war zu schmal, es fehlte eine allseits anerkannte Führerpersönlichkeit, ganz zu schweigen von einem geeigneten Kanzlerkandidaten. Die Folge waren, so die Kritik aus den eigenen Reihen, mangelnde Konfliktbereitschaft und ein Zurückweichen vor der politischen Verantwortung. Scheidemann prognostizierte frühzeitig das Zerreden der Machtfrage nach dem unseligen Vorbild der Paulskirche. Letztlich blieb so nur die Flucht in die irrationale Hoffnung auf die Einsicht und Kompromißbereitschaft der Regierung: Seien erst einmal Friedensresolution und gleiches Wahlrecht in Preußen erreicht, »dann kommt das andere auch«. Ganz im Sinne der Pläne Bethmann Hollwegs, das konstitutionelle System gegenüber den Parteien zu öffnen, aber jegliche Parlamentarisierung zu verhindern, akzeptierten die Linksparteien schließlich ein »Vertrauensmänner«-Gremium, den sogenannten »Siebenerausschuß« unter Einschluß der Konservativen, als ein »brauchbares Provisorium« bzw., wie es Payer als einer der geistigen Väter dieser Lösung präziser formulierte, als »Ersatz für Parlamentarisierung«.[80]

---

[80] Reichstagsfraktion SPD, Bd. 2, S. 303; Philipp Scheidemann, Der Zusam-

Hinzu trat ein taktisch wenig kluges Vorgehen, das die Machtverteilung innerhalb des konstitutionellen Systems, besonders aber den informellen Einfluß der OHL völlig unterschätzte. Die Reformmehrheit setzte ihre Hoffnungen auf einen Kanzlerwechsel, da sie – hierin von der OHL mit ganz anderen Hintergedanken ermuntert – auf die Auswahl des Nachfolgers wie auf dessen politisches Programm bestimmenden Einfluß nehmen zu können glaubte. Zu spät versuchte Bethmann Hollweg nun, sich durch ein Eingehen auf das »Provisorium«, das Einrücken von Parlamentariern in die Regierungsbürokratie, noch zu retten. Die Reichstagsmehrheit, im Vollgefühl greifbar naher Erfolge, rückte indes endgültig von ihm ab. Sie eröffnete damit aber nur der Kanzlerfronde den Weg zum handstreichartigen Personalwechsel, der ohne jede Beteiligung des Parlaments und noch vor der entscheidenden Reichstagssitzung vollzogen wurde: Mit Georg Michaelis war nicht ihr, sondern der Kandidat der OHL Kanzler geworden.

Die Reformmehrheit hatte eine schwere Niederlage erlitten. Viel schwerer wog indes, daß sich aufgrund der Uneinigkeit über das Ausmaß parlamentarischer Mitwirkung sehr deutliche Risse innerhalb des Interfraktionellen Ausschusses gezeigt hatten, ob nämlich der Übergang zur vollen Parlamentarisierung überhaupt angestrebt werden solle. Da offenkundig geworden war, daß die Reformmehrheit nicht bereit war, die beiden wirksamsten Waffen, die Budgetverweigerung und den Kanzlersturz, entschlossen zu handhaben, hatte sie nicht nur eine Schlacht verloren, sondern auf absehbare Zeit die Regierung von der Notwendigkeit entscheidender Zugeständnisse befreit. Es war nicht erkennbar, daß der Reichstag den Durchbruch zur vollen Parlamentarisierung aus eigener Kraft zu erzwingen vermochte. Darüber konnte die immer wirkungsvollere Zusammenarbeit der Reformmehrheit, die partielle Ausweitung parlamentarischer Rechte ebensowenig hinwegtäuschen wie die zunehmende Einbeziehung des Parlamentes in die Vorbereitung von Regierungsentscheidungen bzw. das Einrücken von Parlamentariern in hohe Regierungsämter. Gerade letzteres diente vor allem der Einbindung der Parteien in die politische Verantwortung und sollte die inneren Voraussetzungen für eine effek-

menbruch, Berlin 1921, S. 91; Der Interfraktionelle Ausschuß 1917/18. Bearbeitet von Erich Matthias unter Mitwirkung von Rudolf Morsey. Düsseldorf 1959, Bd. 1, S. 36.

tive Kriegführung verfestigen. In allen entscheidenden politischen Machtfragen wurde das Parlament jedoch weiterhin überspielt. Der Interfraktionelle Ausschuß schuf die verfassungsrechtlichen, institutionellen und personellen Voraussetzungen für die Verfassungsreform des Oktober 1918; diese wurde ihm, der die innere Mehrheit für mehr als den folgerichtigen Weiterbau des monarchischen Konstitutionalismus nicht fand, letztlich aber von außen aufgedrängt.

Anspruch und Realität klafften weit auseinander, solange der Reichstag seine Mehrheiten nicht in politisches Handeln umzusetzen vermochte. Dies sollte sich rächen. Cohen-Reuß von der SPD hatte, in Übereinstimmung mit den (anders taktierenden) Nationalliberalen, am 10. Juli 1917 gefordert: Erst Parlamentarisierung, dann Verabschiedung der Friedensresolution. »Reichskanzler und Staatsminister müssen abhängig sein von der Reichstagsmehrheit, sonst gebe ich in bezug auf die Erklärung über das Kriegsziel für deren Wert keinen Pfifferling.«[81] Cohen sollte recht behalten, als Michaelis, der neue Reichskanzler, die Resolution mit seinem berühmten Vorbehalt: »Wie ich sie verstehe« vollständig entwertete. Dahinter stand der Versuch, wie Riezler die Pläne Westarps später resümierte, die Reformmehrheit »durch Abdrängen der Sozialdemokratie zu sprengen über den auswaertigen Fragen, und dadurch das preußische Wahlrecht zu verhindern, das bis dahin dilatiert werden soll«[82]. Entschlossen, ihre Machtvorteile zu nutzen, sammelte sich die Rechte in der Ende August/Anfang September 1917 als Reaktion auf die Friedensresolution gegründeten Vaterlandspartei, die sehr rasch zur mitgliederstärksten Partei im Reich avancierte. Erneut wurden Pläne zur Einführung einer Militärdiktatur geschmiedet, nachdem sich bald erwiesen hatte, daß Michaelis nicht der gewünschte »harte« und fähige Kanzler war, der mit dem widerstrebenden Reichstag umzugehen vermochte, um der Siegfriedenspartei den Rücken im Inneren freizuhalten.

Dieser Fehlgriff, der schon am 30. Oktober 1917 durch die Berufung des greisen Grafen Hertling korrigiert wurde, vor allem aber die Friedensinitiative des Papstes vom 1. August boten dem Reichstag die baldige Chance zu einem neuen Anlauf. Es war immerhin ein beachtlicher, wenngleich nicht zu über-

[81] Reichstagsfraktion SPD, Bd. 2, S. 299.
[82] Riezler, Tagebücher, S. 458.

schätzender Erfolg der Reformmehrheit, daß die päpstliche Friedensnote ausdrücklich auf die Friedensresolution vom 19. Juli Bezug nahm und damit die Reichsregierung zur neuerlichen Stellungnahme zwang. Der Interfraktionelle Ausschuß demonstrierte Entschlossenheit, indem er sich dahingehend verständigte, sich unter keinen Umständen bei der Beantwortung der Papstnote vor vollendete Tatsachen stellen zu lassen, sondern Mitsprache bei der Abfassung der Antwort verlangte. Michaelis schien auf diese Forderung einzugehen, als er dem Hauptausschuß des Reichstages zusicherte, »unter Umständen in einer Sonderform ... enge Fühlung zu halten«, allerdings mit dem Vorbehalt, damit nicht »den bundesstaatlichen Charakter und die konstitutionellen Grundlagen des Reiches« antasten zu wollen. Ebenso wie die Berufung von Parlamentariern in hohe Regierungsämter, die u. a. August Müller als ersten Sozialdemokraten zum Unterstaatssekretär im Kriegsernährungsamt machte, war der nun einberufene Siebenerausschuß (zu dem sieben Vertreter des Bundesrats hinzutraten) eher zur Verhinderung der Parlamentarisierung gedacht. Er sollte Vorstellungen des rechten Flügels der FVP (Payer) entgegenkommen, Mitgestaltung suggerieren, wo doch nur die Beratung von Richtlinien vorgesehen war, die Bindung der Parteivertreter an ihre Fraktionen lockern. Die Parteien haben dies auch erkannt. Sie legten größten Wert darauf, daß der Siebenerausschuß nur eine »offizielle Vertretung« des Hauptausschusses, »nicht aber ein geheimes parlamentarisches Kabinett« sein könne, ein »parlamentarischer Beirat«, aber kein Ersatz für eine Parlamentarisierung.[83] In bislang ungewöhnlich offener Form wurden die Forderungen nach uneingeschränkter Parlamentarisierung wiederholt und bekräftigt.

Unter diesen Voraussetzungen konnte dem Siebenerausschuß kein langes Leben beschieden sein. Nachdem er, einmal öffentlich angekündigt, auch konstituiert werden mußte, trat er nur zweimal zusammen, um an der Formulierung der deutschen Antwort auf die Papstnote mitzuwirken. Wenngleich sich die Antwortnote auf Drängen der SPD ausdrücklich und in unmißverständlicher Form auf die Friedensresolution bezog, so zerstob doch die Hoffnung, die Macht des Parlaments unter Beweis stellen zu können, erneut. Die Linke hatte sich hinhalten lassen. Sie hätte mißtrauisch werden müssen, als Michaelis im

[83] Hauptausschuß, Bd. 3, S. 1627, 1643, 1678, 1685.

Hauptausschuß versuchte, zumindest durch das Übergehen wichtiger Passagen der Friedensresolution vom 19. Juli einseitige Akzente zu setzen und die Resolution umzuwerten. Als den Parteien schließlich der mit den verbündeten Mächten bereits abgesprochene Entwurf vorgelegt wurde, bestanden kaum noch Chancen für Veränderungen. In ihrer Antwort hatte die Regierung bewußt jede Festlegung in der entscheidenden Frage, dem zukünftigen Schicksal Belgiens, vermieden. Sie betrieb nach innen wie nach außen ein gefährliches Doppelspiel. Die Versicherung von Staatssekretär Kühlmann, »daß die Reichstagsresolution vom 19. Juli als absolute Richtschnur für die Lösung der belgischen Frage zu gelten habe«[84], war kaum mehr als Makulatur. Denn diese Formulierung sollte, wie die Regierung hinter dem Rücken des Reichstags Nuntius Pacelli mitteilte, im Gegenteil gerade einer solchen Festlegung entgegenwirken. Und selbst wenn die Regierung, zumindest Kühlmann, bereit gewesen sein sollte, die belgische Frage über den Spanier Villalobar auf rein informeller Ebene mit der Entente vorzuklären, so war auch das nicht sehr ehrlich gemeint. Denn, das hatten interne Konferenzen zwischen Reichsleitung und OHL erbracht, die Regierung war zu keinen wesentlichen Abstrichen an ihren bisherigen Positionen in der Kriegszielfrage bereit. Sie bestand weiterhin auf dem »wirklichen engen wirtschaftlichen Anschluß Belgiens«; sie verlangte ein »Sicherungsgelände« um Lüttich sowie weitreichende »Vorzugsrechte«, die die OHL nötigenfalls durch »Druck« oder eine »mehrjährige Okkupation« durchzusetzen empfahl[85]. Es wurde mehr als deutlich, daß sich die Rechte im Falle eines militärischen Sieges durch den Reichstag kaum an der Verwirklichung ihrer ausgreifenden Kriegsziele würde hindern lassen, vor allem nachdem sich wieder einmal gezeigt hatte, wie leicht die Reformmehrheit durch eine geschickte Behandlung der gemäßigten Annexionisten auseinandermanövriert werden konnte.

Obwohl die Reformmehrheit von diesen Hintergründen nichts erfuhr, war sie doch nicht länger bereit, Michaelis zu vertrauen. Nachdem sie eben erst die Hand zum Sturz Bethmann Hollwegs gereicht hatte, waren vor allem Nationalliberale und Zentrum nicht zu einer neuen »Ministerstürzerei« bereit. »Falsche Gouvernementalität« und »Scheu« verwehrte den Weg

[84] Interfraktioneller Ausschuß, Bd. 1, S. 187.
[85] Ludendorff, Urkunden, S. 434 f.

des parlamentarischen Mißtrauensvotums[86]. Hinzu kam die Verunsicherung durch den Erfolg der Vaterlandspartei, der dem schadenfrohen Vorwurf der Rechten Nahrung gab, die Reichstagsmehrheit repräsentiere keineswegs die Volksmehrheit. Da die Linke inzwischen ohnehin akzeptiert hatte, daß »wir nicht mit einem Sprung in ein volles Parlamentsministerium kommen werden«, (allein da keine personelle, geschweige denn eine konstitutionelle Realisierungschance gegeben schien), begnügte man sich nach dem »Provisorium« unter Michaelis nun mit der »Mischform« unter Hertling, indem dieser u. a. Payer (FVP) zum Vizekanzler berief[87]. Im übrigen aber blieb es, angesichts der Hoffnung auf die »Einsicht« seitens der Regierung einerseits, die »Not der Zeit« und die »Stimmung« andererseits, dem Reichstag nicht erspart, weiterhin »in der Regel nur hinter gefaßten Beschlüssen der Regierung herlaufen« zu müssen[88]. Die Zersplitterung der Mehrheitsfront bei verschiedenen Abstimmungen im Reichstag ließ die Brüchigkeit des Bündnisses nur allzu offen zutagetreten.

Was E. David (SPD) hoffnungsvoll als »Krypto-Parlamentarismus« beschrieb, erwies sich abermals als schein-parlamentarischer, wenngleich entwickelter Konstitutionalismus. Die Ernennung Hertlings blieb der kaiserlichen Prärogative vorbehalten, auch wenn der Interfraktionelle Ausschuß erstmals den neuen Kanzler auf ein »Minimalprogramm« festzulegen suchte. Dies sollte zwar auf lange Sicht eine Veränderung des »Regierungssystems« einleiten, es waren jedoch weiterhin keine gravierenden Eingriffe in die geschriebene Verfassung beabsichtigt, obwohl diese doch von außerparlamentarischen Instanzen wie den kaiserlichen Kabinetten oder der OHL dauernd unterlaufen wurde. Hertling, als langjähriger bayerischer Ministerpräsident parlamentarisch erfahren, aber zugleich tief konservativ und antidemokratisch, ebenso konziliant wie konzessionsunwillig, strebte nicht mehr als eine »bürgerliche Monarchie« an, fiel damit noch hinter Bethmann Hollwegs »soziale Monarchie« zurück. Er war entsprechend wenig bereit, sich auf das »Minimalprogramm« festlegen zu lassen, auch wenn er die Annahme der Reichskanzlerschaft ausdrücklich von dem Ergebnis seiner Beratungen mit den Mehrheitsparteien abhängig gemacht hatte.

---

[86] Haußmann, Schlaglichter, S. 147 ff.
[87] Interfraktioneller Ausschuß, Bd. 1, S. 135.
[88] Hauptausschuß, Bd. 3, S. 1635.

Der Interfraktionelle Ausschuß lehnte Hertling zwar ab, wollte und konnte ihn aber nicht verhindern. Die Ernennung des freisinnigen, aber doch konservativen, letztlich auch annexionistischen Payer zum Vizekanzler war kaum mehr als eine symbolische Geste, da Payer bereits vorher eine sehr zurückhaltende Strategie vertreten hatte und insgesamt ohne großen Einfluß blieb. Hertling folgte mit dieser Wahl der Taktik seines Vorgängers Michaelis, der ebenfalls seinem konservativen Kabinett einen »demokratischen Anstrich« zu geben versucht hatte. Aber obwohl der Interfraktionelle Ausschuß in seinen Bemühungen scheiterte, da er sich von den tradierten konstitutionellen Verfassungspraktiken nicht zu lösen verstand und zu viel Zeit bei den internen Beratungen über Programm und Kandidaten brauchte, sammelte er doch bei diesen Gelegenheiten die Erfahrungen, die ihn im Oktober 1918 endlich handlungsfähig machen sollten. Allerdings verzögerte sich die volle Parlamentarisierung auf diese Weise abermals. Im Oktober 1918 kam sie viel zu spät, um den Parteien rechtzeitig Einfluß auf die Friedensfrage zu sichern und um die Republik von der folgenschweren Diskreditierung durch Revolution und Niederlage zu entlasten. Diese Gefahr war der Reformmehrheit, besonders der SPD, nicht entgangen, doch hatte diese Einsicht nicht zu Konsequenzen geführt. Gleichwohl sollte sich sehr bald die Gelegenheit zu einem neuen Anlauf bieten, als das Zarenreich militärisch zusammenbrach und Friedensverhandlungen im Osten begannen.

Der Friede von Brest-Litowsk 1918

Die deutschen Bemühungen, durch Revolutionierung des Hinterlandes die Kriegsgegner zu schwächen, trugen im Herbst 1917 die gewünschten Früchte, als Rußland angesichts der inneren Auflösungserscheinungen zu einem Sonderfrieden bereit schien. Lenin, der mit Hilfe des Reiches aus dem Schweizer Exil nach Petersburg zurückgekehrt war, hatte gestützt auf die kriegsmüden Massen relativ leicht die bürgerliche Regierung Kerenski zu stürzen vermocht. Am 8. November 1917 richtete der Allrussische Kongreß an die kriegführenden Mächte die Aufforderung, einen Frieden ohne Annexionen und Kontributionen zu schließen. Da Lenin den Waffenstillstand zur Konsolidierung seiner Herrschaft unbedingt brauchte, akzeptierte er trotz aller Skepsis hinsichtlich der deutschen Absichten Verhandlungen, die am 3. Dezember in Brest-Litowsk begannen und am 15. Dezember zum Waffenstillstandsabkommen führten. Das Reich schien nun vor der entscheidenden Kriegswende zu seinen Gunsten zu stehen: Der ersehnte Sonderfriede im Osten sprengte die Entente; er setzte Truppen für die Westfront frei, die noch während der laufenden Verhandlungen abgezogen wurden, und würde, so war die Hoffnung, auch die materiellen Ressourcen des Reiches für die Entscheidungsschlacht im Westen erweitern.

Zugleich wurde nun die Frage nach der endgültigen Festlegung der Kriegsziele auch im Osten akut, die seit der Februarrevolution 1917 immer konkreter und detaillierter diskutiert worden waren. Es gab kein unverbindliches Ausweichen mehr. Hertlings Äußerung, der euphorischen Rechten nicht weitgehend genug, daß unter den obwaltenden Umständen die Friedensresolution des Reichstages stillschweigend obsolet geworden sei, offenbarte die Grundtendenz der innenpolitischen Debatte, für die sich auch Zentrum und FVP zugänglich zeigten. Nur noch die SPD schien einen völligen Annexionsverzicht im Osten zu befürworten (wenngleich nicht unbedingt eine Bestandsgarantie für das russische Reich), vereinzelt unterstützt durch Politiker anderer Couleur, zum Beispiel Erzberger. Weitsichtige erkannten, daß ein Ausschluß der Parteien von der Gestaltung dieses Friedens ein Präjudiz für alle zukünftigen Friedensverhandlungen sein würde, ein Abdanken zugunsten der immer maß- und rücksichtsloseren Annexionisten, die über den außenpolitischen Erfolg auch die inneren Probleme zu lösen suchten. In geschickter Anpassung an die Grundströmung der Zeit sollte das Selbstbestimmungsrecht der Völker, von den Sowjets selbst in die Debatte geworfen, zur Hauptwaffe des deutschen Annexionismus und der territorialen Neuordnung werden: »Es wäre eine Formel denkbar«, so lauteten Vorüberlegungen bereits am 31. Mai 1917, »nach der Deutschland auf Annexionen verzichtet, Rußland aber in Anerkennung des Grundsatzes von der Freiheit der kleinen Nationen die jetzt von uns besetzten Länder aus seinem Staatsverband entläßt, damit Deutschland ihre künftige politische Gestaltung regelt.«[89] Während die Sowjets das Selbstbestimmungsrecht der baltischen Völker nur als »Einschränkung« der russischen Oberhoheit verstanden wissen wollten, verschafften sich die Deutschen

[89] Zitiert nach Fischer, Griff nach der Weltmacht, S. 603.

»frisierte« (so Bethmanns Anweisung vom 7. Mai 1917) »Hilfe-rufe« deutschstämmiger bzw. -freundlicher Oberschichten für ihre Version des eingeschränkten Selbstbestimmungsrechtes unter deutschem »Schutz und Schirm«. Der Kampf um Osteuropa, der die nächsten Jahrzehnte prägen sollte, hatte begonnen.

Die Annexionisten in Deutschland waren nun endgültig gezwungen, ihre Pläne offenzulegen, die sie bisher hinter dehnbaren Formeln verborgen hatten. Ließen sich die frühen Kriegszielprogramme noch als überschießende Wunschkataloge im Moment der ersten Siegeseuphorie verharmlosen, so hatte deren Konkretion seit Dezember 1916, als im Rahmen der Friedensinitiative der Mittelmächte die Möglichkeit ernsthafter Verhandlungen bevorzustehen schien, belegt, daß die Maßlosigkeit deutscher Ansprüche keineswegs Einbußen erlitten hatte. War die Forderung nach offenen und direkten Annexionen zu Beginn des Krieges im Stil klassischer Machtpolitik des 19. Jahrhunderts politisch noch selbstverständlich und »üblich« gewesen, so setzte sich, vor allem unter dem Eindruck der russischen Formel vom Frieden ohne Annexionen und Kontributionen sowie der Gegenformel Wilsons vom Selbstbestimmungsrecht der Völker, immer mehr die von Bethmann Hollweg ursprünglich favorisierte Konzeption der indirekten (zumindest der verschleierten) Herrschaft in Form einer militärisch und ökonomisch fundierten Hegemonie durch.

Die erste ernsthafte Kraftprobe zwischen beiden Richtungen war das Kreuznacher Programm vom 23. April 1917. Im Septemberprogramm von 1914 waren die Kriegsziele im Westen recht konkret, die im Osten sehr unbestimmt benannt worden: Polen wurde der mitteleuropäischen Hegemonialsphäre zugerechnet, während »die Rußland gegenüber zu erreichenden Ziele ... später geprüft« werden sollten. In Kreuznach hatten sich die Schwerpunkte, nicht zuletzt unter dem Einfluß der 3. OHL, stark verschoben: Neben dem Erwerb von Kurland und Litauen wurden nun auch Teile von Estland und Livland gefordert, einschließlich der Inseln im Rigaer Meerbusen. In Polen sollten nur geringfügige »Grenzkorrekturen« erfolgen, im übrigen sollte Kongreßpolen – gegen die Interessen Österreich-Ungarns – wirtschaftlich, politisch und militärisch eng an das Reich gebunden werden. Eine gewisse Ostverschiebung Polens auf Kosten Rußlands wurde nicht ausgeschlossen, das durch Ostgalizien entschädigt werden sollte, für das Österreich-Ungarn

Kompensationen auf dem Balkan zugesprochen wurden. Dieses Programm, von überzogenen »Sicherungs«-Überlegungen der Militärs und zugleich von dynastischen Interessen der deutschen Fürstenhäuser getragen, blieb zu sehr in den Gedankengängen des 19. Jahrhunderts verhaftet, und seine Autoren hatten die Sprengkraft der Nationalstaatsbestrebungen der ost- und südosteuropäischen Völker noch immer nicht begriffen. Es entsprach weder der militärischen Lage und der ethnischen Integrationskraft der Donaumonarchie, noch war es geeignet, Rußland oder die osteuropäischen Völker für die Sache der deutschen Kriegführung zu gewinnen. Das Programm, vom Chef des Marinekabinetts als »völlige Maßlosigkeit« charakterisiert, war indes kein isolierter Ausdruck des ungestillten Machthungers politikfremder Militärs, sondern blieb – das mochte die Agitation der Vaterlandspartei bestätigen und verstärken –, wenngleich in abgeschwächter Form, bis in die Reihen der Sozialdemokratie nicht völlig ohne Resonanz.

Die deutsche Verhandlungstaktik in Brest-Litowsk war von Beginn an auf Ausweichen begründet, indem die deutsche Delegation (Staatssekretär Kühlmann und General Max Hoffmann) zwar die Grundsätze der russischen Friedensformel bejahte, dies aber mit dem Generalvorbehalt verband, ein Verzicht auf Annexionen komme nur in Frage, wenn *alle* kriegführenden Mächte auf solche verzichteten. Indem den Westmächten eine Frist bis zum 5. Januar 1918 gesetzt wurde, sich in diesem Sinne verbindlich zu erklären, verschaffte sich Kühlmann eine günstige Ausgangsposition für die weiteren bilateralen Verhandlungen. Er war von Beginn an davon ausgegangen, daß die Westmächte eine solche Erklärung ablehnen würden; dies würde seine Position gegenüber den Russen wie im Inneren erheblich stärken. Aber allein die öffentliche Erklärung eines möglichen Annexionsverzichts löste bei der Rechten wütende Proteststürme aus. Zwar konnte sich Kühlmann mit ausdrücklicher Rückendeckung durch Kaiser und Kanzler behaupten, die deutsche Delegation geriet jedoch unter Druck, so daß schließlich General Hoffmann gegen Trotzkis Hinhaltetaktik durch seinen berühmten »Faustschlag« den Russen am 12. Januar vor Augen hielt, daß sie die Besiegten seien und keine Bedingungen zu stellen hätten. Während die Deutschen in aller Hast einen Separatfrieden mit der Ukraine aushandelten und am 9. Februar abschlossen, rückte die Rote Armee fast zur gleichen Zeit in Kiew ein. Das deutsche Konzept einer Aufteilung Osteuropas geriet damit in Gefahr, und Trotzki schien der Augenblick günstig, vielleicht auch in der Hoffnung, daß die Deutschen nach dem Abzug starker Truppenteile an die Westfront nicht mehr in der Lage sein würden, den Krieg neu zu eröffnen. *Er* brach die Friedensverhandlungen am 10. Februar ab, hatte aber die deutschen Möglichkeiten unterschätzt. Am 19. Februar begann der Vormarsch, im wesentlichen mit Hilfe der Eisenbahnen. Ziel dieses Vorstoßes war, wie sich rasch zeigen sollte, nicht die Zerschlagung der bolschewistischen Herrschaft, sondern lediglich die Eroberung der von der OHL ins Auge gefaßten Gebiete. Erst jetzt, unter dem Eindruck des deutschen Ultimatums vom 23. Februar, setzte sich Lenin gegen Trotzki und Bucharin, der den revolutionären Krieg befürwortete, durch: Die Friedensbedingungen seien um jeden Preis zu akzeptieren, denn der bevorstehende Sieg der Revolution in Deutschland werde den Vertrag ohnehin wieder hinfällig machen.

Am 1. März wurden die Verhandlungen in Brest-Litowsk wieder aufgenommen, am 3. März wurde der Vertrag unterzeichnet – von russischer Seite unter verständlichem Protest. Im Hinblick auf Annexionen und das Schicksal Livlands und Estlands blieb der Vertrag unbestimmt. Da in diesen beiden Gebieten deutsche »Polizeitruppen« bis zu einer inneren Neuordnung verbleiben sollten, war deren Lostrennung unter deutscher Oberhoheit aber absehbar, so wie Sowjetrußland auch den Sonderfrieden mit der Ukraine, das hieß de facto deren Lostrennung, akzeptieren mußte. Der für Deutschland äußerst günstige Handelsvertrag von 1894/1904 wurde entgegen den ursprünglichen Absichten nicht erneuert, dafür sollte aber, bis ein neuer Handelsvertrag abgeschlossen wurde, das Reich durch einseitige Meistbegünstigungsklauseln und günstige Zolltarife bei Holz und Erzen bevorzugt werden. Durch diesen Frieden, den Wilhelm II. als einen der »größten Erfolge der Weltgeschichte« apostrophierte, verlor Sowjetrußland 90 Prozent seiner Kohlegruben, 54 Prozent seiner Industrie, 33 Prozent seiner Eisenbahnen, 32 Prozent der Ackerbaufläche, 34 Prozent der Bevölkerung, 85 Prozent der Zuckerrübenproduktion sowie nahezu die gesamte Öl- und Baumwollproduktion[90]. Militärisch brachte der Frieden kein Ende des Kriegszustands im Osten, da das Reich weiter bis zum Kaukasus ausgriff. Er bewirkte aber auch keine spürbare Erleichterung der Kriegfüh-

[90] Deutschland im Ersten Weltkrieg, Bd. 3, S. 197.

rung im Westen, da die Truppen der Ostfront zu »Sicherungs-
zwecken« im Baltikum und in Polen benötigt wurden, da viele
Einheiten zudem als politisch »verseucht« und daher als im
Westen nicht mehr einsetzbar galten. Wirtschaftlich brachte er
weder den versprochenen »Brotfrieden« noch wesentliche Er-
leichterungen in der Rohstoffversorgung; die hochgesteckten
Erwartungen bewirkten, als sich die Versprechungen nicht ein-
halten ließen, einen um so drastischeren Stimmungsabfall. Innenpolitisch flackerte die Auseinandersetzung um Kriegsziele
und Parlamentarisierung erneut auf, verstärkt durch die Januarstreiks einerseits, die vierzehn Punkte des amerikanischen Präsidenten Wilson andererseits.

Den Parteien der Friedensresolution wurde erneut sehr nachdrücklich vor Augen geführt, welch geringe Bedeutung Fortschritte in der parlamentarischen Bindung des Reichskanzlers
besaßen, solange dieser nicht fähig bzw. nicht willens war, sich
außenpolitisch gegenüber den Ansprüchen der OHL, innenpolitisch gegenüber den Rechten der Militärbefehlshaber durchzusetzen. Hertlings Beharren auf dem Primat der zivilen Gewalt
in Fragen der Friedensverhandlungen war nicht mehr als ein
verfassungsrechtlicher Vorbehalt, dem angesichts der gegebenen Machtverhältnisse keine weitreichende Bedeutung zukam.
Immerhin wußte der Reichskanzler, gegen die drängenden
Forderungen der Rechten, den offenen Bruch mit der Reichstagsmehrheit zu verhindern, auch wenn er selbst mehr und
mehr Vorbehalte gegen eine formelle (Selbst-)Bindung an die
Friedensresolution vom 19. Juli 1917 entwickelte. Da dies »die
gesamte Sozialdemokratie, den größten Teil des Freisinns und
möglicherweise einen Teil des Zentrums in eine Opposition zur
Regierung treiben [würde], die ein Weiterregieren unmöglich
machen würde«, schlug er das Angebot Stresemanns ab, mit
Hilfe des Friedens von Brest-Litowsk die Linksmehrheit zu
sprengen und statt dessen einen »Bürgerblock« vom Freisinn
bis zu den Nationalliberalen zu begründen[91].

Solchen brisanten Vorstößen brauchte die Regierung allein
deshalb nicht nachzugehen, weil sich die Parteien der Friedensresolution selbst von der Siegesstimmung anstecken ließen und
ihrerseits ungefragt und, da ohne genaue Kenntnis der tatsächlichen Entwicklungen, taktisch unklug von alten Positionen ab-
rückten, ohne politische Zugeständnisse zu verlangen. Selbst in

[91] Interfraktioneller Ausschuß, Bd. 2, S. 130 (Anm. 16).

der SPD war trotz der fragwürdigen Überdehnung des »Selbst-bestimmungsrechtes«, das General Hoffmann offen »nur als Mittel der Loslösung der Völker von Rußland« verstanden wissen wollte, eine einheitliche Abstimmung gegen den Friedensvertrag nicht durchsetzbar, während der Friede mit der Ukraine sogar allgemein eine ausgesprochen positive Resonanz fand. Der Reichstag entmachtete sich abermals selbst, indem er Anfang Januar 1918 seine Verhandlungen unterbrach, um »nicht in Brest zu stören«. Die eindringlichen Warnungen von Vertretern aus allen Mehrheitsparteien kamen zu spät, der in seinen Grundlinien sich abzeichnende Friedensvertrag werde die Glaubwürdigkeit der Friedensresolution und damit die »Ehre« des Reichstags im In- und Ausland restlos untergraben[92]. Mangels politischer und programmatischer Geschlossenheit wurde erneut die Chance vertan, den Reichskanzler zu einem »ehrlichen« Frieden in Brest-Litowsk zu zwingen und diesen durch eine unmißverständliche Stellungnahme zu erweitern, die als Antwort an Präsident Wilson die Gewährleistung der Unabhängigkeit und des Selbstbestimmungsrechtes für Belgien enthielt.

Sehenden Auges akzeptierte der Reichstag einen bewußt vage gehaltenen Friedensvertrag, der, darüber konnte nach den vorangegangenen Ereignissen und den offenen Erklärungen der Konservativen im Hauptausschuß gar kein Zweifel mehr bestehen, der OHL freie Hand zum militärischen Handeln geben sollte. Hertling, vielleicht mit gewissen Abstrichen auch Kühlmann, beugten sich diesem Vorgehen ohne großen Widerstand, sofern »Hilferufe« aus den zu erobernden Gebieten des Baltikums, Finnlands und der Ukraine vorlagen, die eine »Polizeiaktion« gegen die (bewußt hochgespielte) bolschewistische Mordbrennerei rechtfertigten, sofern durch »Angebote« der deutschstämmigen herrschenden Schichten an den preußischen König über Personalunionen eine faktische Angliederung (zum Beispiel Kurlands) an das Reich ermöglicht wurde. Der häufig kranke Payer, intern isoliert und aufs Abstellgleis geschoben, war alles andere als der Vertrauensmann der Parlamentsmehrheit in der Regierung, der wirksame Abhilfe hätte bringen können. Die OHL war fest entschlossen, sich durch nichts an der Durchsetzung ihres Programms hindern zu lassen. Als Hertling, später auch Payer, warnten, ein ausgreifendes Eroberungs-

---

[92] Ebd., Bd. 2, S. 62, 94.

programm könnte die eben erst überwundene Streikbewegung des Januar 1918 wiederaufleben lassen, erklärte Ludendorff kurz angebunden: »Streik macht nichts.«[93]

Es war ein Ausdruck politischer Hilflosigkeit, wenn der Interfraktionelle Ausschuß seine Hoffnungen auf Hertling (wie seinerzeit auf Bethmann) nicht aufgab, was er angesichts der Alternative, der ungebremsten Herrschaft der Annexionisten, letztlich auch gar nicht tun konnte, ja wenn er schließlich von Hertling sogar ausdrücklich den Kampf gegen die OHL verlangte, vor dem die Parteien selbst immer zurückgeschreckt waren. Indem sie sich dabei auf die verfassungsrechtlichen Zuständigkeiten der konstitutionellen Verfassung beriefen, desavouierten sie ihre Vorstöße in Richtung auf eine Parlamentarisierung gründlichst. Der Reichskanzler, so hatte David am 26. Januar 1918 im Hauptausschuß gefordert, müsse endlich von der »Sicherheit der mittleren Linie« zwischen Annexionisten und Friedensmehrheit abkommen, an der schon Bethmann und Michaelis gescheitert waren. »Wenn eine Regierung in Zeiten, wo die Gegensätze sich nicht mehr vereinigen ließen, eine mittlere Linie versuche, setze sie sich zwischen zwei Stühle.« Besser ließ sich das Dilemma der linken Mehrheit in der Friedensfrage und bei der Parlamentarisierung kaum umschreiben. Scheidemanns Frage, »ob der Reichstag in seiner Mehrheit als charakterfest sich zeigen will oder ob wir vor der Geschichte als erbärmliche Puppen dastehen«, war leider nur zu berechtigt.[94] Das desolate Auseinanderfallen der Friedensmehrheit warf die Reformparteien weit zurück, hatte doch die Rechte ihr Ziel, mit Hilfe eines Siegfriedens im Osten die Linke zu sprengen, fast erreicht. Vor allem der linke Flügel der FVP und die SPD wußten sehr genau, warum sie die Koppelung eines Verständigungsfriedens im Osten mit einem Verständigungsangebot im Westen forderten. Die annexionistische Rechte würde ihre Chance nutzen, um nun auch im Westen den militärischen Durchbruch zu erzielen und dort einen »deutschen« Frieden durchzusetzen. Bereits während der Verhandlungen in Brest-Litowsk liefen die Vorbereitungen der OHL für eine Offensive im Westen, die die Entscheidung bringen sollte.

---

[93] Ebd., Bd. 2, S. 241 f. (Anm. 15).
[94] Hauptausschuß, Bd. 4, S. 1935; Interfraktioneller Ausschuß, Bd. 2, S. 288.

5. Der Zusammenbruch

Die Entscheidung im Westen 1918

Der Friedensschluß in Brest-Litowsk hatte noch einmal zu einem relativen Kräftegleichgewicht zwischen den kriegführenden Parteien geführt. Noch war das Reich rüstungswirtschaftlich nicht am Ende, während der U-Boot-Krieg den Alliierten erhebliche, wenn auch nicht entscheidende Probleme bereitete, vor allem da nun allmählich die Wirtschaftskraft der USA zum Tragen kam. Militärisch stand der Krieg für das Reich nicht ungünstig. Trotz erfolgreicher Gegenoffensiven der Alliierten hielten die Fronten im Nahen Osten und auf dem Balkan. Das Ausscheiden Rußlands aus dem Krieg und der Zusammenbruch der italienischen Isonzo-Front im Herbst 1917 hatten dem Verbündeten Österreich-Ungarn die dringend benötigte Entlastung gebracht. An der Westfront hatten die Engländer und Franzosen, letztere durch die Meutereien in der Armee vorübergehend gelähmt, keine wesentlichen Erfolge verbuchen können. Die vielfältigen Friedensbemühungen der zweiten Hälfte des Jahres 1917 darf man wohl als ein Indiz dafür werten, daß die Lage auf allen Seiten als relativ offen und ausgeglichen beurteilt wurde, wenngleich bei den Alliierten zunehmend der Zeitfaktor eine Rolle spielte, nämlich Zeit zu gewinnen, bis die USA auf dem europäischen Schauplatz ihr Gewicht in die Waagschale werfen konnten.

Die deutsche Seite wußte natürlich, daß die Zeit gegen sie arbeitete. Und die Härte, mit der Brest-Litowsk erzwungen wurde, war u. a. auch von der Notwendigkeit diktiert, die freiwerdenden Truppen rechtzeitig an die Westfront verschieben zu können. Andererseits mußte ein solcher Diktatfrieden, der den Grundsätzen der vierzehn Punkte Wilsons hohnsprach, die letzten Chancen zu einem umfassenden Ausgleichsfrieden zunichtemachen. Doch nachdem die Möglichkeit früherer europäischer Friedenskongresse, die Gleichgewichtssituation zwischen den Großmächten durch »Kompensationen« auf Kosten der Kleinen wiederherzustellen, durch das Prinzip des Selbstbestimmungsrechts der Völker ausgeschaltet worden war, waren die Möglichkeiten zu einer Verhandlungslösung, also zu einem »Verzicht«-Frieden, ausgesprochen gering geworden. Mit Brest-Litowsk war allen ernsthaften und umfassenden Friedensbestrebungen schlagartig ein Ende gesetzt, und es konnte nun nur noch um die militärische Lösung des Gesamtkonflikts gehen. Alle weiteren Sondierungen hatten letztlich nur noch das Ziel, diesen militärischen Entscheidungskampf diplomatisch vorzubereiten. Sie beruhten mehr oder weniger auf der Hoffnung bzw. der Illusion, durch Teilzugeständnisse einen der Hauptgegner zum Sonderfrieden zu veranlassen oder doch zumindest die geschlossene Front der Gegner aufweichen zu können. Diese Bemühungen richteten sich auf seiten der Entente in erster Linie auf das ohnehin todgeweihte Österreich-Ungarn, ohne zu diesem Zeitpunkt bereits völlig die Konsequenzen in Rechnung zu stellen, daß mit der Zerschlagung der Vielvölkerstaaten (Österreich-Ungarn, das zaristische Rußland und das Osmanische Reich) langfristig den deutschen Expansionsbestrebungen in Ost- und Südosteuropa neue Wege eröffnet wurden. Erst im Sommer 1918 gelangte Wilson zu einer Art »Containment«-Konzeption: Es sei »jede Willkürmacht zu zerstören, die von sich aus und insgeheim ... den Weltfrieden zu stören vermag; oder, wenn dies im Moment nicht möglich ist, sie wenigstens auf den Status faktischer Ohnmacht [zu] reduzieren«[95]. Dies bezog sich zwar auch auf die junge Sowjetunion, verlangte aber zunächst einen Siegfrieden gegenüber Deutschland, um diesem den friedenssichernden inneren Verfassungswandel nötigenfalls aufzwingen zu können. Damit war bereits angedeutet, daß Deutschland eventuell das Recht auf Selbstbestimmung versagt werden würde, wie dies 1918/19 dann der Fall war, als Deutsch-Österreich (und Tirol) der »Anschluß« verweigert wurde. Die Alliierten konnten nicht akzeptieren, daß das Reich unter Berufung auf das Selbstbestimmungsrecht als Großdeutschland gestärkt aus dem verlorenen Krieg hervorging. Sie verlangten daher von den Deutschen die Hinnahme der Teilung und den Verzicht auf die volle Ausübung des Selbstbestimmungsrechtes als Grundvoraussetzung einer stabilen europäischen Gleichgewichtsordnung.

In Deutschland haben nur wenige diese mögliche Konsequenz alliierter Kriegsziele rechtzeitig erkannt. Dazu gehörten die Vertreter der Mitteleuropa-Idee (Naumann, Jäckh, Weber, Bosch), wohl auch der Staatssekretär des Äußeren Kühlmann, deren Bereitschaft zum »Verzicht« im Osten, zur Verständi-

---

[95] Zitiert nach Klaus Schwabe, Deutsche Revolution und Wilson-Friede. Die amerikanische und deutsche Friedensstrategie zwischen Ideologie und Machtpolitik. Düsseldorf 1971, S. 64.

gung mit England auf der Grundlage eines weltweiten, freien Handelsaustausches unter der Ägide internationaler Rechtsorgane nicht zuletzt – wie auch in Kreisen der SPD – auf die Ahnung zurückzuführen war, daß ein »Karthago-Friede« drohte, daß es zur Konsolidierung des bisher Erreichten vielleicht schon zu spät war. In Übereinstimmung mit Bethmann Hollweg und Max von Baden, beide allerdings zu dieser Zeit ohne Einfluß, hielt Kühlmann einen Siegfrieden im Westen nicht mehr für möglich und glaubte, der Bevölkerung eine Fortsetzung des Krieges nicht mehr zumuten zu können, wollte man nicht das Übergreifen »russischer Verhältnisse« riskieren. Seine verschiedentlichen Bemühungen, von seinem österreichischen Kollegen Czernin eifrig unterstützt, mit England doch noch ins Gespräch zu kommen, waren indes von nur halbherzigen Angeboten begleitet, wurden entsprechend mißtrauisch aufgenommen und schließlich von der OHL gezielt desavouiert. Ihr Argument: »Wir standen immer in der Wahl zwischen Kampf bis zum Siege oder Unterwerfung bis zur Selbstentsagung«[96], war 1917/18 angesichts der alliierten Kriegsziele im Kern nicht ganz unberechtigt. Aber die OHL übersah geflissentlich, daß sie selbst durch ihre Maßlosigkeit entscheidend dazu beigetragen hatte, daß die Entente ihrerseits vor einem solchen Alles oder Nichts stand, und daß sie selbst die USA an deren Seite in den Krieg getrieben hatte.

Nun, in der Situation des Frühjahrs 1918, diente diese, zum erheblichen Teil selbstverschuldete Ausweglosigkeit als Argument, um eine abermalige Eskalation des Krieges herbeizuführen. Allein aus diesem Grund mußte durch das Beharren auf Maximalpositionen jeder vorzeitige Friedensschluß verhindert werden. Nach Brest-Litowsk gab es kein Zurück mehr. Der Sieg im Osten sollte dem Volk nicht nur Brot, sondern vor allem neue Moral geben. Obwohl es der OHL nicht verborgen geblieben war, daß sie sich mit der Offensive im Westen auf ein militärisches Wagnis einließ, war sie bereit, selbst ein unwägbares Wettrennen mit der Zeit einzugehen. »Jedermann« wußte, daß es »nicht um Sieg oder Niederlage im gewöhnlichen Sinne ging, sondern daß für den Unterliegenden zum mindesten der Verlust des Krieges, vielleicht sogar der Großmachtstellung besiegelt war«. Allein die »Hoffnung« auf den Sieg konnte nach Ansicht der OHL den inneren Zusammenbruch der Mittel-

---

[96] Paul von Hindenburg, Aus meinem Leben. Leipzig 1934, S. 235.

mächte verhindern, konnte dem aktiven Eingreifen der USA auf dem europäischen Kriegsschauplatz zuvorkommen. Nicht ein Überspannen der Kräfte, sondern ein »lauer« Frieden werde die Mittelmächte in den »demokratischen Sumpf« führen. Trotz, oder besser: wegen der inneren Zerfallserscheinungen, die in den Januarstreiks 1918 bedrohliche Ausmaße anzunehmen schienen, mußte alles riskiert werden, um zu einem »baldigen, günstigen Frieden« zu gelangen: »Das heimkehrende siegreiche Heer kam dann immer noch früh genug, um notfalls auch im Innern wieder Ordnung zu stiften.«[97]

Seit Dezember 1917 wurden zur Vorbereitung der Offensive 33 Divisionen von anderen Kriegsschauplätzen abgezogen und an die Westfront verlegt. Im März 1918 standen dort 200 Divisionen mit über 4 Millionen Mann, das Ostheer umfaßte nur noch 40 Divisionen mit 1,5 Millionen Mann. Insgesamt 70 Divisionen wurden in der Vorbereitungsphase aus der Front herausgezogen und für den Angriff im Stellungskrieg ausgebildet und ausgerüstet. Obwohl ausreichend Munition und Ausrüstung zur Verfügung standen, schränkte allein der Mangel an Pferden, Lastkraftwagen und vor allem Tanks die operative Beweglichkeit von vornherein so stark ein, daß die Kräfte »für länger dauernden Bewegungskrieg« kaum ausreichend sein würden; das heißt die Chancen, einen erfolgreichen Durchbruch in einen »Vernichtungssieg« umzumünzen, waren sehr skeptisch zu beurteilen. Offenbar hat Ludendorff frühzeitig die spätere Entwicklung vorausgeahnt, daß nämlich angesichts der objektiv gegebenen Begrenzungen »nicht von einer großen Entscheidung, sondern von Teilschlägen und Hinfühlen nach Stellen des schwächsten Widerstandes« auszugehen sei. Bereits im November 1917 hatte der Generalstabschef der Heeresgruppe Deutscher Kronprinz, Graf von der Schulenburg, davor gewarnt, daß der Versuch einer großen Lösung, des strategischen Durchbruchs, die Gefahr in sich berge, »daß der Angriff steckenbleibt und sich eine lange Dauerschlacht daraus entwickelt ... Ich kann aber nicht übersehen, ob wir die Mittel haben, diese Dau-

---

[97] General von Einem, Ein Armeeführer erlebt den Weltkrieg. Persönliche Aufzeichnungen des Generalobersten von Einem. Hrsg. von Junius Alter. Leipzig 1938, S. 359, 378 (Zitate jeweils Anm. des Hrsg.). Vgl. auch Hindenburg, Leben, S. 233 ff.; Ludendorff, Kriegserinnerungen, S. 430 ff., 468 ff.; Kronprinz Wilhelm, Meine Erinnerungen aus Deutschlands Heldenkampf. Berlin 1923, S. 292 ff.; Hermann von Kuhl, Der Weltkrieg 1914–1918. 2 Bde. Berlin 1929, Bd. 2, S. 275 ff., 288 ff.

erschlacht durchzukämpfen.«[98] Letztlich unerheblich waren daher die Auseinandersetzungen über die Frage, ob die »Durchbruchsschlacht« gegen die Engländer in Flandern oder gegen die Franzosen bei Verdun oder Amiens geführt werden sollte. Schließlich setzte sich Ludendorff mit seiner Konzeption durch, an der Nahtstelle zwischen Engländern und Franzosen bei St. Quentin/Amiens anzugreifen, um im günstigsten Falle bis zur Kanalküste vorstoßen und die Briten gegen das Meer drücken zu können.

Die große Offensive begann am 21. März und blieb im Grunde schon am ersten Tag stecken. Gemessen an den Maßstäben des Stellungskrieges waren die Geländegewinne von rund 4,5 km groß, aber schon die zweite, gut ausgebaute Stellung des Gegners konnte nicht mehr genommen werden. Diesem blieb daher ausreichend Zeit, seine Artillerie in Sicherheit zu bringen und die Verteidigungslinien durch das Heranführen der Reserven aufzufüllen. Und obwohl der deutsche Vormarsch langsamer verlief als geplant, machten sich sofort Schwierigkeiten bemerkbar: auf dem von Granattrichtern übersäten, vom Regen aufgeweichten Boden hatten Artillerie und Train die größten Schwierigkeiten, den Kontakt zur stürmenden Infanterie zu halten. Der deutsche Angriffsschwung wurde zusätzlich dadurch gelähmt, daß die ausgehungerten Truppen über die Lebensmittelbestände in den alliierten Gräben herfielen und sich auch von ihren Offizieren mit vorgehaltener Pistole nicht daran hindern ließen, sich erst einmal satt zu essen.

Als die Alliierten die drohende Gefahr erkannt hatten, schufen sie umgehend unter General Foch ein alliiertes Oberkommando. Mit Hilfe der Eisenbahnen, deren Verkehr nicht hatte unterbrochen werden können, und der reichlich vorhandenen Lastkraftwagen konnten ausgeruhte Truppen herangeführt und die Lücken in der Front geschlossen werden. 1300 Geschütze, 90 000 Gefangene und 212 000 Verluste waren der Preis. Da auch die Deutschen 240 000 Verluste hatten, aber nicht in der Lage waren, die abgekämpften Truppen durch frische zu ersetzen und während einer mehrtägigen Kampfpause ausreichend neu zu munitionieren, war die anfängliche numerische und materielle Überlegenheit der Deutschen von ca. 2 : 1 bereits nach wenigen Tagen nicht mehr gegeben. Trotz der anfänglichen Euphorie und trotz teilweise beachtlicher Geländegewinne von

[98] Reichsarchiv, Weltkrieg, Bd. 14, S. 37 ff., 50 ff.

etwa 60 km mußte die OHL am 5. April den Befehl zur Einstellung der Offensive geben. Zwei weitere, bereits geplante Offensiven, vor allem in Flandern, konnten dem deutschen Heer im April noch einmal die Initiative sichern und neue Geländegewinne erbringen, den Durchbruch erzwangen sie ebensowenig wie die neuerlichen Angriffe am Chemin-des-Dames und bei Reims Ende Mai/Anfang Juni sowie die letzte deutsche Offensive beiderseits von Reims im Juli. Der Krieg war, wie realistische Einschätzungen ergaben, verloren, zumindest aber war er nicht mehr zu gewinnen. Selbst unter Einsatz österreichisch-ungarischer Truppen würde »ein weiterer großer Schlag auf der Westfront wahrscheinlich nicht möglich sein«, befand der zuständige Oberstleutnant Wetzell, darin unterstützt von den Heeresgruppen Deutscher Kronprinz und Kronprinz Rupprecht. Verzweiflung kam auf, die sich in der unsinnigen Hoffnung niederschlug, durch eine Verlagerung des Krieges nach Italien seien noch einmal »mit verhältnismäßig wenig Mitteln große Erfolge und damit große Entscheidungen möglich«, indem alliierte Truppen von der Westfront abgezogen werden müßten, wenn Italien aus dem Krieg ausscheide, Südfrankreich ebenso bedroht werden könne wie die Verbindungswege in den Nahen Osten.[99] Mit welchen Kräften dies bewerkstelligt werden sollte, ohne auch auf deutscher Seite die Westfront auszudünnen, wurde kaum noch reflektiert.

Bereits nach dem Scheitern der ersten großen Offensive begann Ludendorffs Stern als Feldherr zu sinken. Schon bei den Vorbereitungen war Kritik laut geworden, weniger am operativen Gesamtkonzept als an der taktischen Durchführung. Dabei fällt vor allem das Argument ins Gewicht, die OHL habe unverständlicherweise Reserven für die anschließende Flandern-Offensive zurückgehalten, anstatt diese zur Vollendung des Durchbruchs in der Schlacht bei Amiens einzusetzen. Obwohl die Alliierten dennoch hart an den Rand einer Niederlage gebracht worden waren, verstummte die Kritik nach dem Mißerfolg (»Pyrrhussieg«) keineswegs. Zweifellos unterlagen die alternativen Planungen und die darauf beruhende Kritik an Ludendorff den gleichen Unwägbarkeiten, und auch die Notwendigkeit, die operativen Ziele dem Verlauf der Schlacht anzupassen, ist kaum bestreitbar. Angesichts des zum Greifen nahen militärischen Erfolges war solche Kritik ex post müßig, wenn-

[99] Ebd., S. 195 ff., 254 ff., 429 ff.

gleich sie symptomatisch für die zunehmende Ratlosigkeit und für die beginnenden Zerwürfnisse innerhalb der militärischen Führung war.

Wichtiger erscheinen demgegenüber drei Dinge, die der OHL als objektive Versäumnisse aufgrund politischer Fehleinschätzungen anzulasten sind: Erstens die Provokation der USA durch den unbeschränkten U-Boot-Krieg, zweitens das blinde Vertrauen auf die Versprechungen der Marine, sie werde das Anlanden größerer amerikanischer Truppeneinheiten und amerikanischer Rüstungsgüter verhindern, und drittens die völlige Fehlbeurteilung der neuartigen Tankwaffe, deren Entwicklung erstmals bereits 1910 aufgrund vermeintlich beschränkter Verwendungsfähigkeit im Felde, dann erneut 1915/16 zurückgestellt worden war. Diese drei Faktoren sollten schließlich 1918 schlacht- und damit kriegsentscheidend werden. Zwar war der Kampfwert der amerikanischen Einheiten nicht bzw. zunächst nicht sehr hoch, aber sie setzten doch – unabhängig von der rein psychologischen Wirkung auf Freund und Feind – kampferprobte britische und französische Einheiten für die Offensive frei. Die entscheidende Wende im Westen brachte bereits der französische Gegenangriff bei Villers-Cotterêts am 18. Juli, ehe der völlig überraschende Tankangriff bei Cambrai am 8. August die deutschen Truppen regelrecht in Panik versetzte und den Alliierten die operative Initiative zurückgab.

Jeder wußte, daß damit der Krieg endgültig nicht mehr zu gewinnen war. Es ist ebenso erschreckend wie erschütternd zu beobachten, wie sich das deutsche Offizierskorps in seiner Mehrheit weigerte, die Realitäten zu akzeptieren, die es doch so deutlich vor sich sah. Allen militärischen Führern war letztlich bekannt, daß der Zusammenbruch der Offensive im Juli Heer und Heimat den Kampfeswillen genommen hatte. Die Tagebücher und Briefe des Generalobersten von Einem geben einen Einblick in diese Denkungsart. Von Einem erkannte recht deutlich, daß mit der Niederlage des Reiches eine untergehende, »seine« Welt sterben würde. Aber er verstand nicht, daß weder der einzelne Soldat noch das ganze Volk bereit waren, sich dafür sinnlos zu opfern. Die eigene und des Vaterlandes Größe und Ehre waren ihm eine reale Größe, die tausendfachen »Verluste« eher eine statistische und organisatorisch-technische; bedauerlich, aber unvermeidlich. Als bestenfalls noch hinhaltender Widerstand möglich war, fehlte ihm jedes Verständnis für den Wunsch der Soldaten, das sinnlos gewordene Inferno überleben zu wollen, während zur gleichen Zeit vereinzelte Generalskollegen bewußt den Tod an der Front suchten, um die »Schmach« der Niederlage nicht überleben zu müssen. Die Verzweiflung über das fehlende Kriegsglück, das den greifbar nahen Sieg doch noch verhindert hatte, das Unverständnis gegenüber dem »Versagen« der Heimat, der Haß auf Parlament und Republik, die den diktatorischen Zusammenhalt für den »Endkampf« verweigert hatten, zeichneten – mit allen innenpolitischen Konsequenzen – die bedingungslose Bereitschaft zur »Revanche«, zum zweiten Anlauf, unübersehbar vor. Nicht die Heimat hat, wie von Einem befürchtete, dem Heer die Niederlage niemals verziehen. Es war gerade umgekehrt: Das Offizierskorps hat der Heimat »seine« Niederlage niemals verziehen.

Der Waffenstillstand

Auch Ludendorff war ein repräsentatives Beispiel für ein kollektives psychosoziales Syndrom, das die Spannungen zwischen subjektivem Realitätsverlust und kollektivem Handlungsbedarf zuletzt nicht mehr zu vermitteln bzw. nur noch durch Verschwörungstheorien zu überbrücken vermochte. Die »Dolchstoß-Legende«, nach der die Heimat dem im Felde unbesiegten Heer den Dolch in den Rücken gestoßen habe, war einerseits nüchternes politisches Kalkül, die zugrundeliegende Konstellation war andererseits ein »Glücksfall«, der allein Ludendorff, die OHL und das Offizierskorps aus persönlich-psychischer wie politischer Ausweglosigkeit befreite. Gerade Ludendorff drohte zuletzt an der Denkblockade zu zerbrechen, die es ihm unmöglich machte, sich selbst die längst als unausweichlich erkannte Niederlage auch einzugestehen. Aber auch die Offiziere in seiner Umgebung und die verantwortlichen Frontoffiziere, die dies mit wachsender Kritik, ja mit Häme registrierten, weigerten sich bis zuletzt, sowohl den bitteren Tatsachen ins Auge zu blicken, als auch die notwendigen Konsequenzen zu ziehen: Waffenstillstand um praktisch jeden Preis.

Zunächst klammerte Ludendorff sich noch an die Hoffnung, daß der Rückzug des Heeres in den vorbereiteten Verteidigungsstellungen der Siegfriedlinie zum Halten gebracht werden könne. Er, der sonst den unbedingten Vernichtungswillen des Gegners herauszustreichen pflegte, scheint vorübergehend sogar geglaubt zu haben, der Waffenstillstand werde nur eine

Waffenruhe, nicht aber die Kapitulation bedeuten. Zugleich aber wußte er nur zu genau, daß angesichts des bevorstehenden Sieges seine alliierten Kontrahenten unverantwortlich gehandelt hätten, ihm eine solche Ruhepause einzuräumen. Denn »jeden Tag« konnte der Feind die deutschen Stellungen durchbrechen und damit den Krieg militärisch beenden; bei entschlossenerem Nachsetzen hätte dieser Durchbruch eigentlich schon längst erfolgt sein können. Es war in diesem Sinne nur konsequent, wenn die OHL im Kronrat vom 14. August das eingestand, wofür sie kurz zuvor den Staatssekretär des Äußeren, Kühlmann, noch gestürzt hatte: Da »wir den Kriegswillen unserer Feinde durch kriegerische Handlungen nicht mehr zu brechen hoffen dürfen«, sei ein Weiterführen des Krieges ein »Hazardspiel«; es müsse daher ein Verständigungsfriede angestrebt werden.

Damit war indes die Illusion des Diktatfriedens nur scheinbar begraben, wie sehr rasch deutlich werden sollte. Denn Ludendorffs »Sinneswandel« wollte keineswegs die Tür für einen diplomatischen Verhandlungsweg eröffnen, sondern der »Verständigungs«-Siegfriede sollte nun durch eine Rückkehr zur Ermattungsstrategie erreicht werden, indem durch eine »strategische Defensive« der Kriegswille des Feindes »mählich zu lähmen« sei. Es lag daher ganz im Sinne der Hoffnung bzw. des Versprechens Hindenburgs, »daß es gelingen werde, auf französischem Boden stehen zu bleiben und dadurch schließlich den Feinden unseren Willen auf[zu]zwingen«, wenn der neue Staatssekretär des Äußeren, Admiral von Hintze, ausdrücklich zu einer »Minderung der bis dahin aufgestellten Kriegsziele« für den Fall von Waffenstillstandsverhandlungen *nicht* ermächtigt wurde.[100]

Daß die deutsche Seite nur taktierte, haben auch die Alliierten erkannt, zumindest befürchtet. Und diese Erfahrung hat nicht zuletzt zur Verhärtung der Position Wilsons beigetragen, der schließlich ebenfalls eine Entwaffnung und Bestrafung Deutschlands befürwortete. Nur wenige erkannten in Deutschland, wie verhängnisvoll diese Politik und ihre Konsequenzen sein würden. Zu ihnen gehörte der bayerische Kronprinz Rupprecht, der am 15. August Max von Baden seine Besorgnis mitteilte, »daß ich nicht mehr glaube, daß wir über den Winter

---

[100] Ursachen und Folgen, Bd. 2, S. 280 ff. Vorsichtigere Formulierungen wurden von Ludendorff persönlich nachträglich in dieser Form geändert.

werden aushalten können, ja, es kann sein, daß bereits früher eine Katastrophe eintritt«[101]. In Übereinstimmung mit einer Reihe hoher Militärs kritisierte Rupprecht vor allem die Informationspolitik bzw. die Inlandspropaganda, die desorientierend wirke und es versäume, die Bevölkerung auf die mögliche Niederlage einzustimmen. Aber eben dies wollte Ludendorff (und mit ihm das Kriegspresseamt) verhindern: Denn das Ziel, »den Vernichtungswillen des Gegners zu brechen«, das heißt aber doch: einen »Verständigungs«-Frieden zu deutschen Bedingungen zu erreichen, verlange »ruhige Nerven ..., Einigkeit und Geschlossenheit«.[102] Hier bestätigte sich eindrucksvoll Graf Czernins Vorwurf an die Siegfriedenspartei, nämlich das zu glauben, was sie wünsche. Denn eindeutig bereitete sich hier der Gedanke an die Alternative vor: »Endkampf bis zum Äußersten« oder Untergang. Dies aber bedurfte einer neuen Propaganda-Offensive im Inneren, die angesichts der allgemeinen Auflösungserscheinungen die neuerlichen Opfer, Einschränkungen und Zwangsmaßnahmen nur durch das Versprechen einer realen Erfolgschance legitimieren konnte. Da das Heer angeblich noch immer kampfwillig und auch kampffähig war, hing der Ausgang des Krieges ausschließlich vom »Durchhalten« der Heimat ab: »Es ist Tatsache«, so hieß es noch am 27. Oktober, »daß eine etwaige Erschütterung der Westfront auf das Schuldkonto der Heimat fallen müßte.« Die Dolchstoß-Legende war längst formuliert, noch ehe der Krieg endgültig zu Ende war.[103]

Diese Propaganda-Offensive, obwohl von der militärischen Lage her nicht mehr zu rechtfertigen, war aber noch nicht der gezielte Versuch einer Verlagerung der politischen Verantwortung für die Niederlage. Denn noch stand die Entscheidung offen, ob diese letzte Mobilisierung der Heimat mit Hilfe einer offenen Militärdiktatur zu erreichen war, für die das Militär, besonders Ludendorff, die politische Verantwortung übernehmen mußte. Daß der Parlamentarismus »des Teufels« und das »Parteiengezänk« einer effektiven Kriegführung abträglich sei,

[101] Ebd., Bd. 2, S. 283. Vgl. von Einem, Armeeführer, S. 429, 450. Von Kuhl, Weltkrieg, Bd. 2, S. 373, 399 ff.

[102] Militär und Innenpolitik, S. 1234; vgl. ebd. 1239 ff., 1247 ff., 1269, 1288 f.

[103] Gunther Mai, »Aufklärung der Bevölkerung« und »Vaterländischer Unterricht« in Württemberg 1914–1918. In: Zeitschrift für Württembergische Landesgeschichte, 36 (1977), S. 232. (Aufklärungs-Offizier Prof. Heinrich Hermelinck am 27. 10. 1918).

war Konsens unter den Militärs. »In Lagen wie der unsrigen ... wählten sich die Römer einen Diktator, und unsere Feinde haben es ebenso gemacht ... Nur wir erwählen uns eine vielköpfige Versammlung.« Von Einem wünschte sich daher, ebenso wie wörtlich Oberst Bauer, daß die Zivilisten bzw. das Parlament »Ordre parieren« müßten, »dann ginge alles«.[104] Nachdem Ludendorff für seine Person schon frühzeitig abgelehnt hatte, entweder aus persönlicher Verantwortungsscheu oder aus Einsicht in die militärische Ausweglosigkeit, wurden entsprechende Diktaturpläne Ende September 1918 noch einmal aufgegriffen. Doch nun stand allen Beteiligten angesichts der militärischen Lage, die durch den Zusammenbruch der Verbündeten endgültig unhaltbar geworden war, sowie angesichts des geringen Rückhaltes in zivilen Kreisen das politische Risiko nur zu deutlich vor Augen.

Während Ludendorff das politische Risiko gezielt scheute, spielte er militärisch weiter vabanque. Obwohl Österreich-Ungarn am 14. September der Entente ein Friedensangebot unterbreitet hatte, obwohl die bulgarische wie die türkische Front in großen Durchbruchsoperationen zerschlagen worden waren, beurteilte er noch am 24. September – zum ungläubigen Erstaunen seiner Umgebung – die militärische Lage an der Westfront, aber offenbar auch allgemein »durchaus zuversichtlich und in keiner Weise bedenklich«. Am darauffolgenden Tag klammerte er sich »wie ein Ertrinkender an einen Strohhalm«, an seine »letzte Hoffnung«, daß nämlich die französische Armee unter der Einwirkung einer Lungenpest-Epidemie doch noch zusammenbrechen, daß das Wunder doch noch geschehen würde. Ludendorff war in einem solchen Maße unzurechnungsfähig geworden, daß sich nicht nur Offiziere der OHL, sondern auch verschiedene hohe Frontoffiziere am 26. September veranlaßt sahen, der Reichsregierung in Berlin die Augen zu öffnen. Erst jetzt war Ludendorff, sichtlich erleichtert darüber, daß ihm persönlich die Initiative zu diesem Schritt erspart worden war, zum vollen Eingeständnis der Lage bereit. Zur Überraschung, ja zum Entsetzen der Regierung verlangte er nun »sofort« die Einleitung von Waffenstillstandsverhandlungen, nachdem bisher nie Grund zur Eile oder gar zur Panik gesehen worden war: »Täglich« könne der Durchbruch an der Westfront erfolgen.[105]

---

[104] Von Einem, Armeeführer, S. 441, 456. Vgl. Militär und Innenpolitik, S. 1244 ff., 1297 (Anm. 5).
[105] Militär und Innenpolitik, S. 1282 ff., 1287 ff.

Ludendorff war offenkundig psychisch, zur heimlichen Freude mancher Offiziere, auch als Feldherr am Ende – aber, wie sich erweisen sollte, politisch noch immer nicht.

Praktisch im Augenblick der Niederlage hatte er ein neues operatives Konzept entwickelt, das nun eine eindeutig innenpolitische Stoßrichtung aufwies: Zum einen sollte die Armee intakt gehalten werden. Der sofortige Waffenstillstand war die einzige Möglichkeit, »um der Armee die Schmach und Katastrophe einer Niederlage und der damit unweigerlich verbundenen Auflösung der Disziplin zu ersparen«, denn ein dermaßen geschlagenes Heer werde »die Revolution nach Deutschland tragen«. Zum anderen aber galt es, den »linksstehenden Parteien das Odium dieses Friedensschlusses« anzulasten. Daher habe er, so Ludendorff zu seinen Offizieren, den Kaiser gebeten, »jetzt auch diejenigen Kreise an die Regierung zu bringen, denen wir es in der Hauptsache zu verdanken haben, daß wir soweit gekommen sind ... Die sollen nun den Frieden schließen, der jetzt geschlossen werden muß. Sie sollen die Suppe jetzt essen, die sie uns eingebrockt haben!«[106] Diese Äußerung beinhaltete zum einen die Absicht, die Dolchstoß-These als innenpolitische Waffe einzusetzen. Sie bedeutete zum anderen, da Ludendorff die Militärdiktatur abermals ablehnte, um die politische Verantwortung nicht selbst tragen zu müssen, die Ankündigung einer subtilen Form des Staatsstreichs auf Raten: Der Sturm der Entrüstung in der Bevölkerung über die zu erwartenden harten Friedensbedingungen, so beschrieb der bayerische Militärbevollmächtigte die Zielrichtung, werde sich gegen die neue Regierung richten und diese stürzen: »Später hofft man dann, sich wieder in den Sattel zu schwingen und nach dem alten Rezept weiter zu regieren.«[107]

Die OHL drängte die Regierung aber nicht nur zum sofortigen Waffenstillstand, sondern sie forderte außerdem die unbedingte Bereitschaft, im Falle »ungünstiger« Bedingungen den Krieg fortzusetzen, notfalls bis zur »Katastrophe«; dies gebiete die »soldatische Ehre«. Die Unfähigkeit, die Niederlage zu akzeptieren, nahm offenkundig schizophrene Züge an. Vizekanzler Payer hielt dieser Forderung als mutiger Zivilist entgegen, ein geschlagener Heerführer habe nicht das Recht, seine Niederlage mit einem »Todesritt« abzuschließen. »Ein Volk von

[106] Ursachen und Folgen, Bd. 2, S. 323.
[107] Militär und Innenpolitik, S. 1308 (Anm. 17).

siebzig Millionen kann die Entscheidung über Leben und Tod nicht nach dem Ehrbegriff eines einzelnen Standes treffen.«[108] Daß sich die Prophezeiungen der Durchhalte-Fronde in den folgenden Verhandlungen bestätigen sollten, ändert nichts an der Tatsache, daß eine Katastrophenpolitik à la Ludendorff Erfolge kaum erbracht, die Folgen der Niederlage lediglich verschlimmert hätte. Dem neuen Reichskanzler, Max von Baden, der dem Eingeständnis der totalen Niederlage durch ein Waffenstillstandsangebot mit einem vorhergehenden allgemeinen Friedensangebot entgegenwirken wollte, wurde ein solcher Schritt durch die OHL verwehrt. Jede Stunde, so drängte diese noch während der Regierungsbildung, könne die Front zusammenbrechen. Auch die Westfront werde »nicht mehr bis zum Winter zu halten« sein, und falls doch, dann nur, wenn die Heimat durchhalte. Der neue Staatssekretär des Äußeren, Solf, hatte sehr klar erkannt, daher wie mancher seiner Kabinettskollegen auf umfangreiche schriftliche Fixierung drängend, daß die OHL jetzt, als sich die Tragweite der Waffenstillstandsbedingungen abzuzeichnen begann, mit ihrer Forderung nach einem »Endkampf« versuchte, »die Verantwortlichkeit zu verschieben«. Nicht die Stimmung in der Heimat sei gedrückt, weil die militärische Macht zusammengebrochen sei, sondern, so werde insinuiert, die Armee breche zusammen, weil die Heimat nicht hinter ihr stehe. Es sei daher unverständlich, daß die OHL eine von Rathenau in die Diskussion gebrachte »levée en masse« ablehne und dies nicht mit dem militärischen Argument mangelnder Kampfkraft, sondern mit dem politischen Hinweis auf die »Verseuchung« solchen Ersatzes begründe. Dennoch gelang es der OHL, darin auch noch vom Kabinett bestätigt und gedrängt, am 22. Oktober sich betont auf ihre rein militärische Funktion zurückzuziehen. Da sie nun »keinen politischen Machtfaktor« mehr darstelle und »daher auch keine politische Verantwortung« trage, mußte die zivile Reichsregierung das »Odium« der Kapitulation allein übernehmen. Da diese zu Recht auf die vagen »Hoffnungen« und Versprechungen der OHL keine verantwortungsvolle Politik begründen konnte und durfte, akzeptierte sie alle Bedingungen Wilsons.[109]

Der neuen Regierung waren die politischen Risiken ihrer

[108] Ebd., S. 1327 f.; Ursachen und Folgen, Bd. 2, S. 434 ff.
[109] Ebd., S. 396, 426. Vgl. Die Regierung Max von Baden. Bearbeitet von Erich Matthias und Rudolf Morsey. Düsseldorf 1962, S. 205 ff., 216 f., 220 ff., 242 ff.

Aufgabe bewußt. Zum einen bestand die Gefahr, daß in der völlig unvorbereiteten Öffentlichkeit dieser Schritt der neuen Regierung und weniger der OHL angelastet werden würde. Die Regierungsparteien waren mehrheitlich bereit, dieses Risiko auf sich zu nehmen und die OHL weitestgehend zu schonen. Zum zweiten konnte es, trotz gewisser Illusionen bei einigen Beteiligten, gar keinen Zweifel darüber geben, daß das Reich sich mit diesem Schritt »in nicht mehr wieder gutzumachender Art in die Hand unserer Gegner geben« mußte[110]; das heißt, das Reich mußte – trotz aller semantischen Vorbehalte in der Note vom 3. Oktober – letztlich bedingungslos kapitulieren. Die Regierung spekulierte, indem sie sich den Vierzehn Punkten Wilsons vom 8. Januar und seinen »fünf Friedenspunkten« vom 27. September 1918 »als Grundlage für die Friedensverhandlungen« unterwarf, auf die »Eitelkeit« des amerikanischen Präsidenten, der seine Alliierten als »leidlicher Vermittler« zur Mäßigung anhalten könnte. Um den Charakter der vollständigen Kapitulation zu überdecken, drohte der Reichskanzler in einer »erläuternden« Reichstagsrede am 5. Oktober ganz im Sinne der OHL, daß Deutschland »zu dem Endkampf auf Leben und Tod« bereit sei, »zu dem unser Volk ohne eigenes Verschulden gezwungen wäre, wenn die Antwort der mit uns im Kriege stehenden Mächte auf unser Angebot von dem Willen, uns zu vernichten, diktiert sein sollte«[111].

Die Regierung war sich also vollkommen bewußt, welche Art von Frieden zu erwarten stand, und die Befürchtungen sollten sich nur allzu rasch bestätigen. Die Hoffnungen, die in die mäßigende Rolle Wilsons gesetzt worden waren, wurden enttäuscht, da dieser einerseits der deutschen Friedensbereitschaft mißtraute, andererseits immer stärker unter den Druck seiner Verbündeten geriet. Er steigerte seine Forderungen nach deutschen Vorleistungen von Note zu Note. In Deutschland sah sich die Friedenspartei von ihm »verraten«, während die Durchhaltepartei triumphierte, da sie mit ihren Prophezeiungen letztlich recht behalten hatte. Obwohl die Regierung gar nicht mehr anders konnte, als die Verhandlungen fortzuführen und die Bedingungen anzunehmen, wurde hier bereits der Keim für die deutsche Einheitsfront gegen diesen »Schand-« oder »Dik-

---

[110] Friedrich von Payer, Von Bethmann Hollweg bis Ebert. Erinnerungen und Bilder. Frankfurt a. M. 1923, S. 87.
[111] Regierung Max von Baden, S. 65 ff., 71 ff.; Ursachen und Folgen, Bd. 2, S. 379 f.

tatfrieden« gelegt, der sich auch die Linke nicht versagte. Ganz im Sinne der Strategie Ludendorffs wurde die neue Regierung mit einem »faulen Frieden« belastet, der sie und ihr politisches Programm, einen Frieden der Verständigung nach innen wie nach außen, von vornherein desavouieren mußte.

Wilsons im Laufe des Notenwechsels stetig heraufgeschraubte Forderungen für die als Waffenstillstand mühsam kaschierte bedingungslose Kapitulation liefen im Kern auf zwei Punkte hinaus, die erkennen ließen, daß nun auch er nicht mehr an einem Verständigungsfrieden interessiert war: Erstens sollte das Reich seine im Krieg eroberten territorialen Faustpfänder preisgeben und den U-Boot-Krieg einstellen, also auf einen Status der »tatsächlichen Ohnmacht« reduziert werden. Daß der in diesem Zusammenhang erhobene Vorwurf völkerrechtswidriger Praktiken bereits die Forderung nach Reparationen vorbereitete, hat die deutsche Regierung zu diesem Zeitpunkt noch gar nicht erkannt. Zweitens mußte das Reich eine weitgehende Beschränkung seines Selbstbestimmungsrechtes akzeptieren, indem es vorab auf Elsaß-Lothringen verzichtete, indem es aber vor allem sein Regierungssystem änderte und die »militärischen Beherrscher und monarchischen Autokraten« entmachtete. Diese deutschen Vorleistungen waren nicht mehr verhandlungsfähig. Die Bereitschaft der Reichsregierung, Wilsons Vierzehn Punkte zur Grundlage von Waffenstillstands*verhandlungen* zu machen, wurde dahingehend uminterpretiert, diese seien als »Friedensbedingungen« uneingeschränkt »angenommen« worden.[112]

Trotz des berechtigten Mißtrauens gegenüber den Absichten, die die OHL mit Waffenstillstandsverhandlungen verband, waren Härte und Reichweite der alliierten Forderungen nicht mehr allein als militärische Vorsichtsmaßnahmen zu erklären. Denn auch Wilson brauchte gleichermaßen aus ideologischen wie aus pragmatischen Gründen einen Siegfrieden. Das Reich sollte nicht länger nur zur »friedlichen Koexistenz« gezwungen werden, sondern der Präsident war offenkundig gewillt, von der »Eindämmung« des preußischen Militarismus zur »Befreiung« durch den von außen herbeigeführten Verfassungswandel voranzuschreiten. Auch wenn er dies als Voraussetzung für eine stabile europäische, ja globale Friedensordnung ansah, war er doch im Interesse dieses Zieles bereit, die Anwendung seiner

[112] Ebd., S. 393 f., 429 ff.

universalen Prinzipien auf das Reich zumindest für eine Übergangszeit auszusetzen. Damit geriet nicht allein Wilsons mora-
lischer Kredit ins Wanken, sondern er erweckte den Eindruck,
im Sieg ebenso maßlos zu sein, wie Deutschland es im Krieg
gewesen war. Er gefährdete zugleich sein weiter gestecktes Ziel,
Lenins weltrevolutionärer Friedenskonzeption eine sozusagen
reformistisch-demokratische Alternative gegenüberzustellen.
Schon im Rahmen dieses Notenwechsels vom Oktober 1918
provozierte er den deutschen Revisionismus gegenüber einer
Nachkriegsordnung, die in ihren Grundzügen noch kaum entwickelt war.

OHL und Siegfriedenspartei reagierten mit einem Aufschrei
der Empörung und verlangten nun, da sie nichts mehr zu verlieren hatten, den »Kampf bis zum Äußersten«. Zur Förderung
seines Widerstandsverlangens beurteilte Ludendorff plötzlich
die militärische Gesamtlage wieder deutlich positiver. In der
Tat war die deutsche Verhandlungsposition noch keineswegs
gleich Null, wie die OHL, in Kenntnis der Psyche ihrer alliierten Kollegen, immer wieder betonte. Denn verantwortliche Politiker und Militärs der Entente stellten der Forderung nach der
deutschen Kapitulation die Argumente gegenüber, daß zum einen Deutschland militärisch noch lange nicht am Ende sei, daß
zum anderen eine totale Niederlage des Reiches zum Sieg des
Bolschewismus in ganz Europa, also auch in den Siegernatio-
nen, führen könnte.

Die Mehrheitsparteien, in ihrer Enttäuschung über Wilsons
erste Note vorübergehend wieder schwankend geworden, waren trotzdem nicht bereit, einen Abbruch der Verhandlungen
zu riskieren, da auch die OHL letztlich im Hinblick auf die
Erfolgsaussichten eines hinhaltenden Widerstands unverbindlich bleiben mußte. Sie, die von Beginn an den militärischen
Nutzen des U-Boot-Krieges bezweifelt hatten, setzten ungeachtet der Proteste von OHL und Marine seine Einstellung
gegen die Handelsschiffahrt als vertrauensbildendes Signal
durch. Ausführlich wurden in den Antwortnoten die angebahn-
ten Verfassungsänderungen dargelegt, was den Anspruch oder
eher die Hoffnung ausdrücken sollte, als demokratisch-parla-
mentarisch verfaßter Staat als gleichberechtigter Verhandlungs-
partner akzeptabel zu werden. Demgegenüber traten alle Formulierungen deutlich zurück, die auf eine deutsche Wider-
standsbereitschaft hindeuten mochten. Die Ankündigung, notfalls für die »Ehre« weiterkämpfen zu wollen, ging in dem Ap-

pell an den Gerechtigkeitssinn Wilsons unter, dieser möge keine Forderungen akzeptieren, »die mit der Ehre des deutschen Volkes und mit der Anbahnung eines Friedens der Gerechtigkeit unvereinbar sein würden«.[113] Diese übervorsichtige Zurückhaltung erfolgte nicht zuletzt aus dem Bewußtsein, daß, wie der neue Staatssekretär des Äußeren, Solf, unmißverständlich klarstellte, »wir im umgekehrten Falle auch die höchsten Kriegsziele aufgestellt hätten«[114].

Die OHL, die bereits nach der zweiten Note Wilsons auf Konfliktkurs mit der Reichsregierung gegangen war, reagierte nun ohne jede Rücksprache eigenmächtig, indem sie einen Armeebefehl herausgab, der die neuen Forderungen nach militärischer Kapitulation als »unannehmbar« ablehnte. Für »uns Soldaten« könne dies nur bedeuten, den Widerstand »mit äußersten Kräften« fortzusetzen, nicht zuletzt für den Kaiser, dessen erzwungene Abdankung die OHL schon aus Gründen der eigenen verfassungsrechtlichen Position nicht zu akzeptieren vermochte. Nachdem die OHL sich nur zwei Tage zuvor selbst als »keinen politischen Machtfaktor« bezeichnet hatte, um der politischen Verantwortung zu entgehen, kam dieser Armeebefehl dem offenen Ungehorsam gleich. Manche sprachen auch schon von »Putsch«. Nach Protesten der Regierung wurde der Befehl zwar zurückgezogen und schließlich damit gerechtfertigt, man habe einem Stimmungseinbruch im Heer durch »Erläuterungen« vorbeugen wollen, sich aber durch »Mißverständnisse« in Übereinstimmung mit der Reichsregierung gewähnt, doch war dies nur ein Teil der Wahrheit. Denn Ludendorff zeigte sich ein letztes Mal entschlossen, im alten Stile die Machtprobe zu wagen, indem er den Kaiser mit seiner Rücktrittsdrohung vor die Wahl zwischen sich und dem Reichskanzler, zwischen Endkampf und Waffenstillstand stellte. Doch seine Zeit war abgelaufen. Nachdem er seine letzte Chance, die offene Militärdiktatur, ausgeschlagen hatte, verfügte er weder über den politischen Rückhalt noch das Ansehen des unbesiegbaren Feldherrn. Die Krise endete, noch ehe sie richtig zum Ausbruch gekommen war, mit seiner Entlassung. Diese kam den Mehrheitsparteien nicht ungelegen, sie war aber doch auch ein Zugeständnis an Wilson und verband sich offen mit der Hoffnung, auf diese Weise die Abdankung des Kaisers verhindern zu können.

[113] Ebd., S. 423 ff.
[114] Regierung Max von Baden, S. 248.

Mit der Entlassung Ludendorffs war weder die Entscheidung zugunsten eines Waffenstillstandes um jeden Preis gefallen, noch waren Eigenmächtigkeiten des Militärs ausgeschlossen, noch dessen Unterordnung unter die zivile Reichsgewalt gewährleistet. Nicht zuletzt Reichskanzler Max von Baden selbst war geneigt, Wilsons stetig steigende Einmischung in die inneren Verhältnisse des Reiches zurückzuweisen. Erst nach langen Debatten entschied sich das Kabinett für eine zurückhaltend formulierte, nach Auffassung mancher eine »lendenlahme und gottergebene«, »matte« Antwort, nachdem vor allem Scheidemann und Erzberger sich in diesem Sinne ausgesprochen hatten. Um ein Scheitern der Verhandlungen zu vermeiden, sollte jeder verletzende Hinweis auf einen »Gewaltfrieden« oder gar auf möglichen Widerstand unterbleiben. Allerdings sollten die Formulierungen auch nicht bindend sein, damit das Reich im Falle nicht akzeptabler Waffenstillstandsbedingungen »freie Hand« für oder gegen einen »Endkampf« behielt[115]. Doch blieb dieser Versuch, noch einmal Zeit für die Entscheidung über Reformen *und* Widerstand zu gewinnen, vergeblich, da Österreich-Ungarn am gleichen Tage, am 27. Oktober, um einen Separatfrieden bat.

Dies hat indes die Marineleitung keineswegs an der Absicht gehindert, nach entsprechender propagandistischer Einstimmung die »Ehrenfrage« so oder so in einem Verzweiflungsangriff bereinigen zu wollen: »Wir müssen also kämpfen.«[116] Auch das Preußische Kriegsministerium forderte nun, ganz im Sinne Ludendorffs, »den Einsatz aller Kräfte für den bevorstehenden Endkampf«, da die Waffenstillstandsverhandlungen voraussichtlich »infolge der schroffen Friedensbedingungen ... zu keinem Ergebnis führen« würden[117]. Um die der OHL versprochenen 500 000 Mann aufzubringen, sollten alle garnisonsverwendungsfähigen Männer bis zum 41. Lebensjahr, soweit sie ohne »erhebliche Gebrechen« waren, beschleunigt an die Front gebracht werden. Mit Billigung der Reichsregierung wurden noch am 5./6. November neue Rekruten eingezogen – eine Maßnahme, die dem Stuttgarter Stadtkommandanten bewies, wie wenig die OHL über die Stimmung im Volk unterrichtet war. Da das Militär sich offenkundig auf den »End-

---

[115] Ebd., S. 376.
[116] Ursachen und Folgen, Bd. 2, S. 497 ff.
[117] HStA Stuttgart, M 77/1, Bü 54.

kampf bis zum Äußersten« einrichtete, wurde in der Bevölkerung der Anschein erweckt, »daß ein Ende des Krieges von deutscher Seite sicher nicht beabsichtigt sei«, möglicherweise sogar mit dem »Eintreten einer reaktionären Umwälzung« gekoppelt sein könnte, das heißt der Errichtung einer Militärdiktatur[118]. Die Revolution, beginnend mit der Meuterei auf der Hochseeflotte, kam dieses Mal noch der »Götterdämmerung« zuvor und war die unvermeidliche Folge dieser unverantwortlichen Fehleinschätzung der innenpolitischen wie der militärischen Möglichkeiten – von der indes auch die Reichsregierung und die Mehrheitsparteien nicht völlig freigesprochen werden können.

Nach dem Zusammenbruch Österreich-Ungarns, der sogar einen Sonderfrieden Bayerns befürchten ließ, und angesichts der sich rasch ausbreitenden revolutionären Bewegung beurteilte der neue Generalstabschef Groener die militärische Lage als so katastrophal, daß er direkte Waffenstillstandsverhandlungen von Armee zu Armee im Felde bis spätestens zum 8. November verlangte, sollte bis dahin keine positive Antwort Wilsons eingetroffen sein. Nachdem der amerikanische Präsident am 5. November die Zustimmung der Alliierten übermittelt hatte, nicht ohne jetzt die ausdrückliche Forderung nach Reparationen sowie nach Möglichkeiten zur »Erzwingung« der Bedingungen nachzuschieben, konnte die Regierung bereits am 6. November ihre Waffenstillstandskommission zu Marschall Foch nach Compiègne entsenden. Dort wurden dem Reich in ultimativer Form Bedingungen diktiert, die dem Mißtrauen und der Angst gegenüber Deutschland ebenso entsprangen wie dem Triumphgefühl des Siegers. Diese Waffenstillstandsbedingungen übertrafen noch die schlimmsten Befürchtungen und ließen, angesichts der revolutionären Bewegung im Lande und der katastrophalen Versorgungslage, für den kommenden Winter wenig Gutes erwarten.

Die Regierung Max von Baden

Die Parlamentarisierung des Deutschen Reiches, wie sie in den sogenannten »Oktober-Reformen« unter der Regierung Max von Baden eingeleitet wurde, hatte drei politische Väter: erstens

[118] Politisches Archiv des Auswärtigen Amtes, Ia Württemberg Nr. 32, Bd. 15 (6. 11. 1918).

die OHL, zweitens den amerikanischen Präsidenten Wilson, drittens die Mehrheitsparteien des Reichtages. Es wäre übertrieben, die Reihung zugleich als eine Gewichtung aufzufassen, damit zugleich die These zu akzeptieren, die Parlamentarisierung sei in erster Linie von außen erzwungen worden. Es ist aber nicht zu verkennen, daß die Mehrheitsparteien aus eigener Kraft kaum in der Lage gewesen wären, die Reformen so schnell, in diesem Umfang und zu diesem Zeitpunkt durchzusetzen. Daß der Eindruck einer von außen »angeordneten« Parlamentarisierung entstehen konnte, haben die Parteien erkannt und bewußt in Kauf genommen. Politisch war die Bereitschaft zu einem solchen Risiko in der gegebenen Situation wohl richtig, historisch aber möglicherweise ein Fehler.

Ende September 1918 waren der Staatssekretär des Äußeren von Hintze und die OHL, angeblich beeinflußt von Stresemann, eventuell auch von Stinnes, Ballin und anderen Industriellen, offenbar unabhängig voneinander zu der Auffassung gelangt, der Waffenstillstand müsse nach innen wie nach außen von einer neuen Regierung getragen werden. Da eine Militärdiktatur nur im Falle konkreter Sieges- oder doch Erfolgsaussichten eine politische Überlebenschance hatte, akzeptierte die OHL am 29. September bereitwillig den Vorschlag Hintzes zu einer »Revolution von oben«. Diese sollte zunächst die »Einheitsfront« als Voraussetzung für einen »Volkskrieg« herstellen. Dazu schien es unumgänglich, die Regierung u. a. durch die Einbeziehung »geeigneter Mitglieder« der SPD auf eine breitere Grundlage zu stellen; genannt wurden Ebert und Noske. Diese Maßnahme, nicht als »volle Parlamentarisierung«, sondern als personale Ergänzung der Regierung Hertling konzipiert, sollte zugleich »Palliativ« gegen eine »Revolution von unten« sein. Wenn es gelang, die Revolution zu »kanalisieren« und auf diese Weise einen »günstigen« Frieden zu erzielen, so schien auch die Hoffnung berechtigt, die Monarchie doch noch retten zu können. Für den Fall des Scheiterns war, ganz im Sinne der OHL, »die Belastung von mehr Schultern mit der Verantwortung für den Ausgang des Krieges« erreicht.[119] In diesem Sinne ordnete der Kaiser auf Drängen Hintzes am 30. September die Um- bzw. Neubildung des Kabinetts an, jedoch nicht mit dem Ziel

---

[119] Interfraktioneller Ausschuß, Bd. 2, S. 797; Das Werk des Untersuchungsausschusses der Verfassunggebenden Deutschen Nationalversammlung und des Deutschen Reichstages. Reihe 4, Bd. 2, S. 398 ff., 416 ff.; Militär und Innenpolitik, S. 1282 ff.

der Parlamentarisierung, sondern bestenfalls im Sinne eines scheinparlamentarischen Konstitutionalismus.

Dem gleichen Ziel diente auch die Auswahl des neuen Reichskanzlers. Hintze, Graf Roedern u. a., die selbst als Nachfolgekandidaten für den physisch überforderten Hertling gehandelt wurden, haben nüchtern erkannt, daß jedes Waffenstillstandsangebot »aussichtslos« sein würde, »solange kein Systemwandel bei uns eingetreten sei«[120]. Sie betrieben daher, nachdem die Kandidaten der Mehrheitsparteien (u. a. Payer) abgelehnt hatten, die Kandidatur Max von Badens. Dabei schwang nicht zuletzt die Hoffnung mit, daß dieser, mitnichten ein uneingeschränkter Befürworter des »westlichen Parlamentarismus«, als Prinz, als Anhänger einer »Solidarität der Fürsten« und als Befürworter einer spezifischen »deutschen Freiheit« Schlimmeres verhüten werde: unterstützt, aber nicht abhängig von den Mehrheitsparteien. Diese Taktik schien insofern Erfolg zu versprechen, als die Forderung Wilsons nach Abdankung des Kaisers von allen Parteien bis hin zur SPD als unerträgliche Einmischung zurückgewiesen und, anders als die Forderung nach Entmachtung der OHL, keineswegs als Chance begriffen wurde, die Monarchie zu beseitigen und einen entsprechenden Verfassungswandel durchzusetzen[121].

Diese »freiwillige« Gewährung der Reformen am 30. September auf »Wunsch« der OHL stand jedoch, ebenso wie die Forderungen Wilsons, in einem unverkennbaren Zusammenhang mit den autonomen Parlamentarisierungsbestrebungen der Mehrheitsparteien. Seit der Krise um die Entlassung des Staatssekretärs Kühlmann Anfang Juli 1918 hatte eine merkliche Wiederbelebung des Interfraktionellen Ausschusses eingesetzt, der in seinen schwierigen Phasen allein durch die kleinliche Verschleppung der preußischen Wahlrechtsfrage am Leben erhalten worden war. Zwar hatten sich Reichstag und Parteien noch einmal dem Vorrang der militärischen Interessen gebeugt, indem sie sich im Juli vertagten, um die angekündigten neuen Offensiven nicht zu »stören«; doch konnten sie vor diesem Rückzug immerhin noch einen Achtungserfolg verzeichnen: Sie setzten nicht nur durch, daß die Ernennung von Kühlmanns Nachfolger, Admiral von Hintze, erst nach dessen Befragung

[120] Werk des Untersuchungsausschusses, Reihe 4, Bd. 2, S. 411.
[121] Prinz Max von Baden, Erinnerungen und Dokumente. Berlin, Leipzig 1928, S. 183 ff., 249 ff., 397 ff.

im Hauptausschuß erfolgte, sondern sie erreichten zugleich, was noch wichtiger war, daß der Reichskanzler im Reichstag erklären mußte, der Wechsel der Personen signalisiere keinen Wechsel der Politik. Erfahrungsgemäß waren solche Zusagen immer nur so viel wert, wie die militärische Situation erzwang. Bei der Rückkehr aus der parlamentarischen Sommerpause konnten sich die Vertreter der Mehrheitsparteien nicht länger der Einsicht verschließen, daß angesichts der allgemeinen Lage es nun an ihnen war, einen Wechsel der Personen *und* der Politik energisch zu betreiben.

Bereits auf der ersten Sitzung des Interfraktionellen Ausschusses nach der Sommerpause am 12. September warf schließlich Erzberger das Stichwort »Parlamentarisierung« in die Debatte, die in den nächsten Tagen auch in der Presse öffentliche Resonanz fand. Die Parteien waren sich weitestgehend einig, daß eine Umbildung der Regierung durch Einbeziehung der SPD unumgänglich sei, eine Allparteien-»Koalitionsregierung« von Ebert bis Westarp schied jedoch von vornherein aus. Erhebliche Unstimmigkeiten bestanden über die Form der Regierungsbildung und die Reichweite der Parlamentarisierung. Das Zentrum und ebenso die an den Verhandlungen nicht direkt beteiligten Nationalliberalen befürworteten den Eintritt von Sozialdemokraten in die bestehende Regierung Hertling, allerdings – entsprechend bisheriger Praxis – unter Aufgabe des Reichstagsmandats. Die SPD und, nach einigem Zögern, auch die Freisinnigen beharrten jedoch auf Sicherungen; denn im Falle der nach wie vor jederzeit möglichen Entlassung durch den Kaiser verloren sie Mandat und Amt, wurden also persönlich wie politisch erpreßbar. Durch die Aufhebung der Art. 9 Abs. 2 und Art. 21 Abs. 2 der Verfassung, die die Unvereinbarkeit von Amt und Mandat, von Reichstags- und Bundesratsmitgliedschaft vorsahen, wurde diesen Bedenken Rechnung getragen. Auf diese Weise konnten Widerstände innerhalb der SPD gegen eine Regierungsbeteiligung nicht nur überwunden werden, die Partei war sogar bereit, auf die volle Parlamentarisierung zu verzichten. Die neuen Regelungen sahen lediglich vor, eine formal engere Verbindung von Mehrheitsparteien und Regierung herzustellen, als dies bisher der Fall gewesen war, ohne daß damit der Reichskanzler selbst bereits dem alleinigen Vertrauen der Mehrheit unterworfen gewesen wäre.

Die SPD war also bereit, einen abermaligen Kompromiß mit dem »alten System« einzugehen, stellte aber doch ihre Bedin-

gungen. Sie, ohne die offenkundig nichts mehr ging, weigerte
sich, selbst mit den genannten Verfassungsänderungen in eine
erweiterte Regierung Hertling einzutreten. Damit waren deren
Tage gezählt. Am 28. September, noch vor seiner Abreise ins
Große Hauptquartier in Spa, wurde dem Reichskanzler von
den Parteien des Interfraktionellen Ausschusses ein »Protokoll«
überreicht, in dem diese die Zusicherung der vollen Autonomie
für Elsaß-Lothringen sowie die Aufhebung der Artikel 9 Abs. 2
und 21 Abs. 2 forderten, ohne dabei allerdings die unterschiedlichen Auffassungen innerhalb des Ausschusses zu diesen
Punkten zu verschweigen. Die Parteien legten Hertling, dem
SPD und FVP die persönliche Wertschätzung, das Zentrum das
Vertrauen aussprachen, den Rücktritt nahe und bezeichneten
ihre Forderungen »als die Voraussetzung für die Schaffung einer starken, vom Vertrauen der Mehrheit des Reichstags getragenen Regierung zum Zwecke der Organisation, der nationalen
Verteidigung und Herbeiführung eines Verständigungsfriedens«[122].

Spätestens seit den gereizten Debatten im Hauptausschuß
vom 25. bis 27. September, in denen die Mehrheitsparteien kein
Hehl aus ihren Absichten gemacht hatten, war sowohl dem
anwesenden von Hintze als auch dem Konservativen von Westarp (und damit zweifellos auch der OHL) bekannt, daß die Zeit
drängte. Sie haben im folgenden allein aufgrund der dramati-
schen Verschlechterung der militärischen Lage die Parlamentarisierung in die Wege geleitet, allerdings nur, um deren Verlauf
kontrollieren, ihre Reichweite vielleicht begrenzen zu können.
Die Verfassungsreform, wie sie Theodor Lewald vom Reichsamt des Inneren entwerfen sollte, lag ganz auf dieser Linie, die
nur ein auf eine Übergangszeit berechnetes, parlamentarisch
verbrämtes, krypto-konstitutionelles System anzubieten gedachte.

Doch die Hoffnung, mit Hilfe »neuer Elemente« eine Regierung zu präsentieren, »die der Feind als unbeschrieben, ohne
Schaden für seine Propaganda, als vertrauenswürdig und verhandlungsfähig ansehen und anerkennen mochte«, erwies sich
als völlig unrealistisch[123]. Weder Wilson noch die Mehrheitsparteien zeigten sich von solchen durchsichtigen und halbherzigen
Angeboten beeindruckt. Es ist zumindest nicht auszuschließen,

---

[122] Interfraktioneller Ausschuß, Bd. 2, S. 725.
[123] Werk des Untersuchungsausschusses, Reihe 4, Bd. 2, S. 408.

daß Wilson diese Absichten und Konstellationen gekannt und mit seinen Noten gezielt durchkreuzt hat. Seine Forderungen entsprachen in hohem Maße den Bedenken, wie sie schon im September innerhalb der SPD-Fraktion als wahrscheinliche Gegenargumente geäußert worden waren.

Bei der nun folgenden Regierungsneubildung war die Initiative fast vollständig auf die Parteien übergegangen. Allerdings, das war bezeichnend, eröffneten sie bei der Auswahl des Reichskanzlers mangels eigener Kandidaten noch einmal der Krone die Chance, zumindest symbolisch ihr traditionelles Prärogativrecht wahrzunehmen. Dies war sicherlich ein politischer Fehler, aber auch ein bezeichnendes Versäumnis, wenn die Mehrheit ein Programm, aber keinen Kanzler präsentieren konnte, dafür aber einen Kanzler akzeptierte, der mit seinem Programm bei den Parteien keine Mehrheit finden konnte. Und in der Tat hat der Prinz, durch Krankheit zusätzlich behindert, sich im Kabinett in keiner entscheidenden Frage durchsetzen können. Seine bemerkenswerteste Leistung war es, die Entlassung Ludendorffs zu erzwingen; doch war auch das zu diesem Zeitpunkt nicht mehr allzu schwierig.

Die Mehrheitsparteien, nicht zuletzt die SPD, gaben nun den Ton an. Letztere veröffentlichte am 24. September ihre »Bedingungen«, die mit nur wenigen, wenngleich wichtigen Änderungen zum »Programm der Mehrheitsparteien« wurden. Angesichts der militärischen Lage, die die OHL zwang, Hertling zu opfern, auch wenn dieser sich zum Kampf »gegen links« entschlossen zeigte, nutzte die SPD ihre günstige Verhandlungsposition. Die Partei tat dies nicht ohne Zögern, stand sie doch vor der Frage, ob sie sich angesichts des nahen Zusammenbruchs mit der Verantwortung belasten und damit einen weiteren Vertrauensschwund an der Basis in Kauf nehmen sollte. Der Parteiführung war das Risiko bewußt, von der Rechten entweder als »Kriegsgewinnler« oder als »Vaterlandsverräter« diffamiert zu werden. Die Partei entschied sich – wie schon 1914 – am 23. September, das nationale Interesse über das unmittelbare Parteiinteresse zu stellen. Durch ultimative Forderungen, die die Demokratisierung (»Modernisierung«) von Reich *und* Preußen garantieren sollten, hoffte sie, ihr traditionelles Profil bewahren und die Zustimmung ihrer Basis gewinnen zu können: nach außen Frieden auf der Grundlage der Resolution des Reichstages vom 19. Juli 1917, Revision der Verträge von Brest-Litowsk und Bukarest, Wiederherstellung Belgiens (inkl. Entschädigungsleistungen), Serbiens und Montenegros, Bereitschaft zum Beitritt in einen Völkerbund; nach innen Autonomie Elsaß-Lothringens, allgemeines und gleiches Wahlrecht in allen Bundesstaaten, also vor allem in Preußen, »Berufung von Regierungsvertretern aus der Parlamentsmehrheit« unter Aufhebung der Art. 9 Abs. 2 und 21 Abs. 2 der Reichsverfassung, »Ausschaltung unverantwortlicher Nebenregierungen«, also der OHL, »Beseitigung aller militärischen Einrichtungen, die der politischen Beeinflussung im Inland dienen«, Aufhebung von Zensur und Versammlungsbeschränkungen sowie politische Kontrolle aller Maßnahmen auf der Grundlage des Belagerungszustandsrechtes[124]. Dieses Programm entsprach im außenpolitischen Bereich weitestgehend den seit längerem vertretenen Positionen. Im innenpolitischen Bereich blieb die umstrittene Frage des Zeitpunktes der preußischen Wahlrechtsreform offen, vor allem aber war das anzustrebende Ausmaß der Parlamentarisierung nicht eindeutig festgelegt und damit verhandlungsfähig.

An zwei entscheidenden Punkten ließ sich die SPD aber bereits in den Verhandlungen mit Zentrum und FVP aus Koalitionsrücksichten herunterhandeln. Zum einen verschwand jeder direkte Bezug auf die Verträge von Brest-Litowsk und Bukarest. Statt dessen wurde die Bildung demokratischer Regierungen in den baltischen Randstaaten und in Polen ins Programm aufgenommen, die ihre Beziehungen zu den Nachbarstaaten autonom regeln sollten, so daß die zukünftige Form des Verhältnisses zu Deutschland offen blieb. Zum zweiten verschwand die Forderung nach Aufhebung des Art. 9 Abs. 2 der Verfassung, und die Parlamentarisierung reduzierte sich, durchaus im Sinne des rechten Zentrumsflügels, auf die Formel »Berufung von Regierungsvertretern aus dem Parlament«, die eine Fortführung der Regierung Hertling prinzipiell zugelassen hätte. Daß es bei einer solchen Regelung nicht blieb, war nicht zuletzt dem Druck Wilsons zu verdanken.

Die Verfassungsreformen, die der Reichstag schließlich am 26. Oktober gegen die Stimmen der Konservativen und der Unabhängigen verabschiedete und die am 28. Oktober in Kraft traten, bedeuteten verfassungsformal den Übergang zur parlamentarischen Monarchie. Zwar blieb nach Maßgabe des ersten Reformgesetzes der Art. 9 Abs. 2 in seiner Substanz, daß nie-

[124] Interfraktioneller Ausschuß, Bd. 2, S. 783 ff.

mand zugleich Mitglied des Reichstages und des Bundesrates sein konnte, erhalten; doch wurde diese Rücksichtnahme auf die föderale Struktur des Reiches insofern gemildert bzw. umgangen, als die neu in die Reichsleitung berufenen Reichstagsabgeordneten nach Streichung des Art. 21 Abs. 2 ihre Reichstagsmandate nicht niederzulegen brauchten. Durch Änderung des Stellvertretergesetzes von 1878 wurden die Staatssekretäre ohne Geschäftsbereich (Scheidemann von der SPD, Haußmann von der FVP sowie Erzberger, Gröber und Trimborn vom Zentrum) zu Stellvertretern des Reichskanzlers mit Gegenzeichnungsbefugnis, parlamentarischer Verantwortlichkeit und Rederecht im Reichstag ausgestattet. In einem zweiten Reformgesetz wurde vor allem die Militärverfassung entscheidend revidiert. Durch Änderung des Art. 11 wurde die Alleinentscheidung des Kaisers über Krieg und Frieden aufgehoben und an die Zustimmung von Reichstag und Bundesrat gebunden. Der neue Art. 15 Abs. 3 machte den Reichskanzler von dem Vertrauen des Reichstags abhängig. Indem durch Art. 15 Abs. 4 zugleich die militärische Kommandogewalt, soweit sie »politische Bedeutung« erlangte, der Verantwortlichkeit des Kanzlers und damit parlamentarischer Kontrolle unterstellt wurde, war prinzipiell auch eine politische Aufsicht der Militärbefehlshaber bei der Handhabung des Belagerungszustandes gegeben, wie sie bis dahin nicht bzw. durch kaiserliche Verordnung vom 15. Oktober nur bedingt gewährleistet war. In die gleiche Richtung zielte u. a. auch die Gegenzeichnungspflicht bei der Ernennung, Versetzung, Beförderung und Verabschiedung der Offiziere des Reichsheeres (Art. 66) und der Marine (Art. 51), ebenso der Höchstkommandierenden der Kontingente (Art. 64), das heißt vor allem der (stellv.) kommandierenden Generale und Festungsgouverneure, in deren Hände die Ausübung des Belagerungszustandsrechtes gelegt war. Schließlich wurden durch den neuen Art. 66 Abs. 4 die vier Kriegsminister in Preußen, Sachsen, Bayern und Württemberg hinsichtlich ihrer Amtsführung der Verantwortlichkeit gegenüber Bundesrat und Reichstag unterworfen. Demgegenüber gelang es jedoch nicht, eine allgemeine Bestimmung über die Einführung des allgemeinen Wahlrechtes in den Bundesstaaten in die Reichsverfassung aufzunehmen. Aber am 24. Oktober stimmte zumindest das Preußische Herrenhaus endlich der Einführung dieses Wahlrechtes zu, allerdings nur in erster Lesung. Angesichts der Bestimmungen der preußischen Verfassung hätte die Wahlrechtsreform erst Mitte Dezember ihren Abschluß gefunden; neue Anläufe der Mehrheitsparteien, das Verfahren zu beschleunigen oder vom Reich her zu regeln, gingen in den Revolutionswirren unter.

Die Reformen trugen deutliche Zeichen der Improvisation unter Zeitdruck. Sie schrieben letztlich nur den bereits vollzogenen Wandel der Verfassungspraxis fest, wie er sich bei der Einsetzung der Regierung Max von Baden herauskristallisiert hatte. Ergebnis war der Übergang zur parlamentarischen Monarchie, es blieben aber doch infolge unklarer Regelungen Konfliktfelder offen, so daß sich noch erweisen mußte, ob die Parlamentarisierung auch eine Demokratisierung auf Dauer bedeutete. Offen blieb zum Beispiel die Frage, ob der Kaiser das Prärogativrecht behalten sollte, den Kanzler vorzuschlagen bzw. zu ernennen, ob er sich dabei im vorhinein mit dem Reichstag ins Benehmen setzen mußte oder ob dem Reichstag ein Initiativrecht zukam. Zwar war auch ein kaiserlicher Kandidat eindeutig an das Vertrauensvotum des Parlamentes gebunden, Vorsorge für den Fall einer Mehrheitsunfähigkeit des Reichstages war jedoch nicht getroffen worden, so daß eine neue »Lückentheorie« denkbar war. Sehr schnell wurde deutlich, daß die Revision von Verfassungsnormen auch politisch umgesetzt werden mußte, und dies gelang dem Reichstag in der Frage der Handhabung des Belagerungszustandes nur teilweise (Amnestie) oder gar nicht (Versammlungsrecht, Zensur).

Der Versuch zu einem letzten Anlauf der »Revolution von oben« war, über die Intentionen von Reichsleitung *und* Mehrheitsparteien hinaustreibend, in eine tiefgreifende, wenngleich überhastete Verfassungsreform übergegangen. Die Drohung einer »Revolution von unten« war damit keineswegs beseitigt. Dazu waren die Reformen zu halbherzig, politisch nicht erkennbar wirksam, da nicht auch die verhaßten Symbole, Organe und Personen des alten Systems beseitigt wurden. Bis zuletzt hatte die Rechte in Bürokratie, Militär und Parlamenten jede Reformmaßnahme mit dem Hinweis zu verhindern oder doch zu begrenzen gesucht, derartige Schritte müßten als Zeichen innerer Schwäche und als Nachgiebigkeit gegenüber den Forderungen Wilsons ausgelegt werden und die deutsche Verhandlungsposition beeinträchtigen. Schließlich zeigten sich auch Max von Baden und seine Berater durchaus gewillt, schon bei der Formulierung der Regierungserklärung vom 5. Oktober sowohl die parlamentarischen Staatssekretäre ohne Geschäftsbereich als auch die SPD insgesamt zu übergehen. Es war also durchaus offen, ob die formale Parlamentarisierung langfristig in der Verfassungswirklichkeit zu mehr als nur zu einem mühsam verschleierten, in ruhigeren Zeiten wieder rückgängig zu machenden Krypto-Konstitutionalismus führen würde.

Für den Augenblick allerdings kam es darauf an, ob die neue Regierung über die Parlamentarisierung hinaus auch eine durchgreifende gesellschaftliche Reform in Angriff nehmen und durchsetzen würde. Im Interesse einer möglichst reibungslosen Demobilmachung von Heer und Kriegswirtschaft, zugleich aus Koalitionsrücksichten, wurden Eingriffe in den Wirtschaftsablauf und die Wirtschaftsverfassung zurückgestellt, die über die Maßnahmen der Kriegszeit und zur Sicherstellung des unmittelbaren Bedarfs hinausgingen. Illusionslos rechneten die Gewerkschaften schon Anfang Oktober mit einem »Gewaltfrieden«, so daß es für sie mehr darum ging »zu retten, was zu retten ist«, als etwa die Sozialisierung in Angriff zu nehmen. Durch die Besetzung des Reichsarbeitsamtes wollten sie sich wenigstens die Chance sichern, zumindest einen Teil ihrer sozialpolitischen Forderungen durchzusetzen. Staatssekretär Bauer benannte als seine wichtigsten Vorhaben die Überleitung einer Reihe von Kriegsnotmaßnahmen in die ordentliche Gesetzgebung (Schlichtungswesen und betriebliche Arbeiterausschüsse des Hilfsdienstgesetzes), die reichsrechtliche Verankerung von Tarifverträgen, Arbeitsnachweisen und Erwerbslosenfürsorge, der schon seit dem ausgehenden 19. Jahrhundert diskutierten überbetrieblichen Mitbestimmung in Gestalt öffentlichrechtlicher, paritätisch besetzter und korporativ organisierter Arbeitskammern sowie die Aufhebung von Ausnahmebestimmungen gegen Heim- und Landarbeiter.

Die Skepsis von SPD und Gewerkschaften im Hinblick auf die Überlebensfähigkeit der neuen Regierung sowie auf die Durchsetzbarkeit ihrer innen- und sozialpolitischen Forderungen schien sich zu bestätigen, als in der sogenannten Brief-Affäre durch eine gezielte Indiskretion Max von Badens distanziertes Verhältnis zur Parlamentarisierung und zur Friedensresolution des Reichstages von 1917 bekannt wurde. Diese allgemeinen Vorbehalte, verstärkt durch Zweifel an der Richtigkeit der Regierungsbeteiligung überhaupt, verführten die Gewerkschaften dazu, zur Absicherung ihrer Vorstellungen sich auf ein direktes Arrangement mit den Unternehmern einzulassen, das schließlich in der Zentralarbeitsgemeinschaft (ZAG) vom

15. November seinen Niederschlag fand. Die Unternehmer hatten ihrerseits der Gefahr entgegenwirken wollen, daß die Gewerkschaften mit Hilfe der Regierungsbeteiligung die Gunst der Stunde nutzen würden, um ihr Programm per Gesetz umfassend zu realisieren. Das Angebot zu einer »freiwilligen« Regelung dieser Fragen auf paritätischer Ebene, die in erster Linie eine »Hagelversicherung« gegenüber der drohenden Revolution sein sollte, führte dann in der Tat dazu, daß alle sozialpolitischen Grundsatzfragen zunächst lediglich durch Notverordnungen im Rahmen des Demobilmachungsrechtes auf Zeit geregelt wurden, also ebenso wie die ZAG selbst faktisch kündbar blieben. Die Unternehmer spielten erfolgreich auf Zeitgewinn und zeigten sich schließlich in der Lage, die Gewerkschaftsforderungen ganz (zum Beispiel die Erwerbslosenfürsorge bis 1927, die Arbeitskammerfrage mit bedeutungslosen Ausnahmen), teilweise (zum Beispiel das Schlichtungswesen) oder inhaltlich (zum Beispiel den Achtstundentag) zu blockieren bzw. später im Zuge der Stabilisierung zu ihren Bedingungen zu unterhöhlen.

Die ZAG wurde zum Pyrrhussieg für die Gewerkschaften – tagespolitisch konsequent, historisch eine voreilige Entscheidung. Wieder einmal erwies sich die Arbeiterbewegung als die eigentliche »nationale« Partei, die das Klasseninteresse der nationalen Verantwortung auch auf Kosten der eigenen Glaubwürdigkeit nachordnete. Sie übernahm die Kosten für eine Entwicklung, die sie nur sehr bedingt mitzuverantworten hatte, deren Leidtragende aber ihre Klientel werden würde. Sie bezahlte dies sehenden Auges mit dem Vorwurf des Revolutionsgewinnlertums, des Dolchstoßes, mit dem Vertrauensverlust an der eigenen Basis. Und sie bezahlte dies zum zweiten Mal im Jahr 1933. Wenn man der SPD im Oktober 1918 einen Vorwurf machen kann, so den, daß sie die Reformen nicht in eine »Revolution von oben« zu ihren Bedingungen, das heißt im Sinne einer demokratischen Republik umgewandelt hat. Zwar hätte auch sie damit nach außen keinen besseren Frieden erzielt, es wäre aber doch nach innen eine Politik der »Halbheiten«, der zweifelhaften Kompromisse vermieden worden. Aber die Partei und ihre Führer besaßen offenkundig nicht die persönliche und politische Größe, über den eigenen Schatten zu springen. Die Unsicherheit bei der Beurteilung der eigenen Stärke, gepaart mit einer unübersehbaren Scheu vor der alleinigen Verantwortung, die Ablehnung einer rücksichtslosen Revolutionierung nach dem Vorbild Lenins führten zu einer übertriebenen Unterwerfung unter Sach- und Handlungszwänge, die schließlich einer politischen Selbstblockade gleichkam. Indem klare Verhältnisse vermieden wurden, entweder Parlamentarisierung nach einer gescheiterten Militärdiktatur oder Militärdiktatur nach einer gescheiterten Parlamentarisierung, konnten die Oktoberreformen keine Signalwirkung mehr ausüben. Sie kamen zu spät, um das Kaiserreich zu stabilisieren, und sie kamen zu früh, um die Weimarer Republik nicht zu belasten. Verfassungsformal war die Novemberrevolution vielleicht überflüssig, politisch war sie dies keineswegs.

Die Revolution

Die revolutionäre Bewegung war allein deshalb kaum vermeidbar, weil die Überwindung der materiellen Not ausschließlich an die Beendigung des Krieges gebunden war: in Sieg oder Niederlage. »Schluß um jeden Preis« lautete die Parole, die selbst militärischen Heimatbehörden einsichtig war. Aber Anzeichen für die bedingungslose Bereitschaft, einen wie auch immer gearteten Frieden sofort herbeizuführen, waren für die hungernden, frierenden und sterbenden Massen in der Politik auch der neuen Regierung nicht erkennbar. Im Gegenteil: Der Notenwechsel mit Wilson zog sich endlos hin. Und obwohl die Niederlage absehbar war, sprach die Regierung von der möglichen Wiederaufnahme der Kampfhandlungen, sollte anders ein »ehrenvoller« Friede nicht zu erreichen sein. Zwar wollte die Regierung, im Gegensatz zur OHL, damit Selbstbewußtsein nach außen demonstrieren, um eine bedingungslose Kapitulation zu vermeiden. Denn auch sie wußte, daß sie von der Bevölkerung einen fünften Kriegswinter nicht mehr verlangen konnte. Nach innen aber mußte diese Ankündigung verheerend wirken, vor allem als sich Marine und Heer anschickten, auf eigene Faust den »Endkampf« aufzunehmen oder sich doch zumindest auf einen solchen vorzubereiten. Es ist daher alles andere als ein Zufall, daß die revolutionäre Bewegung in der Marine und im Heer ihren Ausgang nahm und erst dann auf die Arbeiterschaft und die Zivilbevölkerung übergriff.

Alle Erwartungen, die Bevölkerung doch noch zu einer letzten Anstrengung aufrütteln zu können, wirken um so bizarrer, als die (Militär-)Behörden den recht zuverlässigen Berichten über die Stimmung in der Bevölkerung entnehmen konnten, daß es praktisch keine soziale Gruppe mehr gab, die physisch und psychisch dazu in der Lage war oder sich von einem solchen Schritt Besserung ihrer Situation versprach. Schon im Sommer 1917 hatten die Militärbehörden einen ersten markanten Stimmungsverfall registriert, der »fast alle Kreise der Bevölkerung, selbst in den sog. besseren Kreisen« erfaßte und der sich – wohl auch als Konsequenz der nun in aller Öffentlichkeit geführten Kriegszieldiskussion – in Pressekampagnen zwischen den einzelnen sozialen Gruppen und in der Suche nach »Sündenböcken« im Rahmen der ökonomischen Verteilungskämpfe äußerte. Ein neuerlicher, scharfer Schnitt war im Januar/Februar 1918 zu verzeichnen, der wiederum »durch das ganze Volk« ging, das von einer allgemeinen »Lethargie« ergriffen wurde, weil trotz aller Opfer keine Hoffnung auf Erfolg mehr gesehen wurde. Im August 1918 trat – abermals in der »gesamten Bevölkerung« – eine tiefgreifende »Ernüchterung« ein, für die nicht zuletzt eine verfehlte, überoptimistische Informationspolitik verantwortlich gemacht wurde: Das Scheitern der von großer Siegeszuversicht begleiteten Offensiven im Westen galt allgemein als »der Anfang des Endes mit Schrecken«, jede gegenteilige Propaganda als »Bluff«. Die Niedergeschlagenheit war dabei in den »sog. besseren und gebildeten Kreisen verhältnismäßig größer als in den eigentlichen Arbeiterkreisen«, die sich ohnehin damit abgefunden hatten, daß ihre Lage nach diesem Krieg gleich schlecht sein würde, »ob unter französischer, englischer oder deutscher Herrschaft«. Bemerkenswerterweise sah das Württembergische Kriegsministerium diese Entwicklung nicht als das Ergebnis »planmäßiger Verhetzung« an, sondern es resümierte seinen Eindruck mit den Worten: »Wer das Volk genau beobachtet, wird manchmal im Zweifel darüber sein, ob hier feindliche Machenschaften und Einflüsse irgendwelcher Art mit im Spiele sind, ob nur der seit Monaten aufgespeicherte und verhaltene Groll einzelner Personen über diese und jene eigenen Erlebnisse hieran die Schuld tragen, bzw. inwieweit die von einzelnen Männern der Umsturzparteien in die irregeleiteten Massen geschickt hineingeworfenen Schlagworte und Behauptungen letzten Endes jene eigenartige Massensuggestion hervorrufen bzw. weiterverbreiten.«[125]

Aber auch im Heer bröckelte die Kampfbereitschaft ab, wo

[125] HStA Stuttgart, M 1/11, Bü 1025, passim, bes. Bl. 137, 173, 524 ff., 576 ff.; ebd., M 1/9, Bü 302.

die Stimmung, anders als es mancher nachträglich gerne sehen wollte, keineswegs »gefaßt« war. Erstes Warnzeichen war die Meuterei in der Marine vom Sommer 1917, bald darauf gefolgt von punktuellen Meutereien im Besatzungsheer, vor allem beim Abtransport zur Front. In der Etappe wimmelte es von »Versprengten«, Urlaubsüberziehern, Deserteuren, derer die Truppe offenbar mangels ausreichender Feldpolizeikräfte ebensowenig Herr werden konnte wie der seit dem Sommer 1918 sich häufenden Fälle von »Feigheit vor dem Feind«, Befehlsverweigerung oder des widerstandslosen Ganges in die Gefangenschaft.[126] Ursache war nicht zuletzt der verständliche Wunsch zu überleben, nachdem der Krieg offenkundig verloren war. Alle (nachträglichen) Versuche der radikalen Linken, dies als Zeichen des Erfolgs ihrer politischen Agitation, ihrer systematischen Zersetzungskampagnen, ihres organisierten Schleusens von Deserteuren nach Holland in Anspruch zu nehmen, waren weit überzogen, boten aber doch einen willkommenen »Beweis« für die These vom »Verrat« und vom »Dolchstoß«. Unbestreitbar hat es einen starken Stamm kampfbereiter und »zuverlässiger« Mannschaften gegeben, wie das Vorgehen gegen Soldatenräte und Rote Fahnen auf dem Rückmarsch, der Einsatz im Bürgerkrieg zeigen sollten. Es war aber auch für die militärische Führung nicht zu übersehen, daß die Niederlage vom Sommer 1918 die Truppe physisch wie psychisch restlos ausgebrannt hatte, daß das Eingeständnis der totalen Niederlage durch die OHL Ende September den inneren Zusammenbruch der Front weiter beschleunigt hatte.

Der Versuch, diese verständliche Kriegsmüdigkeit pauschal der »moralischen Aufweichung« durch die Heimat und einer »bolschewistischen Verhetzung« anzulasten, entsprang dem durchsichtigen Bemühen, Ursachen und Folgen zu vertauschen. Die Revolution brach in Marine und Heer aus, *nachdem* die OHL Ende September die totale Niederlage hatte eingestehen müssen. Dies geschah nicht vollständig ohne Einwirkung der Agitation der radikalen Linken, die nur zu gut wußte, daß die materielle Not und die Kriegsmüdigkeit ihr eine vorübergehende Chance boten. Die Revolte wurde aber letztlich ausgelöst durch konkrete Maßnahmen der militärischen Führung, gegen die sich zu widersetzen es respektable Gründe gab. Diese Mili-

---

[126] Werk des Untersuchungsausschusses, Reihe 4, Bd. 6, S. 9 ff. Militär und Innenpolitik, S. 1226 (Anm. 1).

tärrevolte war weitgehend spontan und kam für die radikale Linke ebenso überraschend wie für SPD und Gewerkschaften. Gerade die verzweifelten Bemühungen, durch militärische Erfolge die Revolution doch noch zu verhindern, haben erst, wie mancher weitsichtige Politiker oder Militär vorausgesagt hatte, die Revolution provoziert und dieser die breite soziale Resonanz verliehen. Das soziale Bündnis von Arbeiterschaft, (städtischem) Mittelstand und (Teilen der) Bauernschaft, das den Umsturz des November 1918 trug, verdankte seinen Erfolg dem aus Enttäuschung geborenen, vorübergehenden »Umkippen« des Mittelstandes, der nur so lange staatserhaltend war, wie der Staat mittelstandserhaltend war (Winkler). Dieses Bündnis stellte gewissermaßen eine »Sammlung von links« dar, beruhte aber auf weitgehend negativen Gemeinsamkeiten: Beendigung des sinnlos gewordenen Krieges, Anti-Etatismus sowie einem sehr unterschiedlich begründeten, meist diffusen Anti-Kapitalismus. Das soziale Bündnis der Novemberrevolution war daher auch nur von kurzer Dauer, konnte nicht zum tragenden Fundament einer ökonomisch schwachen Republik werden. Der revolutionären Bewegung fehlte, auch infolge mangelnden Widerstandes der alten Eliten, von Beginn an die Stoßkraft und die Geschlossenheit, aber auch die Führung, um die politische Revolte in eine soziale Revolution voranzutreiben.

I. Burgfrieden und Sozialpolitik

1. Schreiben des Reichskanzlers Bethmann Hollweg an die Bundesstaaten vom 10. September 1914

In diesem Schreiben, das eine wörtliche Abschrift eines entsprechenden Memorandums des sächsischen Staatsministers von Vitzthum darstellt, sind die langfristigen Perspektiven der »Burgfriedens«-Politik, die Erfolgsbilanz der ersten Kriegswochen und zugleich die innenpolitischen Kriegsziele Bethmann Hollwegs programmatisch zusammengefaßt. Diese Strategie, zunächst auch auf der konservativen Rechten weitgehend akzeptiert, beruhte aber letztlich nur auf dem emotionalen Appell. In einem langen, von Not und sozialen Konflikten geprägten Krieg mußte jedoch das immaterielle, »nationale« Angebot durch materielle, »soziale« Kompensationen ergänzt bzw. ersetzt werden.
 Quelle: Hauptstaatsarchiv Stuttgart, E 130a, Bü 1147, Bl. 1006ff.

Der gegenwärtige Kriegszustand läßt es erwünscht erscheinen, daß die verbündeten Regierungen auch in Fragen der inneren Politik in steter Fühlung bleiben und in dieser nach einheitlichen Grundsätzen handeln. Hierzu gehört vor allem auch die Stellung zur Sozialdemokratie. Durch die Erklärung Seiner Majestät des Kaisers, daß er angesichts der dem deutschen Volke drohenden Gefahr keinen Unterschied der Parteien kenne, ist für alle Regierungen und alle Parteien eine Parole der Einigung ausgegeben worden, die in allen Schichten des deutschen Volkes die freudigste Zustimmung gefunden hat. Diese Kundgebung hat zweifellos dazu beigetragen, daß der gesamte Arbeiterstand, auch soweit er sozialdemokratisch organisiert ist, sich vorbehaltlos und opferbereit in den Dienst des Vaterlandes gestellt hat. Die Sozialdemokratie hat nicht nur im Reichstage allen Forderungen der verbündeten Regierungen zugestimmt, sondern ihre Führer haben sich auch in Wort und Tat für die Regierung und ihre Politik eingesetzt. Die Reden der Abgeordneten Südekum und Fischer und der Tod des als Kriegsfreiwilliger gefallenen Abgeordneten Frank geben hierfür einen klaren Beweis. Ebenso ist dankbar anzuerkennen, daß die kommandierenden Generäle der Willenskundgebung Seiner Majestät des Kaisers mit vollem Verständnis Rechnung getragen und jede unterschiedliche Behandlung der Sozialdemokratie und ihrer Presse unterlassen haben. Es ist aber erwünscht, daß diese Politik nicht nur von den Regierungen, sondern auch von den bürgerlichen Parteien loyal durchgeführt wird. Wenn nun auch der Reichsverband gegen die Sozialdemokratie seine Tätigkeit eingestellt hat, so haben doch zwei Vorkommnisse der jüngsten Zeit den Eindruck erweckt, daß diesem Gesichtspunkt nicht genügend Rechnung getragen wird. Es handelt sich um folgende:

Die Nr. 423 der ›Kreuzzeitung‹ vom 6. September berichtet, daß am 5. d. M. im Reichstagsgebäude unter dem Vorsitz des Vizepräsidenten Dr. Paasche eine Beratung führender Mitglieder der bürgerlichen Parteien stattgefunden hat, welche darauf abzielt, den Verbündeten Regierungen die Mittel zum weiteren Ausbau der deutschen Flotte anzubieten. So erfreulich diese Kundgebung ist, so bedauerlich ist es doch, daß von ihr die Sozialdemokratie anscheinend ausgeschlossen worden ist. Dies dürfte von den Parteiführern selbst empfunden worden sein; denn einen Tag später berichtet die ›Deutsche Tageszeitung‹, daß es sich nur um eine Vorbesprechung gehandelt habe. Ich halte es für dringend erwünscht, daß, soweit die Regierung einen Einfluß auzuüben in der Lage ist, die Sozialdemokratie von derartigen Beratungen nicht ausgeschlossen wird.

Das zweite Vorkommnis, das Bedenken erwecken muß, ist der Aufsatz in Nr. 207 der illustrierten Beilage des ›Tags‹ unter der Überschrift »Deutschlands größter Sieg« vom Landrat a. D. v. Dewitz. Der Verfasser führt aus, daß die Sozialdemokratie nach dem Friedensschlusse auf ihre Bewilligung pochen werde, daß die Stärkung der revisionistischen Richtung eine größere Gefahr bedeute als die vom Klassenhaß genährte Sozialdemokratie und daß man keinen Zweifel darüber aufkommen lassen dürfe, daß selbst die prompte Erfüllung der staatsbürgerlichen Pflicht die Sozialdemokratie den bürgerlichen Parteien nicht gleichwertig mache, solange sie nicht ihr kommunistisches Programm begrabe. Ich verzichte auf eine eingehende Erörterung dieses Zukunftsproblems, zumal sich zur Zeit nicht übersehen läßt, welche erzieherische Wirkung der gegenwärtige Krieg und seine Gefahren für die deutsche Volkswirtschaft auf die Reihe der sozialdemokratischen Mitkämpfer ausübt. In Friedenszeiten würde dem Verfasser des Artikels auch gewiß nicht verwehrt werden können, im Sprechsaal des ›Tages‹ diese seine Ansichten zu vertreten, die von einer großen Mehrheit seiner Parteigenossen geteilt werden mögen. In dem gegenwärtigen Augenblick aber ist der Aufsatz zum mindesten inopportun, da er die Geschlossenheit des deutschen Volkes im höchsten Maße gefährdet. Es kann nicht ausbleiben, daß die Wiederholung derartiger Angriffe die Sozialdemokratie zu Erwiderungen reizen müßte, wodurch die so dringend nötige Einigkeit der Parteien einen Riß erhielte. Diese Einigkeit der Parteien in nationalen Fragen aufrechtzuerhalten, erscheint mir aber nicht nur ein Gebot der taktischen Klugheit für die Zeit des gegenwärtigen Kriegszustandes, sondern auch eine Forderung weitsichtiger Sozialpolitik angesichts der Zukunft des deutschen Volkes. Gewiß wird die Sozialdemokratie auch in Zukunft eine scharf oppositionelle Partei sein und eine Gefahr für den inneren Frieden des deutschen Volkes bilden, solange sie an ihrem kommunistischen und antimonarchischen Programm festhält. Wenn aber jemals der Versuch gemacht werden soll, die Arbeiterschaft aus sich heraus zu einer politischen Gesundung zu führen, so ist dies nur in Zeiten der nationalen Erhebung möglich, wie wir sie jetzt erleben. Eine günstigere Gelegenheit dürfte in den nächsten 100 Jahren kaum je wiederkommen. Der Versuch muß daher gemacht werden. Aber nicht dadurch, daß man die Brücken der Verständigung abbricht und auf die die bürgerlichen Parteien von der Sozialdemokratie trennende unüberwindliche Kluft hinweist, sondern dadurch, daß man sich auf dem gemeinsamen Boden des Nationalbewußtseins begegnet und dieses ideale Moment pflegt, dessen Stärke und Lebenskraft in den letzten Wochen so überraschend zu Tage getreten ist. Es erscheint mir daher dringend notwendig, die Presse der bürgerlichen Parteien immer wieder auf die Notwendigkeit hinzuweisen, in diesem Sinne zu wirken und ihr die Verantwortung vor Augen zu führen, die sie übernimmt, wenn durch ihre Schuld die schweren Opfer, die das deutsche Volk in diesem Kriege bringt, für seine innere Gesundung und Entwickelung ohne Früchte bleiben sollten ...

2. Die SPD, der Kriegsausbruch und innere Kriegsziele

Gesprächsnotiz Eduard Davids über eine Unterredung mit dem Staatssekretär des Inneren, Clemens von Delbrück, am 24. August 1914

Eduard David, eine der einflußreichsten Persönlichkeiten des rechten SPD-Flügels, hat sehr früh die Chance erkannt, die Zustimmung seiner Partei zu den Kriegskrediten sowie ihre Mitarbeit im Rahmen des Burgfriedens zu innenpolitischen Geschäften (»Kuhhandel«) mit der Regierung zu nutzen. Davids Ziel, an die Trennung von der Parteilinken gebunden und nach dem Krieg noch energischer betrieben, war eine Öffnung der SPD zur Volkspartei. Obwohl er nicht davor zurückscheute, der Regierung im Falle mangelnder Konzessionsbereitschaft mit einer allgemeinen Radikalisierung der Partei zu drohen, hat er, wie ein großer Teil der SPD, die Kreditbewilligung stets als eine Art selbstverständlicher Vorleistung und als nationale Pflicht betrachtet. Es ist daher aufschlußreich, daß David 1916 die ebenfalls am 4. August 1914 erfolgte bedingungslose Zustimmung zu den Ermächtigungsgesetzen als einen Fehler bezeichnete, den die Partei bei der Zustimmung zum Hilfsdienstgesetz nicht wiederholen dürfe.

Quelle: Das Kriegstagebuch des Reichstagsabgeordneten Eduard David, 1914–1918. In Verbindung mit Erich Matthias bearbeitet von Susanne Miller. Düsseldorf 1966, S. 24 f.

Ich erwidere, für die Arbeitermassen werde das alles nur in der einen Form fühlbar: erhöhte Lebensschwierigkeit, große Arbeitslosigkeit, verschärfte wirtschaftliche Not, vergrößertes Elend. Das aber sei der überaus fruchtbare Boden, wo die Agitation des radikalen Flügels einsetzen werde. Die Frage nach der Gegengabe gewinne auf diesem Untergrund eine noch ernstere Bedeutung. Man werde sagen: Seht ihr, da habt ihr euer Leben, habt eure Existenz in die Schanze geschlagen, habt ungeheure Opfer gebracht, und was habt ihr nun zum Danke? Ja, in der Stunde der Not, als man euch brauchte, hat man das Wort gesprochen: Es gibt für mich keine Parteien mehr. Und jetzt seid ihr wieder die Staatsbürger zweiter Klasse, denen man die Anerkennung und Gleichberechtigung versagt, die man als Heloten von der gesetzgebenden Körperschaft in Preußen so gut wie ausschließt, denen man jetzt glaubt, wieder den Fuß auf den Nacken setzen zu können. Die Regierung solle sich nicht täuschen: gehe die Sache so aus, so werde eine Wut in den Massen Platz greifen, die alles vernichte, was in den letzten Wochen an gegenseitiger Achtung und gegenseitigem Verstehen geschaffen worden sei. Ein Riß tue sich auf, der nicht mehr geschlossen werden könne. Eine Kette schlimmster innerer Schwierigkeiten und Kämpfe werde beginnen. Ich lasse auch keinen Zweifel darüber, daß, falls diese Enttäuschung eintrete, die Partei geschlossen die radikale Taktik aufnehmen wird. Auch vom Standpunkt der Männer, die auf der rechten Seite der Partei stehen, gebe es dann keinen anderen Ausweg mehr zur Durchsetzung einer demokratischen Umgestaltung in Preußen.

Ich für meine Person würde diese Wendung tief bedauern, denn sie vernichte jede Hoffnung, auf dem Wege, den ich von je als den richtigen, durch die Logik der Tatsachen und das Interesse des Landes gebotenen angesehen habe, nämlich auf dem Wege der reformistischen Taktik zum Ziele zu gelangen. Auf der anderen Seite solle die Regierung sich klar werden, was sie gewinnen könne durch eine in großer Geste rasch dargebotene Wahlreform. Sie schaffe die Basis für die Wandlung unserer Partei zu einer nationalen Demokratie. Das bedeute nicht eine Aufgabe unserer übernationalen Ideale. Aber es bedeute für unsere innere Politik doch ungeheuer viel: nicht eine Versöhnung, das natürlich sei zuviel gesagt, das könne erst die Geschichte machen, aber doch einen anständigen Modus vivendi zwischen uns [und] den übrigen politischen Machtfaktoren.

3. Entwurf eines Briefes von Konrad Haenisch an Karl Radek, Anfang Oktober 1914

Die Briefskizze Konrad Haenischs, der sich unter dem Eindruck des »August-Erlebnisses« vom radikalen Linken zum Parteirechten gewandelt hatte, hat zum einen Rechtfertigungs- und Bekenntnischarakter, indem er in dem wiedergefundenen Anschluß an die Massenstimmung die Legitimation für das eigene Handeln fand. Zum zweiten hat sie wegweisenden Charakter für die Programm- und Strategiediskussion der (frühen) Weimarer Zeit, indem sie nationale Verpflichtung und internationale Solidarität zu versöhnen, Reformchancen und marxistische Entwicklungsgesetze zu verbinden suchte, wobei gerade letzteres in der Sozialisierungsdebatte eine Rolle spielen sollte. Zum dritten hat sie, wie manche Äußerungen dieser Wochen, visionären Charakter, indem sie für den Fall der Niederlage die Schuldzuweisung, eine »Dolchstoß-Legende«, an die SPD prophezeite.
Quelle: Kriegstagebuch Eduard David, S. 48 f.

Masseninstinkt für Bewilligung. [Grenzen] Bild des brennenden Hauses. Die Arbeiterbewegung von heute. Quantität gegen Qualität.

Sozialdemokratie erledigt durch die Massen selbst, wenn sie am 4. August anders gehandelt hätte. Die zerstörte »große Illusion« der revolutionären Aktion zum Sturz der bestehenden Staatsordnung. Sieg der nationalen proletarischen Interessen über die internationalen:

1. weil demokratische Entwicklung nur möglich auf dem Boden eines nach außen unabhängigen nationalen Staates.

2. Auch Entwicklung zum Sozialismus nur möglich auf diesem Boden. – Unterbindung der kapitalistischen Entwicklung als Folge einer Niederlage. »Eine Niederlage Deutschlands wäre deshalb für die deutschen Arbeiter unendlich viel verhängnisvoller als für die preußischen Junker.« Neue Methode, »den Klassenstaat von innen heraus umzugestalten« = aushöhlen! Tarife 1899. Jedoch nicht immer »friedliche Reform«? – »Revolutionäre Fieberkrisen.«

3. Eine Niederlage würde eine Zeit chauvinistischer Revanche bedingen, die jede Sozialdemokratie überwältige.

Ziel: Auswärtiges ganz das meinige. »Vereinigte Staaten von Europa« mit Ausschluß Rußlands. Die seitherige Internationale »ein schöner Traum, aber keine machtvolle Wirklichkeit«. Die neuen Grundlagen: »starke, nationale Arbeiterparteien«. Starkes Nationalgefühl und internationaler Sozialismus keine Gegensätze.

4. Gewerkschaften, Kriegsschuldfrage und Kriegsziele 1914/15

Der folgende Text dürfte aus der Feder des Vorsitzenden des Transportarbeiterverbandes, Oswald Schumann (Jg. 1865), stammen, der als langjähriger Verbandsvorsitzender (seit 1898), als Mitglied des Reichstages (seit 1912) und als Mitglied der Generalkommission der Gewerkschaften eine einflußreiche, wenngleich wenig prominente Stellung innehatte. Schumann gehörte dem Kreis um Eduard David an, und insofern sind seine Ausführungen weitestgehend repräsentativ für die Auffassungen, Hoffnungen und Argumente des rechten bzw. des Gewerkschaftsflügels der SPD. Der Text dürfte Anfang 1915 entstanden sein und hat deutlichen Rechtfertigungscharakter gegenüber der wachsenden Kritik von links, nachdem Liebknecht am 2. Dezember 1914 unter Bruch der Fraktionsdisziplin gegen die Kriegskredite gestimmt hatte.

In diesem Zusammenhang ist die Erfolgsbilanz der Burgfriedenspolitik zu werten. Zugleich fällt die Verschiebung in der Argumentation ins Auge, die für den August 1914 den Schutz vor einer »französisch-russischen Invasion« als Motiv benennt, nun aber – entsprechend dem allgemeinen Trend – den präventiven Vernichtungs- und Verdrängungskampf Großbritanniens betont.

Quelle: Deutscher Transportarbeiterverband, Jahrbuch 1914. Hrsg. vom Verbandsvorstand. Berlin 1915, S. 5–15 (Auszüge)

Wenn der Krieg, der gegenwärtig tobt, trotz der bekannten, seit Jahren drohenden Anzeichen, doch auch für viele von uns überraschend gekommen ist, so findet das seine Erklärung in der von uns allen stets gehegten Hoffnung, es werde dem vereinten Bemühen der organisierten Arbeiterschaft der beteiligten Länder und dem Wirken aller wahren Friedensfreunde gelingen, das drohende Unheil abzuwenden. Leider haben sich diese Hoffnungen als trügerisch erwiesen, und der Krieg selbst hat allen Verständigungsbestrebungen zwischen Angehörigen der in Betracht kommenden Völker ein vorzeitiges Ende bereitet.

Durch den Ausbruch des Krieges sah sich die deutsche Arbeiterschaft bzw. ihre politische Interessenvertretung, die Sozialdemokratie, vor eine außerordentlich schwierige Situation gestellt. Schwierig vor allen Dingen deshalb, weil gerade in der deutschen Arbeiterschaft der Gedanke der internationalen Solidarität so außerordentlich starke Wurzeln geschlagen hat, wie kaum in der Arbeiterklasse irgend eines anderen Landes. Daß die deutschen Arbeiter dieser ihrer Solidarität nicht nur in Form von Sympathiekundgebungen hier und da Ausdruck verliehen, sondern sie bei jedem Anlaß materiell betätigt haben, sollte eigentlich unseren Freunden im feindlichen sowie neutralen Auslande noch in recht frischer Erinnerung sein. Um so unverständlicher sind und um so eigentümlicher berühren alle die Vorwürfe, die man der deutschen Arbeiterschaft wegen ihres Verhaltens im gegenwärtigen Kriege gemacht hat und noch weiter zu machen sich herausnimmt. Vorwürfe wie: die Stellung der deutschen Sozialdemokratie zum Kriege bedeute eine »Abkehr von der bisherigen altbewährten Taktik«, sie sei gleichbedeutend mit einer »Preisgabe ihrer Grundsätze«, die Partei habe durch ihr Verhalten »Verrat an der Internationale« geübt usw., entbehren jeglicher Berechtigung. Die organisierte deutsche Arbeiterschaft war sich ihrer Kulturmission vollständig bewußt. Sie hat bis zum letzten Augenblick alles getan, alle Kräfte eingesetzt, über die sie verfügte, um den Ausbruch des Krieges zu verhindern. Wenn die ihr zu Gebote stehenden Machtmittel nicht genügten, dieses Ziel zu erreichen, ist das sicher aufs tiefste zu beklagen, kann aber als besonderer Vorwurf nicht erhoben werden. Als die parlamentarische Vertretung der deutschen Arbeiterklasse, die sozialdemokratische Reichstagsfraktion, ihre Entschlüsse faßte, handelte es sich nicht mehr um die Frage: für oder gegen den Krieg, sondern es galt zu dem inzwischen ausgebrochenen Konflikt Stellung zu nehmen bzw. die Mittel zur Verteidigung des eigenen Landes zu bewilligen. Inzwischen waren auch, für jedermann deutlich, die eigentlichen Absichten der Feinde Deutschlands offen zutage getreten. Es konnte kein Zweifel mehr darüber bestehen, daß es sich um eine von den Gegnern Deutschlands systematisch vorbereitete Aktion handelte, zu dem Zwecke, es politisch zu zertrümmern, um es wirtschaftlich vernichten zu können.

In klarer Erkenntnis der drohenden Gefahr haben die Arbeitervertreter, ihrer Pflicht dem eigenen Volke gegenüber sich bewußt, die Mittel bewilligt, um das Land vor einer französisch-russischen Invasion zu schützen ...

Wenn nun trotz dieser klaren und verständlichen, im wohlerwogenen und begründeten Interesse der deutschen Arbeiterschaft liegenden Haltung der Fraktion ihr Kritiker erwachsen sind, die keineswegs alle zu den Nichtverstehenwollenden gehören, so gibt es dafür nur eine, und zwar folgende Erklärung: Wir sagten schon, daß selbst einigen von uns der Krieg eine Überraschung gebracht hat. Aber für viele von uns war nicht nur der Ausbruch des Krieges selbst eine Überraschung, sondern der Verlauf desselben brachte manchem auch eine arge Enttäuschung. Man hat eben in unseren Kreisen die Stärke und Widerstandsfähigkeit der bürgerlichen Gesellschaft resp. des kapitalistischen Produktions- und Wirtschaftssystems vielfach erheblich unterschätzt. Man hat geglaubt, daß der ganze Wirtschaftsorganismus infolge Unterbindung des Verkehrs während der Mobilmachung, des Stockens von Ein- und Ausfuhr, der Einschränkung des Konsums usw. vollständig in Unordnung geraten, die Arbeitslosigkeit einen riesigen Umfang annehmen und folgedessen die Gegensätze sich in einer Weise zuspitzen würden, daß schließlich der Zusammenbruch der ganzen bürgerlich-kapitalistischen Wirtschaftsordnung die Folge sein müßte.

Nun hat aber der ganze bisherige Verlauf der Entwicklung während des Krieges gezeigt, daß wir uns bezüglich der Widerstandskraft und Anpassungsfähigkeit der kapitalistischen Gesellschaft gegenüber den wirtschaftsstörenden Kriegsfolgen in einem argen Irrtum befunden haben. Jedenfalls muß festgestellt werden, daß unser ganzes Wirtschaftssystem, abgesehen von den in den ersten Wochen nach Kriegsausbruch eingetretenen Stockungen, es in einer Weise verstanden hat, sich den Bedingungen des Kriegszustandes anzupassen, wie es viele von uns nicht für möglich gehalten hätten …

Daß die Voraussetzungen, unter denen die parlamentarischen Vertreter der Arbeiterschaft, die Mittel zur Verteidigung des Landes bewilligten, tatsächlich zutreffend waren, hat sich im weiteren Verlaufe des Krieges gezeigt. Handelte es sich am 4. August zunächst um den Kampf mit Frankreich und Rußland, so trat doch bereits an diesem Tage auch England dem Bunde gegen Deutschland bei. Damit war aus dem europäischen Kriege der Weltkrieg geworden. Jetzt traten auch die wahren Absichten der Gegner Deutschlands noch deutlicher in die Erscheinung. Durch die nunmehr erfolgende Absperrung Deutschlands vom Weltverkehr sollte die Lebensmittelzufuhr verhindert, unser Land ausgehungert und durch die Unterbindung der Einfuhr von Rohmaterialien militärisch gelähmt werden.

Angesichts dieses von den Gegnern Deutschlands mit allen Machtmitteln unter Ausschaltung aller völkerrechtlichen Bestimmungen geführten Vernichtungskrieges, konnte es gar keinem Zweifel unterliegen, daß die sozialdemokratische Fraktion, als sie am 2. Dezember 1914 zum zweiten Male vor die Frage gestellt wurde, der Regierung weitere Mittel zur Führung des Krieges zu bewilligen, diesem Verlangen entsprechen und die neuen Kredite bewilligen würde …

Nun versuchen die Gegner der Mehrheitsauffassung – in der sozialdemokratischen Reichstagsfraktion und außerhalb derselben – ihre Stellungnahme durch die Behauptung zu stützen, Deutschland trage selbst die Hauptschuld an dem Ausbruche des Krieges. Sie argumentieren: Der Krieg ist ein imperialistischer. Gerade die herrschenden Kreise Deutschlands haben den kapitalistisch-imperialistischen Bestrebungen am rücksichtslosesten Geltung zu verschaffen versucht. Dabei gerieten sie naturgemäß mit den Nationen, deren Bestrebungen auf das gleiche Ziel gerichtet waren, aneinander und die sich dadurch ständig steigernden Differenzen mußten schließlich die Gefahr eines blutigen Konflikts heraufbeschwören. Und weiter wird dann gefolgert: Da die deutsche Regierung den imperialistischen Bestrebungen nicht nur keinen Widerstand entgegengesetzt, sondern sie im Gegenteil stets eifrig gefördert und unterstützt sowie durch ständige Steigerung der Rüstungen in ihrer Entwicklung zu schützen versucht und schließlich ihrer erfolgreichen Durchsetzung wegen den blutigen Konflikt nicht gescheut hat, deshalb durften dieser Regierung die Mittel zur Kriegführung nicht bewilligt werden.

Von dieser Argumentation trifft das über den Imperialismus als Kriegsursache Gesagte im allgemeinen zu. Es ist zweifellos weiter auch richtig, daß die dem deutschen Industrie-, Bank- und Handelskapital innewohnenden wirtschaftsimperialistischen Tendenzen, stark nach Betätigung drängend, wesentlich zur Verschärfung der Situation zwischen den Rivalen auf dem weltpolitischen und wirtschaftlichen Gebiete beigetragen haben. Aber es ist falsch, zu behaupten, dieser Krieg sei ein von Deutschland systematisch vorbereitetes imperialistisches Unternehmen. Soweit die Kriegsursachen wirtschaftspolitischer, also imperialistischer Natur sind, trifft die Schuld an dem entstandenen Konflikt auf keinen Fall Deutschland allein, sondern alle, derartige Tendenzen propagierende Staaten Europas in gleicher Weise. Ja, es kann sogar behauptet werden, daß die von Deutschland ausgehenden – nicht auf Landerwerb gerichteten – *wirtschaftlichen* Expansionsbestrebungen lange nicht so gefährlich sind, als die von vornherein auch auf *politische* Beherrschung der in Frage kommenden Gebiete gerichtete diesbezügliche Tätigkeit Englands, Frankreichs und Rußlands ...

Der deutsche Imperialismus hat sich im Gegensatz zu dem anderer Länder vorwiegend in wirtschaftlicher Richtung betätigt. Folgedessen hat Deutschland auch stets dem Grundsatz der »offenen Tür« gegenüber allen Bestrebungen anderer Staaten, ihre Einflußgebiete auch wirtschaftlich hermetisch abzuschließen, mit Nachdruck Geltung zu verschaffen versucht. Zum Beweise dafür, daß die deutsche Expansionspolitik im wesentlichen wirtschaftliche Ziele verfolgt, brauchen wir nur auf Kleinasien hinzuweisen. Hier handelt es sich zweifellos nur um Einleitung und Durchführung wirtschaftlicher Unternehmungen zur Erschließung brachliegender Kräfte. Derartigen Bestrebungen wird in gewissen Grenzen und unter bestimmten Voraussetzungen auch die organisierte Arbeiterschaft zustimmen bzw. dieselben unterstützen können ...

Soweit England in Betracht kommt, wurde die Spannung

zwischen diesem und Deutschland noch erhöht durch die immer fühlbarer werdende Konkurrenz des letzteren auf dem Weltmarkte. Deutschland hat namentlich in den letzten Jahrzehnten auf allen Gebieten wirtschaftlicher Betätigung eine außerordentlich günstige Entwicklung zu verzeichnen. Es hat sich in dieser Zeit zu einem der ersten Industrieländer der Welt entwickelt. Sein Welthandel wird nur noch von dem Englands übertroffen ... Auf Grund der außerordentlich zugunsten Deutschlands sprechenden bisherigen Entwicklung kann wohl als sicher angenommen werden, daß, wäre der Weltkrieg nicht entbrannt, in wenigen Jahren England die Führung unter den Welthandelsstaaten an Deutschland hätte abtreten müssen.

Diese der englischen Vormachtstellung im Welthandel von Deutschland drohende Gefahr löste selbstverständlich eine immer feindseliger werdende Stimmung bei den herrschenden Kreisen Englands gegen Deutschland aus. Die deutschen Flottenrüstungen erhöhten die Spannung. So ist es denn erklärlich, daß die einer friedlichen Verständigung mit Deutschland das Wort redenden Kreise nicht den genügenden Resonanzboden für ihre Bestrebungen im englischen Volke fanden. Im Gegenteil: Die Strömung, die seit längerer Zeit bereits auf eine Abrechnung mit Deutschland hinarbeitete, bekam immer mehr Oberwasser. Die Einkreisungspolitik setzte ein und systematisch wurde auf eine Koalition der Mächte gegen Deutschland hingearbeitet, mit dem Ziele, mit Hilfe dieser Koalition Deutschland zu zertrümmern, es von seiner Weltmachtstellung zu einer Macht zweiten oder dritten Grades herabzudrücken, seine Industrie zu zerstören und seinen Welthandel zu vernichten ...

Deutschland steht nun gegen diese von England geführte Koalition im Kampfe. Alles, was über die Absichten und Kriegsziele seiner Gegner bekannt geworden ist, läßt das Schlimmste im Falle eines Sieges der Koalition für Deutschland befürchten. Und wir wiederholen: Es handelt sich in diesem Kriege um einen Verteidigungs-, ja Existenzkampf für das deutsche Volk und damit auch für die deutsche Arbeiterklasse. Denn, eine Niederlage Deutschlands in diesem gewaltigen Ringen wäre gleichbedeutend mit der Vernichtung der Existenzbedingungen für Millionen deutscher Arbeiter und ihrer Familien.

In klarer Erkenntnis der Größe der unserem Volke und seiner kulturellen Entwicklung drohenden Gefahr kämpfen die organisierten Arbeiter Deutschlands Schulter an Schulter mit ihren

Volksgenossen gegen eine Welt von Feinden um ihre nationale und wirtschaftliche Existenz. Und wir haben die feste Zuversicht, daß der Ausgang dieses gewaltigen Ringens ein für Deutschland günstiger sein wird.

Auf die innerpolitischen Verhältnisse Deutschlands ist der Krieg selbstverständlich nicht ohne Einfluß geblieben. Der politische Meinungsstreit der Parteien verstummte und der gegenseitige Kampf wurde eingestellt. Durch Proklamierung des sogenannten »Burgfriedens« schieden auch alle die damals im Vordergrunde der Erörterung stehenden Fragen der Klassenjustiz, der Änderung des Strafgesetzbuches sowie Fragen der Steuer-, Zoll- und Wirtschaftspolitik aus der öffentlichen Diskussion aus. Damit hörten selbstverständlich die Parteien weder auf zu existieren, noch stellten sie ihre Tätigkeit überhaupt ein. Im Gegenteil. Geändert haben sich nur die Betätigungsformen, und das Betätigungsgebiet hat sich in der durch den Kriegszustand bedingten Richtung verschoben. So haben auch die Vertreter der Arbeiterschaft in den parlamentarischen Körperschaften in Reich, Staat und Gemeinde während des Krieges eine überaus rege Tätigkeit entfaltet und bei Erörterung der durch den Krieg aufgeworfenen Fragen resp. Behandlung wichtiger Probleme im Sinne unserer Anschauungen und Ideen gewirkt. Außerdem sind Vertreter der Partei sowie der Gewerkschaften bestrebt gewesen, auf dem Wege der wiederholten direkten Verhandlungen mit den verschiedenen Regierungsorganen letztere zur Durchführung wirksamer sozialpolitischer und wirtschaftlicher Maßnahmen zu veranlassen.

Diese Tätigkeit ist nicht ohne Erfolg geblieben. Und manches von dem, was die organisierte Arbeiterschaft in jahrelangen Kämpfen nicht durchzusetzen vermochte, ist während des Krieges ein- bzw. durchgeführt worden ...

Der »Burgfrieden« bewirkte nicht nur eine Einstellung des politischen Kampfes, sondern er übte auch einen günstigen Einfluß auf die wirtschaftlichen Auseinandersetzungen zwischen Arbeitgebern und Arbeitnehmern im Sinne der Herbeiführung größerer Geneigtheit zur schiedlich-friedlichen Erledigung von Differenzen aus.

Die Stellung der Regierung und der behördlichen Organe zu den Arbeiterorganisationen ist während des Krieges ebenfalls eine andere geworden. Der Kampf gegen die Gewerkschaften wurde eingestellt und ihre Vertreter als berufene Sachwalter der Arbeiterinteressen zur Mitwirkung auf den verschiedensten

Gebieten der sozialen und Kriegsfürsorge usw. sowie zur Beratung wichtiger sozialpolitischer und wirtschaftlicher Maßnahmen herangezogen. Zweifellos hat auch das Wirken der Gewerkschaften während des Krieges, ihr kraftvolles Eingreifen zugunsten eines möglichst schnellen Wiederingangbringens des bei Kriegsausbruch ins Stocken geratenen Wirtschaftsbetriebes sowie ihre zur Linderung der momentanen Not eingeleiteten Unterstützungsaktionen der Regierung die Überzeugung beigebracht, daß es im Interesse der inneren Festigung und Stärkung der Widerstandskraft Deutschlands notwendig sei, die in den Arbeiterorganisationen wirksamen Kräfte mit in den Dienst des Vaterlandes zu stellen.

Die Gewerkschaften haben sich dieser ihrer selbstverständlichen Pflicht nicht entzogen. Sie haben alles getan, was in ihren Kräften stand, die Widerstandskraft des deutschen Volkes in diesem Existenzkampfe zu stärken und zu erhalten. Für diese ihre selbstverständliche, im eigensten Interesse der Arbeiterklasse liegende Pflichterfüllung fordern sie keinen Lohn. Wohl aber glauben sie, berechtigt zu sein, zu verlangen, daß nach diesem Kriege die Drangsalierungs- und Schikanierungspolitik nicht wiederkehre und daß auch dem Arbeiter die volle Gleichberechtigung als Staatsbürger zuerkannt und garantiert werde.

5. Schreiben der AEG (Hanspohn) an Otto Hammann vom Auswärtigen Amt, 17. Oktober 1914

Die Bedeutung dieses Schreibens liegt in der bemerkenswerten politischen Perspektive. Die Burgfriedenspolitik soll nach diesen Vorstellungen, weit über den emotionalen Appell und propagandistische Taktik hinaus, im Sinne der gewerkschaftlichen Kriegsziele durch einen nationalen Kampf um die Rückkehr auf den Weltmarkt auf der Ebene gemeinsamer materieller Interessen verfestigt werden. Aufschlußreich ist nicht nur die Auffassung, die Arbeiterschaft habe darauf ein »Recht«, sondern vor allem die Hoffnung, die angesichts der Niederlage im Hinblick auf mildere Friedensbedingungen wiederbelebt werden sollte, sich dabei des sonst so viel geschmähten Internationalismus der Arbeiterbewegung bedienen zu können. Freilich hat sich diese Linie, wie der Autor befürchtete, im Lager der Industrie nicht durchsetzen können.

Quelle: Deutsches Zentralarchiv Potsdam, 07.01 (= Bundesarchiv Koblenz, R 43 F), Nr. 2442/10, Bl. 34 f.

Soeben sagte mir Herr Geheimrat Deutsch, daß er gestern nebst Geheimrat Müller von der Dresdner Bank in einen Ausschuß des Bundes der Industriellen gewählt worden sei zum Zwecke der Beratung der nationalökonomischen Bedingungen für eventuelle Friedensverhandlungen. Ich habe Herrn Deutsch gesagt, daß es mir unbedingt erforderlich erschiene, Vertreter der Socialdemokratie heranzuziehen, um ein einheitliches Werk zustande zu bringen und zu vermeiden, daß von vornherein der Keim der Zwietracht gesät würde. Herr Deutsch schien meine Anregung für beachtenswert zu halten. Ich fürchte aber, daß namentlich die rheinisch-westfälischen Schlotbarone Schwierigkeiten machen werden und möchte Ihnen deshalb anheimgeben, von Seiten des Auswärtigen Amtes mit Rücksicht auf die guten Beziehungen zu den Führern der Socialdemokraten in der von mir bezeichneten Richtung Propaganda zu machen.

Nach meiner Meinung haben die Socialdemokraten ein Recht, gehört zu werden, und es ist viel zweckmäßiger, wenn sie bei den Vorbereitungen mittun, als wenn sie gezwungen werden, einseitig ihre Forderungen aufzustellen, um die sogenannten Interessen gegen den Kapitalismus zu wahren. Es würde nichts schlimmer sein, als bei den breiten Massen des Volkes das Gefühl aufkommen zu lassen: Der Mohr hat seine Schuldigkeit getan, der Mohr kann gehen. Wenn Dr. Frank noch lebte, so würde er der gegebene Mann sein. Sie haben aber vielleicht auch sonst geeignete Persönlichkeiten kennengelernt, die utiliter herangezogen werden können.

Die Mitwirkung der Socialdemokraten ist nicht nur wichtig für die Aufstellung gemeinschaftlicher wirtschaftlicher Forderungen, sondern auch für die Propaganda im In- und Auslande zur Rechtfertigung solcher Forderungen. Es wird ja schwierig sein, die zerrissenen internationalen Beziehungen wieder herzustellen, und wer könnte uns dabei größere Dienste leisten, als die Arbeiterpartei, bei welcher die internationalen Gegensätze überhaupt keine Rolle spielen und sogar dauernd bekämpft worden sind.

Es würde mich außerordentlich freuen, wenn Sie diesen Zeilen Berücksichtigung schenken wollten. Welchen Triumph würden wir erleben, wenn bei der Neugestaltung der Dinge das deutsche Volk dieselbe Einmütigkeit beseelte, wie bei Ausbruch des Krieges.

6. Richtlinien des preußischen Kriegsministeriums für die Behandlung der Arbeiterfrage in der Kriegsindustrie, 15. Juni 1915

Diese Richtlinien entstanden nach Vorberatungen im April 1915 in einer Abteilung des Kriegsministeriums, in der mit Richard Sichler und Joachim Tiburtius zwei Anhänger der bürgerlichen Sozialreform tätig waren. Hintergrund dieser Richtlinien, die ein einheitliches Vorgehen der stellvertretenden Generalkommandos gewährleisten sollten, waren einerseits steigende Spannungen zwischen den Militärbehörden und der Industrie um die Bereitstellung bzw. den Entzug von kriegsdienstfähigen Facharbeitern, andererseits die Bereitschaft des Kriegsministeriums, die zunehmende Einschränkung der Freizügigkeit mit einem sozialpolitischen Schutz für die betroffenen Arbeiter zu verbinden. Beispielhaft war dies im Januar 1915 für die Berliner Metallindustrie durchgesetzt worden, bis entsprechende Regelungen im Dezember 1916 im Hilfsdienstgesetz allgemein vorgeschrieben wurden. Die Industrie lehnte den Vorstoß des Kriegsministeriums in beiden Teilen am 20. 7. 1915 scharf ab, da sie sehr genau erkannte, daß derartige Regelungen im Rahmen der »Neuorientierung« für die Nachkriegszeit Präzedenzcharakter haben würden. »Der Inhalt dieser sozialpolitischen ›Richtlinien‹ ist in seiner Grundtendenz für das deutsche Unternehmertum in hohem Maße schädigend und verletzend, da die ›Richtlinien‹ unverkennbar in einseitiger Stellungnahme die Interessen der Arbeiter voranstellen und vor allem die Bestrebungen der Gewerkschaften nachdrücklich zu wahren und zu fördern bemüht sind«, während die Arbeitgeberseite vorher überhaupt nicht konsultiert worden sei.
Quelle: Militär und Innenpolitik im Weltkrieg 1914–1918. Bearbeitet von Wilhelm Deist. Düsseldorf 1970, S. 461–471 (Auszüge)

A. Aufgabe für die Heeresverwaltung.
Die für Herstellung von Kriegsbedarf tätigen Gewerbezweige so arbeitsfähig zu erhalten, wie es zwecks rechtzeitiger Ausführung ihrer wichtigen Aufträge erforderlich ist, dabei aber möglichst wenig Leute der Erfüllung ihrer Wehrpflicht zu entziehen.

B. Mittel und Wege dazu.
...
IV. Nach Ausschaltung aller unzulässigen Nebenbeschäftigungen der Industrie muß es die vornehmste Sorge der Heeresverwaltung sein, daß deren im *Interesse der Landesverteidigung notwendigen Arbeiten* ohne Störung ihren Fortgang nehmen. Dies wird erreicht werden, wenn zwischen den Organen der

Heeresverwaltung, den Unternehmern und den Arbeitern stets Übereinstimmung über die Gemeinsamkeit dieses Zieles herrscht. Die Heeresverwaltung muß mit den ihr zu Gebote stehenden Mitteln darauf hinwirken, daß die Arbeitsbedingungen in den für Kriegsbedarf tätigen Betrieben den berechtigten Wünschen der Unternehmer *und* der Arbeiter als gleichwertiger und gleichberechtigter Schöpfer der Arbeit gerecht werden. Hierzu ist erforderlich: ...

2. Gleiche Beachtung wie Arbeitseinstellungen einzelner verdienen etwa auftauchende Möglichkeiten von Streiks. Um ihnen vorzubeugen, empfiehlt es sich nach mehrfachen Erfahrungen des Kriegsministeriums, Verhandlungen der Parteien anzuregen und zu ihnen einen dafür geeigneten Vertreter der Militärbehörde zu entsenden. Dessen Mitwirkung soll nicht schiedsrichterlichen Charakter tragen, sondern zunächst der Militärbehörde ein aus Anhörung beider Teile zu gewinnendes Bild von den Ursachen des Streiks, der Berechtigung der beiderseitigen Ansprüche und der Möglichkeit einer Einigung verschaffen. Die hierüber empfangenen Eindrücke werden dem Vertreter der Heeresverwaltung die Wege weisen, in geeigneter Form auf beide Teile einzuwirken und namentlich durch Hinweis auf die in Frage stehenden gemeinsamen vaterländischen Interessen die Verhandlungen über kleinliche und einseitige Parteikämpfe hinweg einer Klärung entgegenzuführen. Mit dem Teile, dessen Verhalten einer friedlichen Lösung unberechtigterweise die größten Hindernisse bereitet, haben sich getrennt geführte Zwischenverhandlungen vor der Hauptentscheidung als nützlich ergeben.

Immer jedoch müssen Arbeiter und Unternehmer den Eindruck haben, daß die Militärbehörde sich um ein objektives Urteil bemühe und beide Teile anhöre ... Immer aber wird es sich empfehlen, an Verhandlungen zwecks Verhütung eines Streiks außer den Arbeiterausschüssen der beteiligten Firmen, wenn es sich um Angehörige eines Arbeiterverbandes (z.B. Deutscher Metall-, Holz-, Bauarbeiterverband, Christliche Arbeitergewerkschaften usw.) handelt, Vertreter dieser Organisationen hinzuzuziehen. Eine unter deren Mitwirkung getroffene Vereinbarung bindet dann nicht nur die Arbeiter des einzelnen Werkes, sondern als Bürgen für deren Vertragserfüllung auch den Verband, wenn auch nicht rechtlich, da er keine Rechtspersönlichkeit hat, so doch moralisch in meist ausreichender Stärke. Damit wird den Arbeitern der beteiligten Firma die Aussicht genommen, im Falle eines Bruches der getroffenen Abmachung von ihrem Verbande Streikunterstützungen zu erhalten, und so Gewähr für einen dauerhaften Ruhestand und ungestörten Fortgang der Arbeit geschaffen.

Die Beteiligung von Vertretern der Unternehmervereinigungen an dergleichen Besprechungen ist erwünscht; sollte sie sich nicht immer erreichen lassen, so würde es doch erstrebenswert bleiben, mit den Arbeitgebervereinigungen in wichtigeren Fragen *Fühlung zu nehmen*.

V. Durch eine gerechte Vermittlung zwischen Unternehmer- und Arbeiterstandpunkt wird es auch gelingen, die Leistungen der Arbeiterschaft so zu steigern, wie es die Landesverteidigung und das berechtigte Interesse der Arbeitgeber einerseits erfordern, die billige Rücksichtnahme auf das Leistungsvermögen der Arbeiter andererseits zuläßt. Nach wie vor wird daran festgehalten, daß erste Vorbedingung jeder Höchstleistung auf diesem Gebiete, dem Werte wie der Menge nach gemessen, Freiwilligkeit der Arbeitsübernahme ist. Von einer »Kommandierung« zur Arbeit muß daher auch weiterhin abgesehen werden. Daß auch »Beurlaubungen« zu unerwünschten Folgen Anlaß geben können, ist im Erlaß J. Nr. 337/4. 15. B. 5 (S) ausgeführt, auf den verwiesen wird. Die dort genannten Gründe sprechen auch dagegen, die Leute in Uniform zur Arbeitsstelle zu entlassen. Militärischer Zwang zur Arbeit ist entbehrlich, da unsere Arbeiterschaft im allgemeinen bereits durch andere Beweggründe zur Tätigkeit im Interesse der Landesverteidigung veranlaßt wird:

1. Zunächst sind gegenwärtig unleugbar die Löhne in den meisten Betrieben der Kriegsindustrie hoch, zum größten Teil erheblich höher, als in anderen Gewerbezweigen. Diese Tatsache findet ihre wirtschaftliche Erklärung außer in der verteuerten Lebenshaltung gerade der ärmeren Schichten, noch in dem besonderen Mangel an den von dieser Industrie gebrauchten Facharbeitern und in der erhöhten Dringlichkeit der Aufträge. Ihren Ausgleich findet die Höhe der Arbeitslöhne fast ausnahmslos in den mindestens im gleichen Verhältnis gestiegenen Kriegsgewinnen der Unternehmer. Im Rahmen dieser Voraussetzungen muß die Steigerung der Lohnsätze also im allgemeinen als gerechtfertigt angesehen werden; die Forderungen der Arbeiter haben sich auch, soweit sie von ihren Organisationen vertreten wurden, bisher zumeist in diesen Grenzen bewegt.

2. Der innere Grund, der die deutsche Arbeiterschaft zur Mitwirkung am Werke der Vaterlandsverteidigung, sowohl mit der Waffe, als auch an ihren Arbeitsplätzen bewogen hat, ist die Einsicht, daß ihr Dasein als Einzelwesen, als Bürger und Parteigenossen unlöslich mit dem Bestande des Deutschen Reiches verknüpft ist. Die Haltung der deutschen Arbeiterschaft als Ergebnis dieser Erkenntnis wird im anliegenden Schreiben einer höheren Verwaltungsbehörde gewürdigt. In diesem Gedanken suchen die Gewerkschaften aller Richtungen (die freien, Hirsch-Dunckerschen, christlichen, polnischen und die Werkvereine, sogenannten »gelben Gewerkschaften«) ihre Mitglieder zu erziehen; eine durchgreifende Beeinflussung der Arbeiter in dieser wie in den meisten anderen Beziehungen wird am wirksamsten auf dem Wege gelingen, erst ihre Führer für eine Sache zu gewinnen und dann diesen die Verbreitung des Gedankens unter den Verbandsmitgliedern zu überlassen.

3. Eine weitere Möglichkeit, die Arbeiter durch wirksamen Appell zur Mitarbeit im Dienste der Landesverteidigung zu gewinnen, ist in die Hände der Kommandobehörden gelegt.

Wenn Militärpersonen auch nur auf Grund freiwilliger Meldung für Arbeitszwecke zurückgestellt werden, so fassen sie dies gleichwohl im Grunde als Erfüllung einer militärischen Pflicht auf. Diese Empfindung enthält den sehr richtigen Kern, daß die Tätigkeit des Mannes in der Fabrik ebenso erheblich für die Landesverteidigung ist, wie im Dienste mit der Waffe. An dieses Gefühl muß bei Entlassung von Arbeitern im höheren Grade als bisher angeknüpft und ihnen ans Herz gelegt werden, ihre Berufsarbeit mit gleichem Ernst zu tun und als vaterländisch gleich wichtige Pflichterfüllung anzusehen, wie ihren Dienst bei der Truppe. Mit dieser allgemeinen Belehrung wird zweckmäßig gleichzeitig eine Mahnung zu verbinden sein, die Leistungen der Kameraden im Felde sich als Ansporn dienen zu lassen, nun auch in der Berufsarbeit alle Kräfte anzuspannen und über das Maß des im Frieden gewohnten hinaus zu arbeiten, wenn es für dringende Kriegslieferungen nötig sei ...

In keinem Falle ist es nach den gemachten Erfahrungen ratsam, einem Unternehmer ohne eingehende Kenntnis der Verhältnisse das Einverständnis der Militärbehörde mit einer von ihm als nötig vorgeschlagenen Regelung der Arbeitszeit zu erklären. Derartige Meinungsäußerungen sind mehrfach unliebsam ausgebeutet und in Bekanntmachungen der Firmen an ihre Arbeiter verwertet worden, in der eine unverbindlich gedachte

Ansicht als *Befehl* der Militärbehörde womöglich in einer über das Gesagte weit hinausgehenden Fassung wiedergegeben ist ...

Als ein Mißbrauch militärischer Gewalt durch unberufene Außenstehende muß es gleichfalls zurückgewiesen werden, wenn, wie leider oft geschehen, Arbeitgeber oder deren Werkmeister die Vereinbarung von Überstunden oder eine Lohnverkürzung mit der Drohung zu erzwingen suchten, anderenfalls werde die Reklamation zurückgezogen werden, oft sogar in der Alternativform »entweder hier zu unseren Bedingungen arbeiten, oder in den Schützengraben«. Diese Auslegung des Militärdienstes, besonders des Felddienstes als einer Strafe, statt der höchsten Ehre jedes wehrfähigen Deutschen, ist auch von einsichtigen Unternehmern als eine durchaus unangemessene Herabsetzung verurteilt worden.

7. Denkschrift des Vereins Deutscher Eisen- und Stahl-Industrieller: ›Arbeiterpolitik und Arbeiterunruhen im Kriege‹, August 1917

Diese Denkschrift des VDESI ist eine der schärfsten Absagen an die sozialpolitische Linie, wie sie von Reichskanzler Bethmann Hollweg, Preußischem Kriegsministerium und Chef des Kriegsamtes, General Groener, vertreten worden war. Nachdem die Absicht der Industrie, mit Hilfe der 3. Obersten Heeresleitung unter Hindenburg und Ludendorff sowie des Hilfsdienstgesetzes vom 5. 12. 1916 eine durchgreifende Militarisierung der industriellen Arbeitsbeziehungen durchzusetzen, vorerst gescheitert waren, wurden Bethmann Hollweg im Juli und Groener im August 1917 nicht zuletzt deswegen gestürzt, um einer entsprechenden Revision des Hilfsdienstgesetzes und des gesamten sozialpolitischen Kurses die Bahn frei zu machen. Die Hoffnung, in dem neuen Reichskanzler Michaelis und dem neuen Kriegsamtschef Scheüch willfährige Bündnispartner für diese Politik zu finden, sollte sich jedoch weitgehend zerschlagen.

Quelle: Hauptstaatsarchiv Hannover, Hann. 80, Lüneburg III, Nr. 155 (Auszüge)

Am Anfang des Krieges wurde der »Burgfriede« erklärt. Ein glücklich gewähltes Wort, das erfreulicherweise einschlug und wenigstens eine Zeitlang die Erörterungen innerpolitischer Fragen verhinderte und Arbeiterbewegungen, insbesondere Lohnkämpfe nicht aufkommen ließ. Galt es doch, die ganze geistige und körperliche Kraft in den Dienst des Vaterlandes zu stellen und das Denken und Trachten des ganzen Volkes nur darauf zu lenken, wie Heer und Marine instandgesetzt werden können, den Ansturm unserer immer zahlreicher werdenden Feinde aufzuhalten und den Sieg zu erringen. Eine baldige Erreichung dieses Zieles war nur bei völligem Wirtschaftsfrieden möglich.

Als jedoch die Königliche Feldzeugmeisterei im Jahre 1915, diesem Gedanken Rechnung tragend, eine Verfügung erließ, um in der Kriegsindustrie den Arbeiterwechsel auf ein geringes Maß zurückzuführen, wurde der Burgfriede von Arbeiterseite gebrochen. Sofort füllte nämlich die Gewerkschaftspresse ihre Spalten mit Klagen und Beschwerden über den angeblichen »Bruch des Freizügigkeitsrechtes«. In Berlin fand man dann durch Bildung des »Kriegsausschusses für die Metallindustrie« einen Weg, die bei strenger Durchführung der Verfügung der Feldzeugmeisterei möglicherweise vorkommenden Härten zu beseitigen.

Diese Einrichtung machte Schule, erblickten doch die Gewerkschaftsführer in solchen Ausschüssen ein Mittel, die bereits seit Jahrzehnten verfolgten Bestrebungen auf Einführung von Einigungsämtern und Arbeitskammern mit Aussicht auf Erfolg wieder aufzunehmen. Die Ausschüsse, die alsbald von Gewerkschaftsseite verlangt wurden, sollten sich allerdings nicht wie das Berliner Vorbild auf die Entscheidung von Streitigkeiten zwischen Arbeitnehmern und Arbeitgebern hinsichtlich der Abkehr beschränken, sie sollten vielmehr, wie später die »Korrespondenz für Kriegswohlfahrtspflege« mitteilte, auch mit der Regelung der Arbeitsschichten, der Überstunden, der Lohnfragen, der Beschäftigung von Frauen und Jugendlichen, der Kriegsgefangenenarbeit, ferner mit der Fürsorge für Kriegsbeschädigte und heimkehrende Krieger usw. betraut werden.

Diesen Gedanken machte sich die Königliche Feldzeugmeisterei, dem Verlangen der Gewerkschaften nachgebend, zu eigen, als sie im Frühjahr 1916 an den »Gesamtverband Deutscher Metall-Industrieller« die Aufforderung richtete und auch den stellvertretenden Generalkommandos die Anregung gab, die mit Heereslieferungen beschäftigten Industriellen zu veranlassen, nach dem Vorbilde der in Berlin bestehenden Einrichtung Schiedsausschüsse zu bilden. In der Begründung der Forderung wurde von seiten der Feldzeugmeisterei gelegentlich erklärt, die Militärverwaltung lege Wert darauf, daß der Arbeiter überhaupt für jede Beschwerde eine unparteiische Stelle an-

gehen könne. Ferner müßte den Gewerkschaften, die des Burgfriedens willen auf das Streikrecht Verzicht leisteten, eine Ent-
schädigung hierfür gewährt werden. Da vaterländische Interessen auf dem Spiele ständen, müßten auch von Arbeitgeberseite
gewisse Opfer gebracht werden. Demgegenüber muß man sagen, daß im Kriege vor allem Ruhe und Ordnung im Innern
herrschen müssen, will man den Kampf nach außen siegreich
führen. Wenn also die Gewerkschaften mit Kriegsbeginn ihre
Arbeitskämpfe einstellten, so taten sie nur, was ihre Pflicht war,
und nichts mehr. Ein »Opfer« brachten sie keineswegs. Daher
führt es irre, wenn man sagt, für den Streikverzicht müßten die
Gewerkschaften gewissermaßen entschädigt werden, und die
Arbeitgeber müßten hierfür Opfer bringen, wie es auch ver-
kehrt ist, zu sagen, dafür, daß sich die Arbeiter im Felde gut
schlagen, müßten sie besonders belohnt werden. Wir haben
kein Söldnerheer, das nur des Soldes wegen ficht, sondern ein
Volksheer, das des Vaterlandes Größe und Ehre verteidigt . . .
    In der Begründung der Feldzeugmeisterei ist ferner bemer-
kenswert, daß die Gewerkschaften es sind, welche entschädigt
werden sollen. Es kam also der Militärverwaltung in diesem
Falle nicht allein darauf an, dem einzelnen Arbeiter sein Recht
zuteil werden zu lassen, sondern auch den Gewerkschaften,
deren Führer fortgesetzt Beschwerden brachten und Forderungen stellten, entgegenzukommen . . .
    Daß in dem starken Rückgang der Mitgliederzahl und in dem
Verfall der Organisation die Gewerkschaftsführer eine große
Gefahr für die Gewerkschaftsbewegung überhaupt erblickten,
ist begreiflich und es lag nahe, daß sie aus diesem Grunde sich
bemühten, ihren Verbänden zu neuem Leben zu verhelfen. Unter diesem Gesichtswinkel betrachtet, erscheint die von der Kö-
niglichen Feldzeugmeisterei für erforderlich gehaltene Berücksichtigung der Wünsche der Gewerkschaften in einem besonderen Lichte.
    Die Notwendigkeit der Einrichtung von Schiedsausschüssen
in allen Landesteilen beurteilten die Industriellen von vornherein ganz anders als die Feldzeugmeisterei . . .
    Auch der Verein Deutscher Eisen- und Stahl-Industrieller hat
sich in seiner Hauptvorstandssitzung vom 23. März v. J. mit der
Frage beschäftigt und war einstimmig der Ansicht, daß ein Be-
dürfnis oder gar eine Notwendigkeit für die Nachbildung des
Berliner Schiedsausschusses in den einzelnen Landesteilen nicht
besteht. Außerdem erwartete er von der Einrichtung keinen

Vorteil für den Burgfrieden, sondern eher eine Schädigung für die Betriebsführung. Insbesondere schwebten ihm die englischen Arbeiterverhältnisse vor, wo gerade die Macht der Arbeiterverbände das größte Hindernis für die vollständige und rechtzeitige Umstellung der englischen Industrie auf den Kriegsbedarf bildete.

Die Haltung der Eisen- und Metallindustriellen war von der Überzeugung bestimmt, daß die Gewerkschaften sich nicht mit der Nachahmung des Berliner Kriegsausschusses im ganzen Deutschen Reiche zufrieden geben würden, sondern immer wieder neue Forderungen stellen würden, die dahin zielen, ihre Macht zu stärken, eine Vorzugsstellung der organisierten Arbeiter zu erreichen, um damit zum Organisationszwang zu kommen und schließlich Einfluß auf die Betriebsführung und die Entwicklung ganzer Industriezweige überhaupt zu gewinnen, wie es bekanntlich in England schon vor dem Kriege der Fall gewesen ist . . .

In England zeigte sich auch deutlich, daß man den sozialen Frieden nicht erreicht durch Zugeständnisse aller Art, durch Einrichtung von Einigungsämtern usw., denn in England ist es trotz der Einrichtung von Einigungsämtern immer wieder zu neuem Bruch der Verträge und zu neuen Kämpfen gekommen. In Deutschland hat man leider im allgemeinen keine Vorstellung von der Macht der englischen Arbeiterverbände und von ihrem unheilvollen Einfluß auf die industrielle Entwicklung.

Die Einsprüche der deutschen Arbeitgeberverbände gegen die Einrichtung von Kriegsschiedsausschüssen sind leider erfolglos geblieben. Im Laufe des Frühjahres und des Sommers vorigen Jahres suchten die stellvertretenden Generalkommandos in fast allen Bundesstaaten und fast allen bedeutenderen Industriestädten die Errichtung solcher Schiedshöfe durchzusetzen. Das brachte Wasser auf die Mühlen der Gewerkschaften. Die mit der Bildung der Kriegsausschüsse erforderlich werdenden Wahlen gaben Gelegenheit, in die noch ziemlich ruhigen Arbeitermassen neue Fragen hineinzuwerfen und sie zu veranlassen, sich mit neuen Forderungen zu beschäftigen. Waren die Arbeiter vorher mit ihren Löhnen, die mit der Fortdauer des Krieges wegen der zunehmenden Teuerung von den Unternehmern erhöht wurden, im allgemeinen zufrieden, so ergaben sich im Laufe des vorigen Jahres immer mehr Klagen über unzureichende Löhne und Nahrungsmittel. Es lag auf der Hand, daß die Arbeiter mit den ihnen von den Behörden zugeteilten Lebensmitteln nicht auskommen konnten, und die fast allgemein zunehmenden Beschwerden hierüber erschienen nicht unberechtigt. Daher haben sich die Industriellen schon früher bemüht, neben der Erhöhung der Löhne, unter großen Geldopfern Lebensmittel heranzuschaffen, um sie ihren Arbeitern zur Verfügung zu stellen ...

Den Arbeitgebern war es leider nicht möglich, die Arbeiter ganz zufriedenzustellen. Ihre Begehrlichkeit wuchs von Monat zu Monat dank der Beeinflussung der Gewerkschaften und der ihr nahestehenden Presse, eine Agitation, die von den Behörden stillschweigend geduldet wurde in dem Glauben, daß ein Einschreiten nur zu einer Verschärfung der Lage führen würde, daß man aber die Forderungen der Gewerkschaften erfüllen müsse, um die Arbeiter »bei guter Laune« zu halten.

War und ist die Unzufriedenheit der Arbeiter vor allem in den Schwierigkeiten der Lebensmittelversorgung zu suchen, so verstanden es gewisse Politiker, die Mißstimmung auf das politische Gebiet hinüberzuspielen. Das zeigte sich deutlich bei den Herbstsitzungen des Reichstags im vorigen Jahr, als der Hilfsdienstgesetzentwurf zur Beratung stand. Der Vater des Hilfsdienstgedankens erstrebte die Mobilmachung auch der letzten für den vaterländischen Hilfsdienst nutzbaren Kraft. Zu dem Zweck war die Einführung der Arbeitspflicht oder des Arbeitszwanges nötig. Nach den riesenhaften Anstrengungen unserer Feinde in der Sommeschlacht schienen offenbar die freiwilligen Leistungen unserer mit der Versorgung des Heeres und der Marine beschäftigten Arbeitskräfte nicht mehr ausreichend zu sein. Daher sollte der Arbeitszwang überall dort angewendet werden, wo man im Wege der Freiwilligkeit nicht zum Ziel kam. Begreiflicherweise war von vornherein nicht daran gedacht, die Arbeiter in ihrem Einkommen zu schädigen und herabzudrücken.

Großzügig waren die Gesichtspunkte, welche der Urheber des Gesetzes in dem denkwürdigen Entwurfe niederlegte. Das Wort vom vaterländischen Hilfsdienst war damals in aller Munde und machte einen tiefen Eindruck auf das ganze deutsche Volk. Der Reichstag aber machte in Verkennung der Forderungen der Zeit aus dem Gesetzentwurf in der kurzen Spanne von zehn Tagen, in denen er sich mit der Angelegenheit beschäftigte, etwas ganz anderes, als der Vater des Gesetzes beabsichtigt hatte ...

Nicht die Gewerkschaften haben sich geändert, sondern die

Auffassungen der Behörden über die Arbeiterbewegung. Dazu paßt die revolutionäre Drohung Scheidemanns im Reichstag. In gleicher Weise hat sich, wie Schlicke in Cöln berichtete, offenbar Ledebour gelegentlich in Gotha geäußert, wenn er empfahl, »der Gewerkschaftsbewegung wieder den revolutionären Charakter zu geben«...

Wir sind der Ansicht, nicht nur die Vorkommnisse der jüngsten Zeit, sondern auch die Cölner Gewerkschaftstagung selbst hat die Lage grell beleuchtet und zeigt die Gefährlichkeit der Gewerkschafts-, insbesondere der sozialdemokratischen Arbeiterbewegung. Es ist erstaunlich, daß in Cöln kein Redner an die unumgänglichen Erfordernisse des Krieges erinnerte und von einer Beschwichtigung der Massen zu berichten wußte. Dagegen hörte man durch alle Reden – auch die der Führer, von denen man doch Besonnenheit hätte verlangen können – aufreizende und verhetzende Worte ...

Die Gefahr der revolutionären Umtriebe ist allmählich zu groß geworden, als daß der Gewerkschaftskampf – es ist auffällig, daß die Vertreter der Gewerkschaften nicht das Wort »Arbeiterbewegung« gebrauchen, sondern lieber das Wort »Kampf« im Munde führen – noch eine »gesetzlich gesicherte Grundlage« erhält. Dem in letzter Zeit so stark und rasch sich ausbreitenden Radikalismus in der Arbeiterbewegung kann und darf die Regierung nicht länger mehr untätig zusehen. Geduld, Abwarten, Nachgiebigkeit, Zugeständnisse sind diesen Klassenkämpfen gegenüber nicht am Platze. Das hat man nicht nur bei den seit einiger Zeit so bedenklich gewachsenen Arbeiterunruhen gesehen, sondern auch bei der Erörterung der innerpolitischen Fragen überhaupt. Wir erinnern an den Versuch, durch die Osterbotschaft des Kaisers die linksstehende, sich hauptsächlich auf die Arbeitermasse stützende Presse zu beschwichtigen. Trotzdem zeigen diejenigen Kreise, denen damit ein großes Entgegenkommen bewiesen worden ist, keine Neigung, sich zufrieden zu geben. Die kaiserliche Botschaft genügte nicht. Es wurden »nicht nur Worte, sondern auch Taten« verlangt. Da man die Nachgiebigkeit des früheren Reichskanzlers kannte, sagte man klar und deutlich, daß es sich nicht nur um Einführung des Reichstagswahlrechtes in Preußen und allen anderen Bundesstaaten, sondern auch um die Einrichtung der parlamentarischen Regierung, ja um die vollständige Demokratisierung und Republikanisierung unseres monarchischen Deutschen Reiches handelt.

Nur eine zielbewußte und willensstarke Politik kann das Vaterland retten, die wilden und wesensfremden Schößlinge, die sich mehr und mehr entwickelt haben, abschneiden und an ihre Stelle wieder gesunde Auffassungen pflanzen. Deutsche Auffassungen, frei von Gefühlsanwandlungen müssen der Leitstern unserer Politik, aber auch die Richtschnur für unsere Behörden sein. Bei Ausständen ist es durchaus zu vermeiden, daß sich Vertreter der Militärbehörden sofort auf die in den Streik verwickelten Werke begeben, um Vermittlungsversuche zu machen, auch ohne daß sie dieserhalb angegangen werden. Es darf nicht vorkommen, daß Behörden in offener Weise gegen die Industriellen zugunsten der Arbeiter und Gewerkschaften Partei ergreifen, sei es in Lohnfragen oder anderen Angelegenheiten ...

Die Kriegsamtstellen dürfen sich nicht dazu hergeben, Agitation für die Gewerkschaften zu treiben und Industrielle zu veranlassen, ihre Arbeiter in die Organisationen hineinzutreiben. Wie würden die Gewerkschaften toben, wenn die Behörden etwas für die wirtschaftsfriedlichen Arbeitervereine tun würden! Statt dessen ließ sich die Regierung von den Gewerkschaften zwingen, diese dem wirtschaftlichen Frieden dienenden Arbeiterverbände zurückzudrängen ...

Es ist gewiß bedauerlich, wenn solche Zwangsmaßregeln, die schon vor Einbringung des Hilfsdienstgesetzes angekündigt worden sind, tatsächlich ergriffen werden müssen, um die mit dem Hilfsdienstgesetz erstrebten, aber nicht erreichten Wirkungen zu erzielen und um die Ruhe im Reiche wiederherzustellen. Der Burgfriede ist leider weder durch das Verhalten der Gewerkschaften noch durch gütliches Zureden gesichert. Daher muß, solange der Feind draußen tobt, im Innern durch Strenge Ruhe und Ordnung gesichert werden ...

Auch aus unserer Beurteilung des Hilfsdienstgesetzes geht hervor, daß wir auf seine Beibehaltung keinen Wert legen, daß wir aber mit Rücksicht auf die überaus schädlichen Wirkungen, sofern es bis Kriegsende beibehalten wird, gleich anderen industriellen Verbänden, wie oben bereits dargelegt, eine Reihe von Änderungen für dringend erforderlich erachten.

Was insbesondere die Frage der zwangsweisen Übertragung der Arbeiter- und Angestelltenausschüsse sowie der Schlichtungsstellen auf die Friedenswirtschaft anlangt, so bitten wir dringend, von einem solchen Schritt abzusehen. Die Einrichtung des Hilfsdienstgesetzes war nur für die Kriegszeit bestimmt, aber nicht für die Friedenszeit. Die Vorschriften haben sich selbst im Kriege nicht bewährt. Wir können uns daher auch für die Übergangs- und Friedenswirtschaft keinen Erfolg für eine günstige industrielle Entwicklung versprechen. Denjenigen Unternehmern, welche Arbeiterausschüsse und Schlichtungs-stellen neben den ordentlichen Gerichten für zweckmäßig halten, steht es frei, diese Maßnahmen zu treffen. Wer aber auch ohne derartige Ausschüsse mit seinen Arbeitern auszukommen glaubt, soll in seinen Maßnahmen nicht gestört werden.

Was die künftige Arbeiterpolitik im allgemeinen anlangt, so wollen wir unsere Ansichten folgendermaßen zusammenfassen:

Vor allem muß die Regierung ihre Selbständigkeit gegenüber den Einflüssen der Gewerkschaften wiedergewinnen; sie braucht sich der Mitwirkung der Gewerkschaften keineswegs zu entschlagen, jedoch darf eine solche nur auf der Grundlage stattfinden, daß die Gewerkschaften sich der Staatsgewalt unterordnen, nicht dieselbe an sich reißen . . .

Ein weiteres Nachgeben der Regierung den Gewerkschaften gegenüber und eine Nachahmung der unheilvollen englischen Sozialpolitik, die nicht zu einer Beruhigung der Massen, aber zu einem folgenschweren Zurückbleiben des englischen Wirtschaftslebens und schließlich zum Kriege geführt hat, wäre für die deutsche Industrie ein gefährliches Beginnen und würde auch Deutschland zum industriellen Stillstand, aber nicht zum sozialen Frieden führen. Die Arbeiter werden nie zufrieden sein, solange es Leute gibt, welche ihre Unzufriedenheit erregen. Darüber helfen auch keine sogenannten Tarifverträge hinweg, die von den Arbeitern in schwierigen Zeiten häufig genug gebrochen werden, und deren Einführung in die Betriebe der Großeisen- und Stahlindustrie sowie des Bergbaus aus den von uns wiederholt dargelegten Gründen völlig unmöglich ist. Darüber führen aber auch nicht die obligatorischen Arbeiter-, Angestellten- und Schlichtungs-Ausschüsse hinweg, wie sie von den Gewerkschaften für die künftige Friedenszeit zur Entscheidung von Streitigkeiten über Lohn-, Arbeiter- und Betriebsfragen gefordert werden.

Die beste Sozialpolitik ist, das dünkt uns, eine solche, die es ermöglicht, die vorhandenen Arbeitskräfte voll zu beschäftigen, gute Löhne zu zahlen und eine ausreichende Versorgung der Arbeiterschaft mit Lebensmitteln sicherzustellen. Dazu gehört die Verhütung jeder unnötigen Agitation und Aufreizung der Arbeiterschaft und die Stärkung der Autorität sowohl der Regierungsbehörden wie der für die Betriebsführung verantwortlichen Unternehmer. Schließlich muß uns helfen eine Sicherstellung unserer Rohstoffversorgung und eine zweckmäßige Regelung unserer Außenhandelsbeziehungen.

II. Kriegsziele und Friedensfrage

8. Aufzeichnung Bethmann Hollwegs über die Ziele beim Friedensschluß (›September-Programm‹), 9. September 1914

Am 9. 9. 1914, als auf dem Höhepunkt der Marne-Schlacht der militärische Sieg über Frankreich greifbar nahe schien, hat Reichskanzler Bethmann Hollweg seinem Stellvertreter in Berlin, Clemens von Delbrück, aus dem Großen Hauptquartier das nachfolgende Kriegszielprogramm übersandt. In seinen Grundzügen war das Programm bereits Mitte August erkennbar, als die Kampfhandlungen kaum begonnen hatten. Die Bedeutung und Bewertung des Programms sind umstritten: Fritz Fischer wertet es als repräsentativen, in seinem Kern weitgehend unverändert bleibenden Ausdruck deutscher Annexionsabsichten. Gerhard Ritter meint dagegen, nicht ohne Zwiespalt, daß der Kanzler dieses Programm »als ein Höchstmaß ... an Mäßigung« gesehen habe, das gegen die weitergehende Annexionswut von Kaiser, Industrie und Bevölkerung überhaupt im Falle des Sieges sich hätte durchsetzen lassen. Egmont Zechlin erkennt in dem Programm eine »vorläufige« und (weitgehend unverbindliche) »Aufzeichnung« für die Zeit eines »Zwischenfriedens« *nach* dem Sieg über Frankreich und *vor* der entscheidenden Auseinandersetzung mit England.
    Quelle: Werner Basler, Deutschlands Annexionspolitik in Polen und im Baltikum 1914–1918. Berlin 1962, S. 381 ff.

Euerer Exzellenz
übersende ich in der Anlage eine vorläufige Aufzeichnung über die Richtlinien unserer Politik beim Friedensschluß, die ich hier habe anfertigen lassen. Wenn auch der Krieg noch nicht entschieden ist und es eher den Anschein hat, als gelänge es England, seine Bundesgenossen in einem Widerstand à outrance festzuhalten, so werden wir doch für die Eventualität plötzlicher Verhandlungen, die dann nicht in die Länge gezogen werden dürfen, gewappnet sein müssen. Über das wirtschaftliche Programm eines mitteleuropäischen Zollverbandes haben wir

ja kurz nach dem Ausbruch des Krieges mündlich gesprochen und eine Übereinstimmung in den Grundzügen feststellen können.

Es käme nun darauf an, im Einvernehmen mit dem Auswärtigen Amt die einzelnen Probleme vorbereitend so zu klären, daß es bei eventuellen Verhandlungen über einen Präliminarfrieden möglich ist, schnell das Richtige zu treffen und in kurzen Formeln die richtige Grundlage für den späteren schwierigen Aufbau zu finden. Zu den großen sachlichen Schwierigkeiten, die die einzelnen Fragen selbst enthalten, scheint mir noch eine besondere in der Frage der Heranziehung der weiten, an der schließlichen Lösung interessierten wirtschaftlichen Kreise zu liegen. Es liegt in der Natur der Sache, daß eine derartige Neugestaltung der wirtschaftlichen Verhältnisse Mitteleuropas eine Umschichtung der Interessen und Zukunftsaussichten der einzelnen Wirtschaftszweige im Gefolge hat, den einen neue Wege zeigt, sehr viele aber in der bisherigen Einstellung ihrer Interessen gefährdet und manche aus den gewohnten Bahnen reißt, die nicht einsehen werden, daß sich ihnen neue, noch bessere Möglichkeiten öffnen. Ich möchte deshalb raten, die Interessentenkreise so wenig und so spät als möglich heranzuziehen. Bei der Größe des zu Erreichenden werden wir um des Gesamtinteresses willen auch da und dort über noch so berechtigte Sonderinteressen hinweggehen müssen. Auch die Rücksicht auf den ganz geheimen Charakter, der diesen vorbereitenden Arbeiten zukommen muß, wird zu einem solchen Vorgehen den Interessenten gegenüber veranlassen müssen.

Sollten Euere Exzellenz der Ansicht sein, daß es – bei der Eigenart unserer an Ressortgesichtspunkten zähe festhaltenden Beamten, von denen nicht alle imstande sein werden, sich plötzlich einer neuen und weiteren Perspektive zuzuwenden – sich empfiehlt, die erst in zweiter Linie beteiligten Ressorts nur in Einzelfragen gutachtlich zu hören, so wäre ich meinerseits mit einem solchen Verfahren einverstanden, in dem Bewußtsein, daß der Hauptteil der Aufgabe am besten in Ihrer persönlichen Initiative und Führung liegt.

Seine Majestät der Kaiser kommt immer von neuem auf den Gedanken zurück, daß eventuell von Belgien und Frankreich zu annektierende Gebietsteile evakuiert und mit Militärkolonien in der Form von Landzuwendungen an verdiente Unteroffiziere und Mannschaften besiedelt werden müßten. Ich verkenne nicht, daß dieser Gedanke viel Bestechendes hat, in der Ausführung aber wohl großen Schwierigkeiten begegnen wird. Immerhin wäre zu überlegen, ob sich nicht eine Formel finden läßt, in der eine solche Expropriierung in dem Präliminarfrieden dem besiegten Staate in gewissem Umfang aufgegeben werden kann. Speziell der Gedanke, daß die französische Regierung bei der Abtretung des lothringischen Erzbeckens es auf sich nehmen muß, die dortigen Eisenwerke in deutschen Besitz überzuleiten, wäre erwägenswert. Ich wäre dankbar, wenn Sie auch für diesen Punkt eine Form vorbereiten ließen.

gez. Bethmann Hollweg

Das allgemeine Ziel des Krieges:

Sicherung des Deutschen Reiches nach West und Ost auf erdenkliche Zeit. Zu diesem Zweck muß Frankreich so geschwächt werden, daß es als Großmacht nicht neu erstehen kann, Rußland von der deutschen Grenze nach Möglichkeit abgedrängt und seine Herrschaft über die nichtrussischen Vasallenvölker gebrochen werden.

Die Ziele des Krieges im einzelnen:

1. *Frankreich.* Von den militärischen Stellen zu beurteilen, ob die Abtretung von Belfort, des Westabhangs der Vogesen, die Schleifung der Festungen und die Abtretung des Küstenstrichs von Dünkirchen bis Boulogne zu fordern ist.

In jedem Falle abzutreten, weil für die Erzgewinnung unserer Industrie nötig, das Erzbecken von Briey.

Ferner eine in Raten zahlbare Kriegsentschädigung; sie muß so hoch sein, daß Frankreich nicht imstande ist, in den nächsten 15–20 Jahren erhebliche Mittel für Rüstungen aufzuwenden.

Des weiteren: ein Handelsvertrag, der Frankreich in wirtschaftliche Abhängigkeit von Deutschland bringt, es zu unserem Exportland macht und uns ermöglicht, den englischen Handel in Frankreich auszuschalten. Dieser Handelsvertrag muß uns finanzielle und industrielle Bewegungsfreiheit in Frankreich schaffen, so daß deutsche Unternehmungen nicht mehr anders als französische behandelt werden können.

2. *Belgien.* Angliederung von Lüttich und Verviers an Preußen, eines Grenzstrichs der Provinz Luxemburg an Luxemburg.

Zweifelhaft bleibt, ob Antwerpen mit einer Verbindung nach Lüttich gleichfalls zu annektieren ist.

Gleichviel, jedenfalls muß ganz Belgien, wenn es auch als

Staat äußerlich bestehen bleibt, zu einem Vasallenstaat herabsinken, in etwa militärisch wichtigen Hafenplätzen ein Besatzungsrecht zugestehen, seine Küste militärisch zur Verfügung stellen, wirtschaftlich zu einer deutschen Provinz werden. Bei einer solchen Lösung, die die Vorteile der Annexion, nicht aber ihre innerpolitisch nicht zu beseitigenden Nachteile hat, kann franz. Flandern mit Dünkirchen, Calais und Boulogne mit großenteils flämischer Bevölkerung diesem veränderten Belgien ohne Gefahr angegliedert werden. Den militärischen Wert dieser Position England gegenüber werden die zuständigen Stellen zu beurteilen haben.

3. *Luxemburg* wird deutscher Bundesstaat und erhält einen Streifen aus der jetzt belgischen Provinz Luxemburg und eventuell die Ecke von Longwy.

4. Es ist zu erreichen die Gründung eines mitteleuropäischen Wirtschaftsverbandes durch gemeinsame Zollabmachungen, unter Einschluß von Frankreich, Belgien, Holland, Dänemark, Österreich-Ungarn, Polen und eventl. Italien, Schweden und Norwegen. Dieser Verband, wohl ohne gemeinsame konstitutionelle Spitze, unter äußerlicher Gleichberechtigung seiner Mitglieder, aber tatsächlich unter deutscher Führung, muß die wirtschaftliche Vorherrschaft Deutschlands über Mitteleuropa stabilisieren.

5. Die Frage der kolonialen Erwerbungen, unter denen in erster Linie die Schaffung eines zusammenhängenden mittelafrikanischen Kolonialreichs anzustreben ist, desgleichen die Rußland gegenüber zu erreichenden Ziele werden später geprüft.

Als Grundlage der mit Frankreich und Belgien zu treffenden wirtschaftlichen Abmachungen ist eine kurze provisorische, für einen eventuellen Präliminarfrieden geeignete Formel zu finden.

6. *Holland.* Es wird zu erwägen sein, durch welche Mittel und Maßnahmen Holland in ein engeres Verhältnis zu dem Deutschen Reiche gebracht werden kann.

Dies engere Verhältnis müßte bei der Eigenart der Holländer von jedem Gefühl des Zwanges für sie frei sein, an dem Gang des holländischen Lebens nichts ändern, ihnen auch keine veränderten militärischen Pflichten bringen, Holland also äußerlich unabhängig belassen, innerlich aber in Abhängigkeit von uns bringen. Vielleicht ein die Kolonien einschließendes Schutz- und Trutzbündnis, jedenfalls enger Zollanschluß, even-

tuell die Abtretung von Antwerpen an Holland gegen das Zugeständnis eines deutschen Besatzungsrechtes für das befestigte
Antwerpen wie für die Scheldemündung wäre zu erwägen.

9. ›Weihnachtsdenkschrift‹ des Chefs des Generalstabes des
   Feldheeres, Erich von Falkenhayn, Weihnachten 1915

Diese Denkschrift ist eine bemerkenswerte Analyse des bisherigen
Kriegsverlaufs sowie der deutschen Chancen und Möglichkeiten, den
Krieg doch noch militärisch (und politisch) erfolgreich zu Ende führen
zu können. Zugrunde liegt die Erkenntnis, daß die Rückkehr zum
Bewegungskrieg von Deutschland nicht mehr zu erzwingen sei. Trotz
des optimistischen Grundtenors ist daher eine gewisse Ratlosigkeit
nicht zu verkennen. Indem Falkenhayn die Gesetze des Stellungskrieges radikal zu Ende denkt und mit dem ebenso neuartigen Phänomen
des Materialkrieges kombiniert, formuliert er mit erschreckender Konsequenz sein Dogma der »Abnutzungsschlacht«.
   Quelle: Erich von Falkenhayn, Die Oberste Heeresleitung 1914 bis
1916 in ihren wichtigsten Entschließungen. Berlin 1920, S. 176–184
(Auszüge)

Frankreich ist militärisch und wirtschaftlich – dies durch dauernde Entziehung der Kohlenfelder im Nordosten des Landes –
bis nahe an die Grenze des Erträglichen geschwächt. Rußlands
Wehrmacht ist nicht voll niedergerungen, aber seine Offensiv-
kraft doch so gebrochen, daß sie in annähernd der alten Stärke
nicht wieder aufleben kann. Serbiens Heer kann als vernichtet
gelten. Italien hat zweifellos eingesehen, daß es auf Verwirklichung seiner Raubgelüste in absehbarer Zeit nicht rechnen
kann, und würde deshalb wahrscheinlich froh sein, das Abenteuer auf irgendeine anständige Weise bald liquidieren zu können.
   Wenn aus diesen Tatsachen nirgends Folgerungen gezogen
wurden, so liegt dies an vielen Erscheinungen, in deren Erörterung man im einzelnen nicht einzutreten braucht. Nur an der
hauptsächlichsten darf man nicht vorübergehen. Sie ist der un-
geheuerliche Druck, den England noch immer auf seine Verbündeten ausübt.
   Zwar ist es gelungen, auch die englische Feste schwer zu
erschüttern, – der beste Beweis dafür ist der bevorstehende
Übergang zur allgemeinen Wehrpflicht. Er ist aber auch ein

Beweis, zu welchen Opfern England fähig ist, um das erstrebte Ziel, die dauernde Ausschaltung des ihm am gefährlichsten scheinenden Nebenbuhlers, zu erreichen. Die Geschichte der Kämpfe Englands gegen die Niederlande, Spanien, Frankreich und Napoleon wiederholt sich. Schonung hat Deutschland von diesem Gegner nicht zu erwarten, solange ihm noch irgendeine Hoffnung bleibt, an das Ziel zu kommen. Ein Verständigungsversuch, der von Deutschland ausginge, würde den Kriegswillen Englands nur stärken, da er ihn entsprechend seiner eigenen Sinnesart für ein Zeichen des Nachlassens des deutschen Kriegswillens nehmen müßte.

England, in dem man gewohnt ist, Chancen nüchtern abzuwägen, kann kaum hoffen, uns mit rein militärischen Mitteln niederzuringen. Es stellt seine Sache offenbar auf den Ermattungskrieg. Die Zuversicht, durch ihn Deutschland auf die Schultern zu zwingen, haben wir nicht brechen können. Aus ihr schöpft der Feind die Kraft, weiter zu ringen und dazu seine Gruppe dauernd zusammenzupeitschen.

Es gilt, ihm diese Zuversicht zu nehmen.

Einfaches Abwarten in der Defensive, das an sich wohl denkbar wäre, entspricht dem Zweck auf die Dauer nicht. Den Gegnern strömen aus ihrer Überlegenheit an Menschen und Material erheblich mehr Kräfte zu als uns. Es müßte bei diesem Verfahren einmal der Augenblick eintreten, wo das rohe Stärkeverhältnis Deutschland nicht viel Hoffnung mehr ließe. Das Vermögen zum Durchhalten ist bei unseren Verbündeten begrenzt, das unserige immerhin nicht unbeschränkt. Möglicherweise wird der nächste oder, wenn Rumänien weiterliefert, der übernächste Winter, falls bis dahin keine Entscheidung gesichert ist, bei den Gliedern des Vierbundes Entbehrungs- und in deren Gefolge, wie ja immer, soziale und politische Krisen bringen. Sie müssen überwunden werden und werden überwunden werden können. Zeit ist aber gewiß nicht zu verlieren. England muß also die Aussichtslosigkeit seines Beginnens vor Augen geführt werden.

Freilich ist es auch in diesem Fall, wie so häufig bei den höchsten strategischen Entscheidungen, sehr viel einfacher, festzustellen, was zu geschehen hat, als zu finden, wie es vollbracht werden kann und soll.

Das nächstliegende Mittel wäre der Versuch, England auf dem Lande entscheidend zu treffen. Es ist hiermit nicht seine Insel gemeint, die für unsere Truppen, wie die Marine glaubhaft urteilt, nicht erreichbar ist. Unsere Anstrengungen können sich vielmehr nur gegen eine der Stellen auf dem Festlande richten, an denen England selbst kämpft. Auf dem eigentlichen Festlande von Europa sind wir unserer Kräfte ganz sicher und arbeiten mit bekannten Größen. Infolgedessen sind vorweg Unternehmungen im Orient auszuscheiden, wo England allerdings auch unmittelbar getroffen werden könnte ... Eine kriegsentscheidende Wirkung jedoch, wie sie Schwärmer von einem Alexanderzug nach Indien oder nach Ägypten oder von einem überwältigenden Angriff auf Saloniki erhoffen, ist nicht zu erwarten. Unsere Verbündeten verfügen nicht über die dafür nötigen Mittel. Wir sind infolge der schlechten Verbindungen nicht in der Lage, sie ihnen zuzuführen ...

Auch sprechen die Lehren, die man aus den mißglückten Massenstürmen unserer Gegner ableiten kann, entschieden gegen eine Nachahmung dieser Kampfmethode. Massendurchbruchsversuche gegen einen moralisch intakten, gut bewaffneten und zahlenmäßig nicht erheblich unterlegenen Feind können auch bei größter Menschen- und Materialanhäufung nicht als aussichtsvoll betrachtet werden. Dem Verteidiger wird es in den meisten Fällen gelingen, die eingedrückten Stellen abzuriegeln. Dies ist ihm leicht, wenn er sich zum freiwilligen Ausweichen entschließt. Ihn daran zu hindern, ist kaum möglich. Die Einbuchtungen, flankierender Feuerwirkung in hohem Maße ausgesetzt, drohen dann zum Massengrab zu werden. Die technischen Schwierigkeiten der Leitung und Versorgung der Massen darin werden so groß, daß sie kaum überwindlich erscheinen.

Ebenso aber muß der Versuch, mit schwächeren Mitteln gegen den englischen Frontabschnitt anzurennen, widerraten werden. Er wäre nur zu befürworten, wenn man ihm ein Ziel in greifbarer Nähe geben könnte. Ein solches ist nicht vorhanden. Das Ziel müßte immer die so gut wie vollständige Vertreibung der Engländer vom Festlande, die Zurückdrängung der Franzosen hinter die Somme sein. Wird nicht wenigstens dieser Erfolg erreicht, so ist der Angriff zwecklos gewesen. Wird er aber erreicht, so ist der Endzweck trotzdem noch nicht gesichert, weil England wohl zuzutrauen ist, daß es auch dann nicht nachgeben wird, und weil Frankreich nicht selbst schwer getroffen sein würde. Hierzu wäre Einleitung einer neuen Operation erforderlich. Es ist sehr fraglich, ob Deutschland dazu noch über die nötigen Kräfte verfügen würde. Der Gedanke, sie durch

Neuaufstellungen in großem Umfange zu beschaffen, muß für diesen Winter abgelehnt werden. Seine Ausführung kann bei dem drückenden Mangel an genügend vorgebildeten Führern nicht von wesentlichem militärischen Nutzen sein und droht die Lage in der Heimat gefährlich zu überspannen.

Das Ergebnis dieser Untersuchung ist, daß es sich nicht empfiehlt, die englische Front im Westen mit entscheidungsuchendem Angriff anzupacken, es sei denn, daß sich eine Gelegenheit dazu im Gegenstoß ergeben sollte. Gewiß ist das betrübend vom Standpunkt unserer Gefühle für den Erzfeind in diesem Kriege. Es ist jedoch erträglich, wenn man sich vergegenwärtigt, daß der Krieg mit eigenen Kräften auf dem europäischen Festland für England im Grunde eine Nebenhandlung ist. Seine eigentlichen Waffen sind hier die französischen, russischen und italienischen Heere. Setzen wir diese außer Gefecht, so steht uns England allein gegenüber. Es ist schwer anzunehmen, daß es unter solchen Umständen an seinen Vernichtungsabsichten festhalten sollte. Eine Sicherheit, daß es nachgeben wird, besteht freilich nicht, aber eine hohe Wahrscheinlichkeit. Mehr ist im Kriege selten zu erreichen.

Um so notwendiger ist es, daß gleichzeitig alle jene Mittel rücksichtslos zur Anwendung gebracht werden, die geeignet sind, England auf seinem eigensten Gebiet zu schädigen. Es sind dies der Unterseekrieg und die Anbahnung eines politischen und wirtschaftlichen Zusammenschlusses Deutschlands nicht nur mit seinen Verbündeten, sondern auch mit allen noch nicht ganz im Bannkreis Englands gefesselten Staaten. Sich mit diesem Zusammenschluß zu beschäftigen, ist nicht Sache dieser Darlegung. Die Lösung der Aufgabe liegt ausschließlich der politischen Leitung ob.

Der Unterseekrieg dagegen ist ein Kriegsmittel wie jedes andere. Die Gesamtkriegsleitung darf sich der Stellungnahme zu ihm nicht entziehen.

Er zielt auf die verwundbarste Stelle des Feindes ab, indem er ihm die Zufuhren über See abzuschneiden versucht. Gehen die bestimmten Zusagen der Marine dahin in Erfüllung, daß der unbeschränkte Unterseebootkrieg England innerhalb des Jahres 1916 zum Einlenken bringen muß, so ist selbst die Annahme einer feindlichen Haltung seitens der Vereinigten Staaten jetzt zu ertragen. Ihr Eingreifen in den Krieg kann nicht so schnell entscheidende Wirkung üben, daß es England, welches das Gespenst des Hungers und viele andere Nöte auf seiner Insel auftauchen sieht, zum Weiterkämpfen bewegen könnte. Dies erfreuliche Zukunftsbild wird durch einen Schatten getrübt. Voraussetzung bei ihm ist, daß die Marine sich nicht irrt. Erfahrungen in ausreichendem Maße gibt es auf diesem Gebiete nicht. Diejenigen, die wir haben, sind nicht durchaus ermutigend. Mittlerweile sind anderseits die Grundlagen für die Berechnungen durch die Vermehrung der Zahl der Unterseeboote wie die fortgeschrittene Ausbildung ihrer Besatzungen wesentlich zu unseren Gunsten verschoben. Es wäre deshalb militärisch nicht zu rechtfertigen, wenn man weiterhin auf die Anwendung dieses voraussichtlich wirksamsten Kriegsmittels verzichten wollte. Das Recht, es rücksichtslos zu gebrauchen, steht nach dem rücksichtslosen Vorgehen Englands auf See Deutschland zur Seite. Die Amerikaner als heimliche Bundesgenossen der Engländer werden es nicht anerkennen. Ob sie sich indessen, gegenüber einer starken politischen Vertretung des Standpunktes Deutschlands, deshalb entschließen werden, zu aktivem Handeln auf dem europäischen Festland überzugehen, ist zweifelhaft. Noch zweifelhafter ist, ob sie mit genügenden Kräften rechtzeitig eingreifen können. Der Verzicht auf den unbeschränkten Unterseekrieg hieße daher einen nach den Versicherungen der allein zuständigen Sachkenner sicheren Gewinn von unschätzbarem Wert aus Besorgnis vor einem, wenn auch schweren, so doch nur möglichen Nachteil preisgeben. Das ist in der Lage Deutschlands nicht zulässig.

Was die Frage anlangt, wie gegen die Werkzeuge Englands auf dem Kontinent vorzugehen ist, so befürwortet Österreich-Ungarn dringend eine alsbaldige Abrechnung mit Italien. Dem Vorschlag kann nicht beigetreten werden. Seine Verwirklichung würde lediglich Österreich-Ungarn Entlastung und Zukunftsvorteile bringen, nicht unmittelbar für den Gesamtkrieg ...

Ähnliches gilt für Rußland. Nach allen Berichten mehren sich die inneren Schwierigkeiten des Riesenreiches schnell. Wenn auch vielleicht eine Revolution in großem Stil nicht erwartet werden darf, so kann man doch vertrauen, daß Rußland durch seine inneren Nöte in verhältnismäßig kurzer Frist gezwungen sein wird, einzulenken. Hierbei wird angenommen, daß es ihm inzwischen nicht gelingen wird, seine militärische Reputation aufzufrischen. Das ist aber auch nicht zu besorgen. Im Gegenteil wird vermutlich jeder solcher Versuch mit seinen Verlusten die innere Auflösung nur beschleunigen. Für uns ist überdies eine entscheidungsuchende Offensive im Osten durch Witterung und Bodenbeschaffenheit, wenn wir nicht wieder ganz unverhältnismäßige Überspannungen der Truppe in Kauf nehmen wollen – was die Ersatzlage verbietet –, bis in den April hinein ausgeschlossen. Als Richtung käme nur die in die reichen Gebiete der Ukraine in Betracht. Die Verbindungen dorthin sind in keiner Weise ausreichend. Voraussetzung würde sein, daß wir entweder des Anschlusses Rumäniens sicher oder entschlossen wären, es zu bekämpfen. Beides trifft zur Zeit nicht zu. Ein Stoß auf die Millionenstadt Petersburg, die wir bei glücklichem Verlauf der Operationen aus unseren knappen Beständen versorgen müßten, verspricht keine Entscheidung. Ein Vorgehen auf Moskau führt uns ins Uferlose. Für keine dieser Unternehmungen verfügen wir über ausreichende Kräfte. Mithin scheidet auch Rußland als Angriffsobjekt aus. Es bleibt allein Frankreich übrig.

Diese mehr auf negativem Wege gefundene Feststellung wird glücklicherweise durch für sie sprechende positive Gründe unterstützt.

Es wurde bereits betont, daß Frankreich in seinen Leistungen bis nahe an die Grenze des noch Erträglichen gelangt ist – übrigens in bewundernswerter Aufopferung. Gelingt es, seinem Volk klar vor Augen zu führen, daß es militärisch nichts mehr zu hoffen hat, dann wird die Grenze überschritten, England sein bestes Schwert aus der Hand geschlagen werden. Das zweifelhafte und über unsere Kraft gehende Mittel des Massendurchbruchs ist dazu nicht nötig. Auch mit beschränkten Kräften kann dem Zweck voraussichtlich Genüge getan werden. Hinter dem französischen Abschnitt der Westfront gibt es in Reichweite Ziele, für deren Behauptung die französische Führung gezwungen ist, den letzten Mann einzusetzen. Tut sie es, so werden sich Frankreichs Kräfte verbluten, da es ein Ausweichen nicht gibt, gleichgültig, ob wir das Ziel selbst erreichen oder nicht. Tut sie es nicht und fällt das Ziel in unsere Hände, dann wird die moralische Wirkung in Frankreich ungeheuer sein. Deutschland wird nicht gezwungen sein, sich für die räumlich eng begrenzte Operation so zu verausgaben, daß alle anderen Fronten bedenklich entblößt werden. Es kann mit Zuversicht den an ihnen zu erwartenden Entlastungsunternehmungen entgegensehen, ja hoffen, Kräfte in genügender Zahl zu erübrigen, um den Angriffen mit Gegenstößen begegnen zu können. Denn es steht ihm frei, seine Offensive schnell oder langsam zu führen, sie zeitweise abzubrechen oder sie zu verstärken, wie es seinen Zwecken entspricht.

Die Ziele, von denen hier die Rede ist, sind Belfort und Verdun.

Für beide gilt das oben Gesagte. Dennoch verdient Verdun den Vorzug. Noch immer liegen die französischen Linien dort in knapp 20 km Entfernung von den deutschen Bahnverbindungen. Noch ist Verdun die mächtigste Stütze für jeden feindlichen Versuch, mit verhältnismäßig geringem Kraftaufwand die ganze deutsche Front in Frankreich und Belgien unhaltbar zu machen. Die Beseitigung dieser Gefahr als Nebenziel ist militärisch so wertvoll, daß dagegen der bei einem Angriff auf Belfort sozusagen »nebenbei« abfallende politische Erfolg der Säuberung des südwestlichen Elsaß leicht wiegt.

10. Die Friedensresolution des Deutschen Reichstages, 19. Juli 1917

Die Resolution wurde mit 216 gegen 126 Stimmen bei 17 Stimmenthaltungen angenommen. Dafür stimmten fast das ganze Zentrum, die SPD sowie die Fortschrittliche Volkspartei, dagegen die Konservativen, die Nationalliberalen und die USPD. Man kann die Resolution als den Versuch bewerten, Grundsätze für eine »neue« deutsche (die spätere Weimarer) Außenpolitik zu formulieren, indem vor allem zwei Prinzipien zugrundegelegt werden: Freiheit des wirtschaftlichen Austausches und Schaffung internationaler Rechtsorganisationen. Nur indirekt wird dabei die Formel vom »Frieden ohne Annexionen und Kontributionen« aufgegriffen. In Verbindung mit dem Hinweis auf den Verteidigungscharakter des Krieges bedeutet die Forderung nach einem künftigen »Wirtschaftsfrieden« jedoch eine geistige Einbettung in die geläufige antibritische Stoßrichtung deutscher Außenwirtschaftspolitik und Kriegsziele.

Quelle: Vom deutschen Zusammenbruch 1918 und 1945 bis zur staatlichen Neuordnung Deutschlands in der Gegenwart. Hrsg. und bearbeitet von Herbert Michaelis und Ernst Schraepler. Berlin 1958 ff., Bd. 2, S. 37 f.

Wie am 4. August 1914 gilt für das deutsche Volk auch an der Schwelle des vierten Kriegsjahres das Wort der Thronrede: »Uns treibt nicht Eroberungssucht.« Zur Verteidigung seiner Freiheit und Selbständigkeit, für die Unversehrtheit seines territorialen Besitzstandes hat Deutschland die Waffen ergriffen. Der Reichstag erstrebt einen Frieden der Verständigung und der dauernden Versöhnung der Völker.

Mit einem solchen Frieden sind erzwungene Gebietserwerbungen und politische, wirtschaftliche oder finanzielle Vergewaltigungen unvereinbar.

Der Reichstag weist auch alle Pläne ab, die auf eine wirtschaftliche Absperrung und Verfeindung der Völker nach dem Kriege ausgehen.

Die Freiheit der Meere muß sichergestellt werden.

Nur der Wirtschaftsfriede wird einem freundschaftlichen Zusammenleben der Völker den Boden bereiten.

Der Reichstag wird die Schaffung internationaler Rechtsorganisationen tatkräftig fördern.

Solange jedoch die feindlichen Regierungen auf einen solchen Frieden nicht eingehen, solange sie Deutschland und seine Verbündeten mit Eroberung und Vergewaltigung bedrohen, wird das deutsche Volk wie ein Mann zusammenstehen, unerschütterlich ausharren und kämpfen, bis sein und seiner Verbündeten Recht auf Leben und Entwicklung gesichert ist.

In seiner Einigkeit ist das deutsche Volk unüberwindlich. Der Reichstag weiß sich darin eins mit den Männern, die in heldenhaftem Kampfe das Vaterland schützen. Der unvergängliche Dank des ganzen Volkes ist ihnen sicher.

Bibliographien: Die Literatur zur Geschichte des Ersten Weltkrieges ist ausgesprochen umfangreich, so daß hier nur auf die neueren bzw. jeweils jüngsten Publikationen sowie auf Forschungstrends, -kontroversen und -lücken verwiesen werden soll. Für die zeitgenössische Literatur ist der Zugang auch heute noch am einfachsten über das Schlagwortverzeichnis (s. v. »Weltkrieg«) des Deutschen Bücherverzeichnisses, das übersichtlich gegliedert ist und auch Entlegenes erschließt. Die wohl vollständigste geschlossene Sammlung in Deutschland bilden die Bestände der in Stuttgart angesiedelten, bereits 1915 gegründeten »Weltkriegsbücherei«, der heutigen Bibliothek für Zeitgeschichte. Dementsprechend ist die ältere wie die moderne Literatur, auch mit schlecht zugänglichem Erscheinungsort, über die periodischen bibliographischen Publikationen der Bibliothek zu finden, die seit 1921 unter wechselndem Titel, heute als Jahresbibliographie, erscheinen. Max Gunzenhäuser, Die Bibliographien zur Geschichte des Ersten Weltkrieges. Frankfurt a. M. 1964. A. G. S. Enser, A subject bibliography of the First World War. Books in English 1914–1978. London 1979. G. M. Baylis, Bibliographic Guide to the Two World Wars. Epping 1977.

Gesamtdarstellungen: Zu den älteren deutschsprachigen Gesamtdarstellungen, die nicht nur für die militärische Geschichte unverzichtbar sind, gehören die im Umkreis des Reichsarchivs entstandenen amtlichen Werke: Der Weltkrieg 1914–1918. Bd. 1–9 und 2 Ergänzungsbände bearbeitet im Reichsarchiv, Bd. 10–14 bearbeitet von der kriegsgeschichtlichen Abteilung des Heeres. Berlin 1925–1944; die beiden letzten Bände, nur noch für den Dienstgebrauch bestimmt, wurden erst 1956 vom Bundesarchiv im Druck vorgelegt. Max Schwarte u. a., Der große Krieg 1914–1918. 10 Bde, Leipzig 1921–1925. Der Krieg zur See 1914/18. Hrsg. vom Marinearchiv, ab 1937 von der kriegsgeschichtlichen Abteilung des Oberkommandos der Kriegsmarine. Berlin 1920 bis 1938; auch hier wurden die letzten Bände erst 1964/66 vom Bundesarchiv/Militärarchiv publiziert. Entsprechende Veröffentlichungen über den Luftkrieg blieben in den Anfängen stecken. Vgl. dazu Ernst von Höppner, Deutschlands Krieg in der Luft. Ein Rückblick auf die Entwicklung und die Leistungen unserer Heeresluftstreitkräfte im Weltkriege. Leipzig, Berlin 1921. Ernst Volckheim, Die deutschen Kampfwagen im Weltkrieg. Berlin ²1937. Eine interessante und aufschlußreiche Lektüre bieten die 36 Bände Schlachten des Weltkrieges in Einzeldarstellungen. Hrsg. vom Reichsarchiv. Oldenburg 1921–1930. Die wohl beste kürzere, auch kritische Darstellung ist die zweibändige Gesamtwürdigung durch General Hermann von Kuhl, Der Weltkrieg

1914–1918. Berlin 1929. Zur amtlichen Geschichtsforschung und -schreibung vgl. die Übersicht bei Erich Murawski, Die amtliche deutsche Kriegsgeschichtsschreibung über den Ersten Weltkrieg. In: Wehrwissenschaftliche Rundschau, H. 9/1959, S. 513 ff.; H. 10/1959, S. 584 ff. Reinhard Brühl, Militärgeschichte und Kriegspolitik. Zur Geschichte der Militärgeschichtsschreibung des preußisch-deutschen Generalstabes 1816–1945. Berlin 1973, ist gelegentlich etwas kurz, vor allem im Hinblick auf die »Wehrwissenschaft« der 1930er Jahre. Vgl. auch Albrecht Philipp, Die Ursachen des deutschen militärischen Zusammenbruchs 1918. Die Geschichte einer parlamentarischen Untersuchung 1919–1925. Berlin 1925.

Neuere Gesamtdarstellungen erschienen fast gleichzeitig erst 1968: Hans Herzfeld, Der Erste Weltkrieg. München 1968 ([7]1985); Peter Graf Kielmansegg, Deutschland und der Erste Weltkrieg. Frankfurt a. M. 1968 (2. durchges. Aufl. Stuttgart 1980); Deutschland im Ersten Weltkrieg. Von einem Autorenkollektiv unter Leitung von Fritz Klein. 3 Bde, Berlin 1968 (2. Aufl. 1970 ff.). Alle drei bleiben weiterhin unverzichtbar: die erste aufgrund ihrer überlegenen, international vergleichend angelegten Wertungen und dichten Darstellung; die zweite infolge ihrer detaillierten (in der 2. Aufl. allerdings nur bibliographisch etwas ergänzten) Ausbreitung der Materie; die dritte vor allem wegen der ausgesprochen intensiven Verarbeitung archivalischer Quellen. Eine Sonderstellung nehmen die Bde 3 und 4 von Gerhard Ritter, Staatskunst und Kriegshandwerk. Das Problem des »Militarismus« in Deutschland. München 1964/68, ein, die mehr eine Abfolge von Einzelstudien zum Militarismus-Problem als eine Gesamtdarstellung im eigentlichen Sinne sind, aber dennoch wichtig bleiben. Ähnlich angelegt ist die »lockere Einführung ... an Hand thematischer Schwerpunkte« von Imanuel Geiss, Das deutsche Reich und der erste Weltkrieg. München, Wien 1978 ([3]1981). Eine vergleichende Wirtschafts- (und Sozial-)Geschichte bietet Gerd Hardach, Der Erste Weltkrieg 1914–1918. München 1973, der unter diesen Vorzeichen auch U-Boot-Krieg, Kriegsziele, Arbeiterbewegung usw. behandelt.

Kriegsziele: Die Frage der Kriegsziele läßt sich weder von der Politik in der Juli-Krise noch von der Kriegsschulddebatte trennen. Zum letzteren Bereich vgl. Wolfgang Jäger, Historische Forschung und politische Kultur in Deutschland. Die Debatte 1914–1980 über den Ausbruch des Ersten Weltkrieges. Göttingen 1984. Forschungsgeschichtlich aufschlußreich sind die Dokumente zu Vorgeschichte und Zielen der Veröffentlichung der Riezler-Tagebücher bei Bernd Schulte (s. Quellen).

Ausgelöst wurde die moderne Kriegsschulddebatte durch Fritz Fischer, Griff nach der Weltmacht. Die Kriegszielpolitik des kaiserlichen Deutschland 1914/18. Düsseldorf 1961, der seine Thesen in der 3. Aufl. (1964) unter dem Eindruck der Kritik noch verschärfte, obwohl die Kritiker ihre früheren Positionen merklich revidieren mußten. Die

wichtigsten Beiträge der Debatte der 1960er Jahre sind zusammengefaßt bei Wolfgang Schieder (Hrsg.), Der Erste Weltkrieg. Ursachen,
Entstehung und Kriegsziele. Köln, Berlin 1969. Ausführliche Darstellung und kritische Kommentierung bei Wolfgang J. Mommsen, Die
deutsche Kriegszielpolitik 1914–1918. Bemerkungen zum Stand der
Diskussion. In: Kriegsausbruch 1914. München 1967, S. 60–100. Eine
neuere knappe Zusammenfassung der Position der DDR-Forschung
bei Willibald Gutsche, Der gewollte Krieg. Zur deutschen Verantwortung für die Entstehung des Ersten Weltkrieges. In: Blätter für deutsche und internationale Politik 29 (1984), S. 732ff.

Die Debatte ist inzwischen durch die Kontroverse um die Riezler-
Tagebücher (s. Quellen) neu aufgelebt, ohne inhaltliche Fortschritte
oder gar eine Annäherung der Standpunkte zu erbringen. Die Diskussion leidet schon traditionell an dem inflexiblen, ja statischen Vorver-
ständnis der Protagonisten, einem eher an Behauptung als an Revision
eigener Positionen orientierten Dogmatismus. Trotz der Warnungen
zum Beispiel Herzfelds wird Kontinuität oft als Identität mißverstan-
den, werden qualitative Unterschiede unterbewertet, indem erstens aus
der geostrategisch bedingten Identität der Zielrichtung auf die Identität
der Zielsetzung wie der Mittel geschlossen wird, zweitens der Übergang vom Kabinetts- zum Massen- bzw. Wirtschaftskrieg, das heißt die
Verwerfungen zwischen ökonomisch-militärischem Potential, Militärdoktrin und außenpolitischer Strategie, gerade für diese Jahre unterbewertet werden, drittens die deutsche Politik zu sehr aus dem internationalen Kontext konkurrierender imperialistischer Mächte, den Zwängen
einer gesamteuropäischen Strukturkrise herausgelöst wird, viertens auf
eine ebenso kunstvolle wie künstliche Differenzierung von offensiven
und defensiven Elementen abgezielt wird, der eher moralische als hi-
storisch-politische Kategorien zugrundeliegen. Es ist aufschlußreich,
daß Anstöße zur Überwindung dieser Stagnation oft von außen gekommen sind: Lancelot L. Farrar, The Short-War Illusion. German
Policy, Strategy and Domestic Affairs August – December 1914. Santa
Barbara, Oxford 1973. James Joll, The Origins of the First World War.
London 1984, der eine differenzierte, abgestufte Schuldzuweisung pro-
pagiert. The War Plans of the Great Powers, 1890–1914. Hrsg. von
Paul Kennedy. London 1985. Victor H. Rothwell, British War Aims
and Peace Diplomacy 1914–1918. Oxford 1971. D. Stevenson, French
War Aims against Germany, 1914–1919. New York 1982. Horst G.
Linke, Das zarische Rußland und der Erste Weltkrieg. Diplomatie und
Kriegsziele 1914–1917. München 1982. Ebenso die bereits ältere, erst
1975 publizierte Studie von Erwin Hölzle, Die Selbstentmachtung Eu-
ropas. Das Experiment des Friedens vor und im Ersten Weltkrieg.
Göttingen 1975.

Zur deutschen Kriegszielpolitik vgl. vor allem Henry C. Meyer, Mitteleuropa in German Thought and Action 1815–1945. Den Haag 1955.
Hans W. Gatzke, Germany's Drive to the West. A study of Western

War Aims during the First World War. Baltimore 1950. Werner Basler, Deutsche Kriegszielpolitik 1914–1918. Diss. Kiel 1951. Unter dem Eindruck der Forschungen Fritz Fischers entstand dann eine Fülle von Spezialstudien, die auch die Umsetzung der Kriegsziele in der Besatzungspolitik in den eroberten Gebieten berücksichtigten: Karl-Heinz Janßen, Macht und Verblendung. Die Kriegszielpolitik der deutschen Bundesstaaten 1914–1918. Göttingen 1963. Werner Basler, Deutschlands Annexionspolitik in Polen und im Baltikum 1914–1918. Berlin 1962. Imanuel Geiss, Der polnische Grenzstreifen 1914–1918. Lübeck, Hamburg 1960. Heinz Lemke, Allianz und Rivalität. Die Mittelmächte und Polen im Ersten Weltkrieg (bis zur Februarrevolution). Wien, Köln, Graz 1977. Peter Borowsky, Deutsche Ukrainepolitik 1918 unter besonderer Berücksichtigung der Wirtschaftsfragen. Husum 1976. Frank Wende, Die belgische Frage in der deutschen Politik des Ersten Weltkrieges. Hamburg 1969. Wolfdieter Bihl, Die Kaukasus-Politik der Mittelmächte. Wien, Köln, Graz 1975.

Von der Kriegszielfrage nicht zu trennen ist auch die Friedensfrage. Lancelot L. Farrar, Divide and Conquer. German efforts to conclude a separate peace, 1914–1918. Boulder, New York 1978. Wolfgang Steglich, Die Friedenspolitik der Mittelmächte 1917/18. Bd. 1, Wiesbaden 1964. Werner Hahlweg, Der Diktatfrieden von Brest-Litowsk und die bolschewistische Weltrevolution. Münster 1960. Winfried Baumgart, Deutsche Ostpolitik 1918. Von Brest-Litowsk bis zum Ende des Weltkrieges. München 1966. Elke Bornemann, Der Frieden von Bukarest 1918. Frankfurt a.M. 1978. Egmont Zechlin, Friedensbestrebungen und Revolutionierungsversuche. Deutsche Bemühungen zur Ausschaltung Rußlands im Ersten Weltkrieg. In: aus politik und zeitgeschichte. Beilage zur Wochenzeitung ›Das Parlament‹, H. 20, 24, 25 (1961), 20, 22 (1963). Karl E. Birnbaum, Peace Moves and U-Boat-Warfare. A Study of Imperial Germany's Policy towards the United States, April 18, 1916 – January 9, 1917. Stockholm 1958.

Politische Führung und Kriegführung: Neben den genannten Studien Gerhard Ritters zum Militarismus-Problem sowie seiner Arbeit: Der Schlieffen-Plan. Kritik eines Mythos. München 1956, sind hier vor allem eine Reihe von Untersuchungen mit einem erweiterten biographischen Ansatz aufzuführen. Dabei stehen vor allem Bethmann Hollweg und Ludendorff im Mittelpunkt des Interesses. Eberhard von Vietsch, Theobald von Bethmann Hollweg. Staatsmann zwischen Macht und Ethos. Boppard 1969. Konrad H. Jarausch, The Enigmatic Chancellor. Bethmann Hollweg and the Hubris of Imperial Germany. New Haven, London 1973. Karl-Heinz Janßen, Der Kanzler und der General. Die Führungskrise um Bethmann Hollweg und Falkenhayn (1914–1916). Göttingen 1967. Willibald Gutsche, Bethmann Hollweg und die Politik der »Neuorientierung«. Zur innenpolitischen Strategie und Taktik der deutschen Reichsregierung während des Ersten Welt-

krieges. In: Zeitschrift für Geschichtswissenschaft 13 (1965), S. 209ff.
Ein Überblick über die Positionen bei Klaus Hildebrand, Bethmann
Hollweg. Der Kanzler ohne Eigenschaften? Urteile der Geschichts-
schreibung. Eine kritische Bibliographie. Düsseldorf 1970. – Hellmuth
Weber, Ludendorff und die Monopole. Ein Beitrag zur Deutschen
Kriegspolitik der Jahre 1916–1918. Berlin 1966. Martin Kitchen, The
Silent Dictatorship. The politics of the German High Command under
Hindenburg and Ludendorff 1916–1918. London 1976. John D. Buk-
kelew, Erich Ludendorff and the German war effort 1916–1918. A
study in the military exercise of power. Ph. D. San Diego 1974. Roger
Parkinson, Tormented Warrior. Ludendorff and the Supreme Command. London 1978. Statt der zu eng auf die Person zugeschnittenen
Biographie von Adolf Vogt, Oberst Max Bauer. Generalstabsoffizier
im Zwielicht, 1869–1929. Osnabrück 1974 vgl. Martin Kitchen, Milita-
rism and the Development of Fascist Ideology. The Political Ideas of
Colonel Max Bauer, 1916–1918. In: Central European History 8
(1975), S. 199–220. Dazu auch Gerhard Hecker, Walther Rathenau und
sein Verhältnis zu Militär und Krieg. Boppard 1983. Allgemein: Hol-
ger H. Herwig, Neil M. Heymann, Biographical Dictionary of World
War I. Westport, London 1982.

Verfassungs- und Parteiengeschichte: Der Band 5 von Ernst Rudolf
Huber, Deutsche Verfassungsgeschichte seit 1789. Stuttgart, Berlin,
Köln, Mainz 1978, kann als eine Art Kompendium zur verfassungs-
und (kriegs)verwaltungsgeschichtlichen Entwicklung dienen. Zur Kritik der Huberschen Konstitutionalismus-Konzeption vgl. Ernst Wolfgang Böckenförde in: ders. (Hrsg.), Moderne deutsche Verfassungsgeschichte (1815–1918). Köln 1972. – Zum Kriegszustandsrecht hat nach
wie vor die Studie von Hans Boldt, Rechtsstaat und Ausnahmezustand.
Eine Studie über den Belagerungszustand als Ausnahmezustand des
bürgerlichen Rechtsstaats im 19. Jahrhundert. Berlin 1967, Bestand,
wenngleich zur Handhabung des Belagerungszustandes noch immer
empirische Studien über Versammlungskontrolle, Schutzhaft oder Militarisierung von Betrieben fehlen. Lediglich zur Pressezensur liegt die
ältere Arbeit von Kurt Koszyk, Deutsche Pressepolitik im Ersten
Weltkrieg. Düsseldorf 1968 vor, sowie Heinz Dietrich Fischer (Hrsg.),
Pressekonzentration und Zensurpraxis im Ersten Weltkrieg. Berlin
1973.

Zur Parlamentarisierung nach wie vor Werner Frauendienst, Demo-
kratisierung des deutschen Konstitutionalismus in der Zeit Wilhelms
II. In: Zeitschrift für die gesamte Staatswissenschaft 113 (1957),
S. 721ff. Udo Bermbach, Vorformen parlamentarischer Kabinettsbil-
dung in Deutschland. Der Interfraktionelle Ausschuß 1917/18 und die
Parlamentarisierung der Reichsregierung. Köln, Opladen 1967. Dieter
Grosser, Vom monarchischen Konstitutionalismus zur parlamentari-
schen Demokratie. Die Verfassungspolitik der deutschen Parteien im

letzten Jahrzehnt des Kaiserreichs. Den Haag 1970. Manfred Rauh, Die Parlamentarisierung des Deutschen Reiches. Düsseldorf 1977. Reinhard Schiffers, Der Hauptausschuß des Deutschen Reichstags 1915 bis 1918. Formen und Bereiche der Kooperation zwischen Parlament und Regierung. Düsseldorf 1979. Reinhard Patemann, Der Kampf um die preußische Wahlrechtsreform im Ersten Weltkrieg. Düsseldorf 1964.

Trotz der Bemühungen der Kommission für Geschichte des Parlamentarismus und der politischen Parteien klaffen im Bereich der Parteiengeschichte für die Kriegszeit erhebliche Lücken, da die meisten Darstellungen vor 1914 enden oder mit 1918 einsetzen. Eine umfassende Literaturübersicht bis 1973 bei Gerhard A. Ritter (Hrsg.), Die deutschen Parteien vor 1918. Köln 1973, S. 365 ff. Ein guter Überblick über die Vielfalt der Parteien, Verbände und Organisationen in: Lexikon zur Parteiengeschichte. Die bürgerlichen Parteien und Verbände in Deutschland (1789–1945), hrsg. von Dieter Fricke u.a. 4 Bde, Köln 1983–1986. Übergreifend auch Thomas Nipperdey, Die Organisation der deutschen Parteien vor 1918. Düsseldorf 1961.

Insgesamt zeigt sich ein deutliches Manko auf dem rechten Parteienspektrum. Übergreifend Dirk Stegmann, Die Erben Bismarcks. Parteien und Verbände in der Spätphase des Wilhelminischen Deutschlands. Sammlungspolitik 1897–1918. Köln, Berlin 1970. Abraham J. Peck, Radicals and Reactionaries. The Crisis of Conservatism in Wilhelmine Germany. Washington 1978, mit starkem Schwerpunkt auf der Kriegszeit. George E. Etue, The German Fatherland Party 1917/18. Diss. Berkeley 1958/59. Für die Liberalen: Hartwig Thieme, Nationaler Liberalismus in der Krise. Die nationalliberale Fraktion des Preußischen Abgeordnetenhauses 1914–1918. Boppard 1963. Umfassender Ludwig Elm, Zwischen Fortschritt und Reaktion. Geschichte der Parteien der liberalen Bourgeoisie in Deutschland 1893–1918. Berlin 1968. Linksliberalismus: Klaus Simon, Die Württembergischen Demokraten, ihre Stellung und Arbeit im Parteien- und Verfassungssystem in Württemberg und im Deutschen Reich 1890–1920. Stuttgart 1969. Insgesamt breiter erforscht ist das katholische Zentrum: Rudolf Morsey, Die deutsche Zentrumspartei 1917–1923. Düsseldorf 1964. Heinrich Lutz, Demokratie im Zwielicht. Der Weg der deutschen Katholiken aus dem Kaiserreich in die Republik, 1914–1925. München 1963. Ernst Heinen, Zentrumspresse und Kriegszieldiskussion unter besonderer Berücksichtigung der ›Kölnischen Volkszeitung‹ und der ›Germania‹. Diss. Köln 1962. Neuerdings Wilfried Loth, Katholiken im Kaiserreich. Der politische Katholizismus in der Krise des wilhelminischen Deutschlands. Düsseldorf 1984.

Am intensivsten erforscht sind die Parteien der Arbeiterbewegung, so daß hier nur eine enge Auswahl genannt werden kann. Für die SPD Susanne Miller, Burgfrieden und Klassenkampf. Die deutsche Sozialdemokratie im Ersten Weltkrieg. Düsseldorf 1974, über deren Bibliographie die ältere Literatur erschlossen werden kann. Dieter Groh, Nega-

tive Integration und revolutionärer Attentismus. Die deutsche Sozialdemokratie am Vorabend des Ersten Weltkrieges. Frankfurt a.M. 1973.
Zur USPD siehe Hartfried Krause, USPD. Zur Geschichte der Unabhängigen Sozialdemokratischen Partei Deutschlands. Frankfurt a.M.
1975 (mit Dokumenten). David W. Morgan, The Socialist Left and the
German Revolution. A History of the German Independent Social
Democratic Party 1917–1922. Ithaca, London 1975. Robert F. Whee-
ler, USPD und Internationale. Sozialistischer Internationalismus in der
Zeit der Revolution. Frankfurt a.M., Berlin, Wien 1975. Zur KPD
sollen hier nur genannt werden die große, offizielle DDR-Darstellung:
Geschichte der deutschen Arbeiterbewegung. Hrsg. vom Institut für
Marxismus-Leninismus beim ZK der SED. Bd. 2 und 3, Berlin 1966,
sowie die neuere Studie von Manfred Scharrer, Geschichte des Sparta-
kusbundes und der KPD bis 1921. Stuttgart 1983. Einen ausgesprochen
interessanten, oft vernachlässigten Aspekt behandelt Agnes Bländsdorf,
Die Zweite Internationale und der Krieg. Die Diskussion über die
internationale Zusammenarbeit der sozialistischen Parteien 1914–1917.
Stuttgart 1979. Insgesamt erschlossen ist die Geschichte der Arbeiterbewegung dieser Jahre in: Kurt Klotzbach, Bibliographie zur Geschichte der deutschen Arbeiterbewegung 1914–1945. Bonn 1974
(³1981).

Als Zugang zur Parteiengeschichte können auch einige Biographien
dienen, zum Beispiel Klaus Epstein, Matthias Erzberger und das Dilemma der deutschen Demokratie. Berlin 1962. Michael Salewski, Tirpitz. Aufstieg, Macht, Scheitern. Göttingen 1979. John G. Williamson,
Karl Helfferich, 1872–1924. Economist, Financier, Politician. Princeton 1971. Peter Theiner, Sozialer Liberalismus und deutsche Weltpolitik. Friedrich Naumann im Wilhelminischen Deutschland (1860 bis
1919). Baden-Baden 1983. Helmut Franz, Das Problem der konstitutionellen Parlamentarisierung bei Conrad Haußmann und Friedrich
von Payer. Göppingen 1977. John A. Moses, Carl Legien und das deutsche Vaterland im Weltkrieg 1914 bis 1918. In: Geschichte in Wissenschaft und Unterricht 26 (1975), S. 595–611. Peter-Christian Witt,
Friedrich Ebert. Parteiführer, Reichskanzler, Volksbeauftragter,
Reichspräsident. Bonn 1971.

Ähnlich wie bei den Parteien sind auch die Forschungsschwerpunkte
bei den Verbänden und gesellschaftlichen Organisationen gesetzt:
Heinz Josef Varain, Freie Gewerkschaften, Sozialdemokratie und
Staat. Die Politik der Generalkommission unter der Führung Carl Le-
giens (1890–1920). Düsseldorf 1956. Werner Richter, Gewerkschaften,
Monopolkapital und Staat im Ersten Weltkrieg und in der Novemberrevolution (1914–1919). Berlin 1959. Jetzt auch sehr breit Hans-
Joachim Bieber, Gewerkschaften in Krieg und Revolution. Arbeiterbewegung, Industrie, Staat und Militär in Deutschland 1914–1920. 2 Bde.
Hamburg 1981. Michael Schneider, Die Christlichen Gewerkschaften
1894–1933. Bonn 1982. In breiter Einbettung jeweils zu den Agrarver-

bänden: Martin Schumacher, Land und Politik. Eine Untersuchung über politische Parteien und agrarische Interessen 1914–1923. Düsseldorf 1978. Jens Flemming, Landwirtschaftliche Interessen und Demokratie. Ländliche Gesellschaft, Agrarverbände und Staat 1890–1925. Bonn 1978. Zur Tätigkeit der nationalen Agitationsverbände, die inzwischen für die Vorkriegszeit besser erforscht sind, fehlen gezielte Untersuchungen: Alfred Kruck, Geschichte des Alldeutschen Verbandes 1890–1939. Wiesbaden 1954. Demgegenüber liegen neuerdings verschiedene Studien zum organisierten Pazifismus vor: Wilfried Eisenbeiß, Die bürgerliche Friedensbewegung in Deutschland während des Ersten Weltkrieges. Organisation, Selbstverständnis und politische Praxis 1913/14–1919. Frankfurt a. M., Bern, Cirencester 1980. Dazu auch Ursula Fortuna, Der Völkerbundsgedanke in Deutschland während des Ersten Weltkrieges. Zürich 1974.

Wirtschafts- und Sozialgeschichte: Trotz einer recht intensiven und entwickelten Forschung in den 1920er Jahren (vor allem Dissertationen), die – ebenso wie die »wehrwissenschaftlichen« Studien der 1930er Jahre – zum Teil einen hohen Wert als Sekundärquelle besitzt, sind die Kriegswirtschaft und ihre sozialen Folgen nach dem Zweiten Weltkrieg erst relativ spät wieder in den Mittelpunkt des Forschungsinteresses gerückt. Von den älteren Arbeiten haben heute noch Standardcharakter die von der Carnegie Endowment for International Peace angeregten Arbeiten, vor allem Friedrich Aereboe, Der Einfluß des Krieges auf die landwirtschaftliche Produktion in Deutschland. Stuttgart 1927. August Skalweit, Die deutsche Kriegsernährungswirtschaft. Stuttgart 1927. Otto Goebel, Deutsche Rohstoffwirtschaft im Weltkrieg einschließlich des Hindenburgprogramms. Stuttgart 1930. Rudolf Meerwarth, Adolf Günther, Waldemar Zimmermann, Die Einwirkungen des Krieges auf Bevölkerungsbewegung, Einkommen und Lebenshaltung in Deutschland. Stuttgart 1932. Friedrich Hesse, Die deutsche Wirtschaftslage von 1914 bis 1923. Krieg, Geldblähe und Wechsellagen. Jena 1938.

Die neuere Forschung wurde angeregt durch Gerald D. Feldman, Army, Industry and Labor in Germany 1914–1918. Princeton 1966, das heute noch grundlegend ist und zu Recht 1985 in deutscher Übersetzung erschien. Fortgeführt wurde diese Entwicklung durch die ungewöhnlich anregende Studie von Jürgen Kocka, Klassengesellschaft im Krieg. Deutsche Sozialgeschichte 1914–1918. Göttingen 1973 (2. erg. Aufl. 1978). Neben den oben genannten Arbeiten von Gerd Hardach und Hans-Joachim Bieber wurden diese Forschungen auf regionaler Ebene vertieft und erweitert von Hermann P. Schäfer, Regionale Wirtschaftspolitik in der Kriegswirtschaft. Staat, Industrie und Verbände während des Ersten Weltkrieges in Baden. Stuttgart 1983. Gunther Mai, Kriegswirtschaft und Arbeiterbewegung in Württemberg 1914–1918. Stuttgart 1983. Ders. (Hrsg.), Arbeiterschaft in Deutschland 1914–1918. Studien zu Arbeitskampf und Arbeitsmarkt im Ersten Weltkrieg. Düsseldorf 1985. Noch immer nützlich Klaus-Dieter Schwarz, Weltkrieg und Revolution in Nürnberg. Stuttgart 1971.

In der DDR hat die entsprechende Forschung ebenfalls recht spät systematisch eingesetzt. Hier sind vor allem zu nennen Alfred Müller, Die Kriegsrohstoffbewirtschaftung 1914–1918 im Dienste des deutschen Monopolkapitals. Berlin 1955. Alfred Schröter, Krieg-Staat-Monopole. 1914–1918. Berlin 1965. Kurt Gossweiler, Großbanken, Industriemonopole, Staat. Ökonomie und Politik des staatsmonopolistischen Kapitalismus in Deutschland 1914–1932. Berlin 1971. Heute in manchen Teilen nur noch sehr kritisch zu lesen ist das monumentale Standardwerk von Jürgen Kuczynski, Die Geschichte der Lage der Arbeiter unter dem Kapitalismus. Hier die Bände 4 und 5, Berlin 1966/67. Die Forschung der DDR wurde zuletzt zusammengefaßt von Dieter Baudis in dem dreibändigen, auch vom theoretischen (Neu)Ansatz interessanten Werk: Wirtschaft und Staat in Deutschland. Eine Wirtschaftsgeschichte des staatsmonopolistischen Kapitalismus in Deutschland vom Ende des 19. Jahrhunderts bis 1945. Hrsg. von Helga Nußbaum und Lotte Zumpe. Hier Bd. 1, Vaduz 1978.

Neue Impulse hat die Inflationsforschung erbracht, die vor allem zu einer breiteren Einbettung und damit gewissen Relativierung der Kriegsentwicklung geführt hat. Die Ergebnisse sind weitestgehend zusammengefaßt in den von Gerald D. Feldman, Carl-Ludwig Holtfrerich, Gerhard A. Ritter und Peter-Christian Witt herausgegebenen Sammelbänden: Die deutsche Inflation. Eine Zwischenbilanz. Berlin 1982; Erfahrungen der Inflation in internationalem Zusammenhang und Vergleich. Berlin 1984; Die Anpassung an die Inflation. Berlin 1986. Carl-Ludwig Holtfrerich, Die deutsche Inflation 1914–1923. Ursachen und Folgen in internationaler Perspektive. Berlin, New York 1980. Als monographische Lokalstudie, der demnächst weitere Arbeiten folgen werden, ist in diesem Umfeld zu nennen Merith Niehuss, Arbeiterschaft in Krieg und Inflation. Soziale Schichtung und Lage der Arbeiter in Augsburg und Linz 1910 bis 1925. Berlin, New York 1985. Übergreifend, zugleich mit Dokumenten versehen ist Gerald D. Feldman, Heidrun Homburg, Industrie und Inflation. Studien und Dokumente zur Politik der deutschen Unternehmer 1916–1923. Hamburg 1977.

Zu der intensiven Wirtschaftsordnungsdebatte in und nach dem Weltkrieg ist inzwischen eine größere Anzahl von Studien erschienen, von denen die ältere, leider ungedruckt gebliebene Arbeit von Hans Schieck, Der Kampf um die deutsche Wirtschaftspolitik nach dem Novemberumsturz 1918. Diss. Heidelberg 1958, noch immer richtungweisend ist neben der grundlegenden Studie von Friedrich Zunkel, Industrie und Staatssozialismus. Der Kampf um die Wirtschaftsordnung in Deutschland 1914–1918. Düsseldorf 1974. Neuerdings Hans Gotthard Ehlert, Die wirtschaftliche Zentralbehörde des Deutschen

Reiches 1914 bis 1919. Das Problem der »Gemeinwirtschaft« in Krieg und Frieden. Wiesbaden 1982. In diesem Zusammenhang sind auch zu nennen Dieter Krüger, Nationalökonomen im wilhelminischen Deutschland. Göttingen 1983. Ursula Ratz, Sozialreform und Arbeiterschaft. Die »Gesellschaft für Soziale Reform« und die sozialdemokratische Arbeiterbewegung von der Jahrhundertwende bis zum Ausbruch des Ersten Weltkrieges. Berlin 1980. Zu einem Ergebnis dieser Neuordnungsansätze, wenngleich diese eher konterkarierend als erfüllend, siehe jetzt zusammenfassend Gerald D. Feldman, Irmgard Steinisch, Industrie und Gewerkschaften 1918–1924. Die überforderte Zentralarbeitsgemeinschaft. Stuttgart 1985.

Zum internationalen Zusammenhang vgl. neben der Untersuchung von Gerd Hardach zum Beispiel John Williams, The other battleground. The Home Fronts. Britain, France and Germany 1914–1918. Chicago 1972. Arthur Marwick, War and Social Change in the Twentieth Century. A Comparative Study of Britain, France, Germany, Russia and the United States. London 1974.

Kultur-, Geistes- und Mentalitätsgeschichte: Erste, noch unprogrammatische Ansätze zu einer Alltags- und Mentalitätsgeschichte, wie sie vor allem von Kocka weitergeführt und vertieft wurden, finden sich schon bei Karl-Ludwig Ay, Die Entstehung einer Revolution. Die Volksstimmung in Bayern während des Ersten Weltkrieges. Berlin 1968. Eine interessante Rekonstruktion der Erfahrung des Kriegsgeschehens an der Front aus Feldpostbriefen bei Martin Middlebrook, Der 21. März 1918. Die Kaiserschlacht. Berlin 1979. Zur geistigen und literarischen Verarbeitung der Kriegserfahrung vgl. Klaus-Peter Philippi, Volk des Zorns. Studien zur »poetischen Mobilmachung« in der deutschen Literatur am Beginn des Ersten Weltkrieges, ihren Voraussetzungen und Implikationen. München 1979. Robert Wohl, The Generation of 1914. Cambridge/Mass. 1979. Roland N. Stromberg, Redemption by War. The Intellectuals and 1914. Lawrence 1982. Herbert Cysarz, Zur Geistesgeschichte des Weltkrieges. Die dichterische Wandlung des deutschen Kriegsbildes 1910–1930. Halle 1931. Ernst Volkmann, Deutsche Dichtung im Weltkrieg 1914–1918. Leipzig 1934. Karl Prümm, Die Literatur des soldatischen Nationalismus der 20er Jahre 1918–1933. 2 Bde, Kronberg 1974. John Willett, Explosion der Mitte. Kunst und Politik 1917–1933. München 1981. Klaus Vondung (Hrsg.), Kriegserlebnis. Der Erste Weltkrieg in der literarischen Gestaltung und symbolischen Deutung der Nationen. Göttingen 1980. In diesem Zusammenhang zu nennen sind auch Klaus Schwabe, Wissenschaft und Kriegsmoral. Die deutschen Hochschullehrer und die politischen Grundfragen des Ersten Weltkrieges. Göttingen 1969. Karl Hammer, Deutsche Kriegstheologie 1870–1918. München 1971.

Die Quellenlage für die Jahre des Ersten Weltkriegs ist erstaunlich gut und umfangreich, bedenkt man die zum Teil erheblichen Verluste durch die Einwirkungen des Zweiten Weltkriegs. Dies erklärt sich einerseits aus der ausgesprochen kontroversen politischen Bewältigung des Krieges in den 1920er Jahren, zum anderen aus der phasenweise kaum weniger politisierten historiographischen Bearbeitung dieser Zeit. Die Zurückweisung des Kriegsschuldartikels 231 des Versailler Vertrages, die inneren Auseinandersetzungen um »Dolchstoß«-Legende, Ursachen des »Zusammenbruchs« oder »Hochverrat« (Prozeß gegen Friedrich Ebert) brachten bereits in den 1920er Jahren eine ungewöhnliche Fülle von amtlichen, gerichtlichen und persönlichen Dokumenten und Memoiren hervor, wie dies bis dahin in der (jeweiligen) Zeitgeschichte ungewöhnlich gewesen war. In den 1930er Jahren wurde die Erforschung des Ersten Weltkriegs vor allem im Hinblick auf die Vorbereitung des Zweiten betrieben, so daß die amtliche Militärgeschichtsschreibung, die offiziöse »wehrwissenschaftliche« Forschung oder die Ausarbeitungen für den Dienstgebrauch heute einen bedeutenden, wenn auch bislang nur wenig beachteten Fundus an Sekundärquellen darstellen. In den 1960er Jahren wurde die Forschung zunächst unter dem Aspekt der Parlamentarismus- und Parteiengeschichte wiederbelebt, die sich als erstes die große Aufgabe gestellt hatte, das weit verstreute Quellenmaterial zu sammeln und zu edieren. Der zweite große Schwerpunkt dieser Jahre wurde die in der sogenannten Fischer-Kontroverse neu aufgenommene Kriegsschulddiskussion, die aber – von wenigen Ausnahmen abgesehen – zu keiner systematischen Edition der relevanten Quellen geführt hat. Die erneute Schwerpunktverlagerung der 1970er Jahre zur Sozial- und Wirtschaftsgeschichte des Krieges und zur Rolle der militärischen Heimatbehörden im Rahmen der Kriegswirtschaft hat in starkem Maße dazu beigetragen, das Interesse der Forschung auch auf die oftmals reichhaltigen Archivbestände in den ehemaligen Bundesstaaten zu lenken, dort nach »Ersatzüberlieferungen« für die vernichteten preußischen Bestände zu fahnden.

Zufälliger noch, als dies bei Vernichtung bzw. Erhalt von Akten während des Zweiten Weltkriegs der Fall war, gestaltete sich die Auslagerung der zu sichernden Bestände und damit ihre heutige Verfügbarkeit in Archiven der Bundesrepublik Deutschland und der DDR. Fast alle wichtigen Bestände sind mehr oder minder stark zersplittert, wenngleich das Jahr 1918 noch die markanteste Trennungslinie darstellt. Man kann pauschal sagen, daß für die Zeit des Ersten Weltkriegs der größere Teil der Akten, sofern sie aus den zentralen Ämtern des Reiches und Preußens stammen, sich in Archiven der DDR befindet.

Dies gilt vor allem für die Akten der Reichskanzlei, die jedoch inzwischen in Kopie im Bundesarchiv (Koblenz) benutzbar sind. Der größte Teil der Akten des Auswärtigen Amtes wird indes im Politischen Archiv des Auswärtigen Amtes in Bonn, der Handelspolitischen Abteilung in Koblenz aufbewahrt. Ebenso dürften sich im Bereich der militärischen Dienststellen mit den (allerdings erst nach 1918 zum Ausgleich von Revolutionsverlusten systematisch gesammelten) Akten der obersten Marinebehörden sowie von zwei der drei nicht-preußischen Kriegsministerien (in Stuttgart und München) die heute dichtesten Bestände in der Bundesrepublik befinden. Ebenso sind die Gesandtschaftsakten der süddeutschen Bundesstaaten eine ausgesprochen wichtige Quelle nicht nur für die Bundesrats-Angelegenheiten, sondern auch für eine Korrektur der preußenkonzentrierten Forschung geworden. Versuche des Bundesarchivs-Militärarchivs (Freiburg), Akten der obersten (preußischen) Heeresbehörden zu sammeln, sind nicht sehr weit gediehen, während eine diesbezügliche Auswertung der »Ersatzüberlieferungen« im Bayerischen Hauptstaatsarchiv München (Abt. IV) und im Hauptstaatsarchiv Stuttgart (Militärarchiv) noch nicht systematisch betrieben worden ist; die Ergiebigkeit der Bestände im Landeshauptarchiv Dresden (für das Königreich Sachsen) ist noch ungeklärt. Auch die Akten der zivilen preußischen Behörden, die für die Oberbehörden im Zentralen Staatsarchiv Merseburg und im Geheimen Preußischen Staatsarchiv Berlin-Dahlem, für die Unterbehörden in den jeweiligen (Haupt-)Staatsarchiven aufbewahrt werden, sind bislang noch keineswegs erschöpfend erhoben oder gar ausgewertet worden. Der Gehalt dieser Aktenbestände, inkl. derer in anderen Archiven nicht-preußischer Bundesstaaten (Generallandesarchiv Karlsruhe oder Staatsarchiv Hamburg), hat sich in einer intensiven Dichte in der von Wilhelm Deist vorzüglich besorgten Quellenedition Militär und Innenpolitik im Weltkrieg 1914–1918. (= Quellen zur Geschichte des Parlamentarismus und der politischen Parteien. 2. Reihe, Bd. 1) Düsseldorf 1970, niedergeschlagen.

Daß die Bestände der obersten Behörden des preußischen Heeres im April 1945 durch Luftangriff vernichtet wurden, ist um so schmerzlicher, als damit nicht nur die unersetzlichen Akten des Preußischen Kriegsministeriums oder der Obersten Heeresleitung verloren gegangen sind, sondern auch die zumeist in den 1920er Jahren erfolgten Aktenteilablieferungen der nichtpreußischen Kriegsministerien. Vor allem aber hatte sich das Reichsarchiv angesichts der politischen, persönlichen und historiographischen Kontroversen frühzeitig bemüht, wie im Nachlaß Groener erkennbar ist, durch systematische Befragung der Akteure Aktenlücken zu füllen und offene Streitfragen zu klären. Nicht minder systematisch wurde bereits seit 1914/15 versucht, durch regelmäßige Berichte der verschiedensten Dienststellen die Grundlage für eine Auswertung der Kriegstätigkeit zu schaffen. Auf regionaler Ebene, wenngleich mit weitreichenden überregionalen Bezügen, ist eine solche Denkschriften- und Materialiensammlung im sogenannten Kriegsarchiv (Bestand M 1/11) des Hauptstaatsarchivs/Militärarchivs Stuttgart mit über 1000 Nummern erhalten geblieben.

Eine unverzichtbare Ergänzung zur staatlichen Aktenüberlieferung stellen die Nachlässe von Staatsbeamten und Politikern dar. Diese Nachlässe liegen allerdings nur verstreut, zum Teil in sehr kleinen Splittern, teilweise auch stark »bereinigt« in öffentlichen wie in privaten Archiven vor. So finden sich zum Beispiel im Bundesarchiv Koblenz die Nachlässe von Max Bauer, Erzberger, K. Helfferich, Hertling, von Loebell, von Payer, E. Schiffer oder A. Südekum, im Bundesarchiv-Militärarchiv die Nachlässe von Groener, von Haeften oder von Tirpitz, im Deutschen Zentralarchiv Potsdam die Nachlässe von Michaelis, Jagow oder von Westarp. Der spätere, die Weimarer Zeit betreffende Teil des Nachlasses Westarp liegt dagegen in Privatbesitz (Schloß Gaertringen), während die Nachlässe verschiedener Sozialdemokraten und Gewerkschafter im Archiv der Sozialen Demokratie (Bonn), im Archiv des DGB (Düsseldorf) und im Internationalen Institut für Sozialgeschichte (Amsterdam) aufbewahrt werden.

Einige wichtige Nachlässe fehlen indes und müssen aus den verschiedensten Gründen als vernichtet gelten. Dies gilt, für die Forschung besonders nachteilig, gerade für den Nachlaß Bethmann Hollweg, dessen Memoiren relativ unergiebig sind und zu deutlich Rechtfertigungscharakter tragen. Als Ersatzüberlieferung hat die Forschung hier die von Karl Dietrich Erdmann herausgegebenen sogenannten Riezler-Tagebücher (Kurt Riezler, Tagebücher, Aufsätze, Dokumente. Göttingen 1972) herangezogen. Diese Hilfsquelle war von Beginn an in ihrer inhaltlichen Bewertung nicht unumstritten, zumal gerade die wichtigsten Passagen vom Juli 1914 und Juli 1917 in ihrer äußeren Form und Gestaltung von den sonstigen Tagebuchheften abweichen. Neuerdings wird dem Autor gar nachträgliche Bearbeitung, den Nachlaßverwaltern Fälschung durch Verkürzung, dem Herausgeber verfälschende Editionstechnik vorgeworfen, das heißt, insgesamt wird der Quellenwert erheblich in Frage gestellt. (bes. Bernd Sösemann, Die Tagebücher Kurt Riezlers. Untersuchungen zu ihrer Echtheit und Edition. In: Historische Zeitschrift, Bd. 236, 1983, S. 327–369. Als Replik dazu Karl Dietrich Erdmann, Zur Echtheit der Tagebücher Kurt Riezlers. Eine Antikritik. In: ebd., S. 371–402. Bernd F. Schulte, Die Verfälschung der Riezler Tagebücher. Frankfurt a. M. 1985). Angesichts der Tatsache, daß diese Tagebücher als Schlüsseldokumente gelten, waren Kritik und Kontroverse (indes nicht immer deren Form) legitim, nützlich und wichtig. Der Ertrag blieb letztlich angesichts der festgefahrenen Forschungspositionen gering. Doch zeigt sich gerade an diesem Beispiel der begrenzte Aussagewert solcher Ersatzüberlieferungen, die – durch Stil, stichwortartige Zusammenballung des Gehalts, mit Zeitverzögerung und nicht immer ohne Kritik notiert, mehrfach gefiltert – oft nicht mehr erkennen lassen, was Originalton Bethmann Hollweg, pointiertes Resümee Riezlers, dessen Kommentar oder gar eigene Auffassung ist.

So faszinierend und zentral diese Innenansicht der Reichskanzlei auch ist, sie ist und bleibt doch Ersatz, Überlieferung aus zweiter Hand. Entsprechend behutsam sollte die inhaltliche Quellenkritik verfahren, nachdem auch die formale Quellenkritik nicht unbedingt mehr Licht auf den Gegenstand, wohl aber auf den Zustand und die Umgangsformen der »Zunft« geworfen hat. So nützlich die Riezler-Tagebücher für die Erforschung des Weltkrieges sind, so wenig haben sie die großen Kontroversen um die Kriegsschuld abschließend klären können, sondern sie haben letztlich eher dazu beigetragen, die Positionen weiter zu polarisieren, ja zu politisieren, und dies in einer Schärfe, die zuweilen an die Konfrontation der 1920er Jahre gemahnt. Immerhin hat die Kontroverse um die Echtheit der Riezler-Tagebücher aber doch als Ertrag den Nachweis erbracht, daß noch immer in den Archiven bislang unerschlossenes Material ruht, auch wenn Grundstürzendes wohl nicht mehr erwartet werden darf.

Unter den gedruckten Quellen ragen zunächst die zeitgenössischen Dokumentationen hervor. In dem »Weltkrieg der Dokumente« der 1920er Jahre erschien auf deutscher Seite, nachdem die Bolschewiki den Anfang gemacht hatten, eine von Karl Kautsky betreute Dokumentensammlung: Die deutschen Dokumente zum Kriegsausbruch. Vollständige Sammlung der von Karl Kautsky zusammengestellten amtlichen Aktenstücke mit einigen Ergänzungen. Im Auftrage des Auswärtigen Amtes nach gemeinsamer Durchsicht mit Karl Kautsky hrsg. von Graf Max Montgelas und Walter Schücking. 4 Bde, Charlottenburg 1919. Diese wurde ab 1920, unter internationalem Konkurrenzdruck, ergänzt und erweitert durch: Die Große Politik der Europäischen Kabinette 1871–1914. Sammlung der Diplomatischen Akten des Auswärtigen Amtes. Im Auftrage des Auswärtigen Amtes hrsg. von Johannes Lepsius u. a. 40 Bde, Berlin 1922 ff. Als ein für die deutsche Geschichte wohl einzigartiges Dokument organisierter, kollektiver Vergangenheitsbewältigung mit unschätzbarem Quellenwert ist anzusehen das Werk des Untersuchungsausschusses der Verfassunggebenden Deutschen Nationalversammlung und des Deutschen Reichstages. Nach jahrelanger Arbeit wurden die Ergebnisse in insgesamt vier Reihen veröffentlicht. 1. Reihe: Die Vorgeschichte des Krieges. 2. Reihe: Friedensmöglichkeiten während des Krieges. 3. Reihe: Das Völkerrecht im Weltkrieg. 4. Reihe: Die Ursachen des deutschen Zusammenbruchs. Auch wenn die darstellenden bzw. gutachtlichen Teile aus den Beständen des Reichsarchivs gearbeitet und somit unersetzliche Sekundärquelle sind, so waren doch die Bearbeiter ebenso dem Druck der politisch überhitzten Atmosphäre dieser Zeit ausgesetzt wie die befragten Politiker, deren Aussagen entsprechend vorsichtig zu bewerten sind, selbst wenn die Befragungen, nachdem Hindenburg sozusagen offiziell die »Dolchstoß-Legende« bei dieser Gelegenheit vorgetragen hatte, unter Ausschluß der Öffentlichkeit stattfanden. Die 2. Reihe ist heute auch in den zunächst nicht veröffentlichten Teilen zugänglich in: Die Verhandlungen des 2. Unterausschusses des Parlamentarischen Untersuchungsausschusses über die Päpstliche Friedensaktion von 1917. Aufzeichnungen und Vernehmungsprotokolle. Bearbeitet und hrsg. von Wolfgang Steglich. Wiesbaden 1974. Vom gleichen Autor sind ergänzend bearbeitet und eingeleitet die Editionen: Der Friedens-appell Papst Benedikts XV. vom 1. August 1917 und die Mittelmächte. Wiesbaden 1970, sowie: Die Friedensversuche der kriegführenden Mächte im Sommer und Herbst 1917. Quellenkritische Untersuchungen, Akten und Vernehmungsprotokolle. Stuttgart 1984. Zu den neueren Quellenzusammenstellungen sind vor allem zu rechnen die ersten Bände der Reihe Ursachen und Folgen. Vom deutschen Zusammenbruch 1918 und 1945 bis zur staatlichen Neuordnung Deutschlands in der Gegenwart. Eine Urkunden- und Dokumentensammlung zur Zeitgeschichte. Hrsg. und bearbeitet von Herbert Michaelis und Ernst Schraepler. Berlin 1958 ff.

Von ganz anderer Art und nach modernen Editionsprinzipien bearbeitet sind die unentbehrlichen Bände der Quellen zur Geschichte des Parlamentarismus und der Politischen Parteien, die vor allem in ihrer 1. Reihe die Jahre des Weltkrieges betreffen, dazu der von W. Deist besorgte erste Band der 2. Reihe Militär und Innenpolitik (s.o.): Bd. 1: Der Interfraktionelle Ausschuß 1917/18. Bearbeitet von Erich Matthias unter Mitwirkung von Rudolf Morsey. Düsseldorf 1959. Bd. 2: Die Regierung des Prinzen Max von Baden. Bearbeitet von Erich Matthias und Rudolf Morsey. Düsseldorf 1962. Bd. 3: Die Reichstagsfraktion der deutschen Sozialdemokratie 1898 bis 1918. Bearbeitet von Erich Matthias und Eberhardt Pikart. Düsseldorf 1966. Bd. 4: Das Kriegstagebuch des Reichstagsabgeordneten Eduard David 1914 bis 1918. In Verbindung mit Erich Matthias bearbeitet von Susanne Miller. Düsseldorf 1966. Bd. 5: Von Bassermann zu Stresemann. Die Sitzungen des nationalliberalen Zentralvorstandes 1912–1917. Bearbeitet von Klaus-Peter Reiß. Düsseldorf 1967. Bd. 8: Der Friede von Brest-Litowsk. Bearbeitet von Werner Hahlweg. Düsseldorf 1971. Bd. 9: Der Hauptausschuß des Deutschen Reichstags 1915–1918. Eingeleitet von Reinhard Schiffers, bearbeitet von Reinhard Schiffers und Manfred Koch in Verbindung mit Hans Boldt. Düsseldorf 1981, wobei letzterer Band eine lange vermißte Ergänzung zu den Stenographischen Berichten über die Verhandlungen des Deutschen Reichstages (Bde 306–313) darstellt.

Darüber hinaus liegen größere, systematische Quellensammlungen und -editionen fast nur für den Bereich der organisierten Arbeiterbewegung vor, vor allem die beiden älteren, von der DDR-Historiographie im Zuge der eigenen Traditionsfindung zusammengestellten: Die Auswirkungen der Großen Sozialistischen Oktoberrevolution auf

Deutschland. Hrsg. von Leo Stern. (= Archivalische Forschungen zur Geschichte der deutschen Arbeiterbewegung, Bd. 4/I–IV) Berlin 1959. Dokumente und Materialien zur Geschichte der deutschen Arbeiterbewegung. Reihe II, hrsg. vom Institut für Marxismus-Leninismus beim ZK der SED. Bde 1–2, 2. durchges. Aufl. Berlin 1958. Neuerdings sind die erhaltenen Restakten des Allgemeinen Deutschen Gewerkschaftsbundes für die Kriegsjahre in der von Klaus Schönhoven bearbeiteten Edition erschlossen: Die Gewerkschaften in Weltkrieg und Revolution 1914–1919. (= Quellen zur Geschichte der deutschen Gewerkschaftsbewegung im 20. Jahrhundert. Bd. 1) Köln 1985. Für die Unternehmer- bzw. Arbeitgeberorganisationen liegt Vergleichbares bislang nicht vor, obwohl doch mit den Akten des Vereins Deutscher Eisen- und Stahlindustrieller im Bundesarchiv Koblenz (Bestand R 13 I) dichtes Aktenmaterial vorhanden ist, das aus Firmenarchiven (z. B. Blohm & Voß im Staatsarchiv Hamburg) ergänzbar ist.

Einen nützlichen allgemeinen Überblick geben die Zusammenstellungen bei Ulrich Cartarius (Hrsg.), Deutschland im Ersten Weltkrieg. München 1982, der zahlreiche neue Dokumente bietet, sowie die Dokumente zur deutschen Geschichte. Hrsg. von Dieter Fricke. Frankfurt a. M. 1977, hier Bd. 4: 1914–1917, bearbeitet von Wolfgang Ruge und Wolfgang Schumann, Bd. 5: 1917–1919, bearbeitet von Joachim Petzold und Dagmar Zink.

Von ganz anderer Art, für das Erlebnis des Weltkrieges möglicherweise aussagekräftiger sind Zusammenstellungen wie: Innenansicht eines Krieges. Deutsche Dokumente 1914–1918. Hrsg. von Ernst Johann. München 1973. Kriegsbriefe gefallener Studenten. Hrsg. von Philipp Witkop. Leipzig 1916 (München [7]1928). Mit Gott für Kaiser und Vaterland. Erlebnisse deutscher Proletarier während der »Großen Zeit« 1914–1918. Berlin 1924. Otto Pniower u. a. (Hrsg.), Briefe aus dem Felde 1914/15. 2 Bde, Oldenburg 1916. Der Weltkrieg im Bild. Originalaufnahmen des Kriegs-Bild- und Filmamtes aus der modernen Materialschlacht. Berlin 1927.

Die sehr reichhaltige Memoirenliteratur setzte fast unmittelbar nach Kriegsende ein, als Ludendorff mit seinen Kriegserinnerungen eine erste Entlastung von der »Schuld« an der Niederlage suchte. Er provozierte damit, je stärker die Debatte zum Politikum geriet, eine Flut von Gegendarstellungen, Berichtigungen und Kritik. Fast alle Autoren, leider nicht Bethmann Hollweg, griffen zur Legitimation des eigenen Tuns auf Dokumente zurück, so daß trotz des markanten Rechtfertigungscharakters dieser Literatur der Quellenwert zum Teil sehr hoch ist, vor allem angesichts der skizzierten Überlieferungslücken. Besonders hervorzuheben sind:
Politische, Staats- und Hofbeamte: Theobald von Bethmann Hollweg, Betrachtungen zum Weltkriege. 2 Bde, Berlin 1919 und 1922. Ders., Kriegsreden. Hrsg. von Friedrich Thimme. Stuttgart 1919. Clemens von Delbrück, Die wirtschaftliche Mobilmachung in Deutschland

1914. Aus dem Nachlaß hrsg., eingeleitet und ergänzt von Joachim von Delbrück. München 1924. Karl Helfferich, Der Weltkrieg. 3 Bde, Berlin 1919. Prinz Max von Baden, Erinnerungen und Dokumente. Stuttgart 1927. Karl Graf von Hertling, Ein Jahr in der Reichskanzlei. Erinnerungen an die Kanzlerschaft meines Vaters. Freiburg 1919. Georg Michaelis, Für Staat und Volk. Berlin 1922. Georg Alexander von Müller, Regierte der Kaiser? Kriegstagebücher, Aufzeichnungen und Briefe des Chefs des Marinekabinetts Admiral Georg Alexander von Müller, 1914–1918. Hrsg. von Walter Görlitz. Göttingen 1959. Kronprinz Wilhelm, Meine Erinnerungen aus Deutschlands Heldenkampf. Berlin 1923. Rudolf von Valentini, Kaiser und Kabinettschef. Nach eigenen Aufzeichnungen und dem Briefwechsel dargestellt von Bernhard Schwertfeger. Oldenburg 1931. Eine Art Zwischenstellung, wie die Arbeiten von Wrisberg (s. u.), nimmt als Versuch persönlicher Rechtfertigung durch eine allgemein gehaltene Sachdarstellung das Buch ein: Richard Sichler, Joachim Tiburtius, Die Arbeiterfrage, eine Kernfrage des Weltkrieges. Berlin 1925.

Offiziere und Heerführer: Max Bauer, Der große Krieg in Feld und Heimat. Erinnerungen und Betrachtungen. Tübingen 1921. General von Einem gen. von Rothmaler, Ein Armeeführer erlebt den Weltkrieg. Persönliche Aufzeichnungen des Generalobersten von Einem. Hrsg. von Junius Alter. Leipzig 1938. Erich von Falkenhayn, Die oberste Heeresleitung 1914–1916 in ihren wichtigsten Entschließungen. Berlin 1920. Wilhelm Groener, Lebenserinnerungen. Jugend, Generalstab, Weltkrieg. Hrsg. von Frhr. Hiller v. Gaertringen. Göttingen 1957. Paul von Hindenburg, Aus meinem Leben. Leipzig 1920. Max Hoffmann, Die Aufzeichnungen des Generalmajors Max Hoffmann. 2 Bde, hrsg. von Karl Friedrich Nowak. Berlin 1929. Erich Ludendorff, Meine Kriegserinnerungen 1914–1918. Berlin 1919. In engem Zusammenhang mit den Erinnerungen sind seine beiden Werke Kriegsführung und Politik. Ein Abriß aus der Geschichte des Weltkrieges. Berlin 1922, und vor allem die Urkunden der Obersten Heeresleitung über ihre Tätigkeit 1916/18. Berlin 1920, zu sehen. Kronprinz Rupprecht von Bayern, Mein Kriegstagebuch. Hrsg. von Eugen von Frauenholz. 3 Bde, Berlin 1929. Alfred von Tirpitz, Erinnerungen. Leipzig 1919, auch hier in engem Zusammenhang mit den von ihm hrsg. Politische Dokumente. Bd. 2: Deutsche Ohnmachtspolitik im Weltkriege. Hamburg 1926. Ernst von Wrisberg, Erinnerungen an die Kriegsjahre im Kgl. Preuß. Kriegsministerium. 3 Bde, Leipzig 1921/1922.

Parteiführer: Heinrich Claß, Wider den Strom. Vom Werden und Wachsen der nationalen Opposition im alten Reich. Leipzig 1932. Matthias Erzberger, Erlebnisse im Weltkrieg. Stuttgart, Berlin 1920. Conrad Haußmann, Schlaglichter. Reichstagsbriefe und Aufzeichnungen. Hrsg. von Ulrich Zeller. Frankfurt a. M. 1924. Friedrich Payer, Von Bethmann Hollweg bis Ebert. Erinnerungen und Bilder. Frankfurt a. M. 1923. Walther Rathenau, Tagebuch 1907–1922. Hrsg. von Hartmut Pogge von Strandmann. Düsseldorf 1967. Philipp Scheidemann, Memoiren eines Sozialdemokraten. 2 Bde, Dresden 1928. Ders., Der Zusammenbruch. Berlin 1921. Eugen Schiffer, Ein Leben für den Liberalismus. Berlin 1951. Kuno Graf Westarp, Konservative Politik im letzten Jahrzehnt des Kaiserreichs. 2 Bde, Berlin 1935.

Zeittafel

1914

23. 7.	Ultimatum Österreich-Ungarns an Serbien.
28. 7.	Österreich-Ungarn erklärt Serbien den Krieg.
30. 7.	Generalmobilmachung Rußlands, nach deren Bekanntwerden (31. 7.) das Deutsche Reich den »Zustand drohender Kriegsgefahr« ausruft und Ultimaten an Rußland und Frankreich stellt.
1. 8.	Mobilmachung in Deutschland und Frankreich. Kriegserklärung Deutschlands an Rußland.
3. 8.	Kriegserklärung Deutschlands an Frankreich und Einmarsch in Belgien.
4. 8.	Kriegserklärung Großbritanniens an Deutschland. Erst in den nächsten Tagen folgen die Kriegserklärungen Österreich-Ungarns an Rußland (6. 8.) sowie Frankreichs (11. 8.) und Englands (12. 8.) an Österreich-Ungarn.
9.–22. 8.	Abwehr französischer Angriffe an der Vogesenfront.
19./20. 8.	Die Schlacht von Gumbinnen wird von dem deutschen Befehlshaber von Prittwitz abgebrochen, da er die Umfassung durch russische Truppen befürchtet. Als er die Räumung Ostpreußens bis zur Weichsel befiehlt, wird er (22. 8.) durch Hindenburg (Generalstabschef: Ludendorff) abgelöst.
26.–30. 8.	In der Schlacht bei Tannenberg wird die russische Narew-Armee vernichtend geschlagen.
30. 8.	Deutsche Truppen erreichen die Marne und bedrohen Paris. Die Franzosen unter General Joffre können jedoch in der Schlacht an der Marne den deutschen Vormarsch stoppen, nachdem die deutsche Seite sich zum Rückzug entschloß (10. 9.).
5.–12. 9.	
6.–15. 9.	Hindenburg und Ludendorff können die russische Njemen-Armee bei den Masurischen Seen schlagen und zur Räumung Ostpreußens zwingen, aber nicht durch Umfassung vernichten.
8.–12. 9.	In der 2. Schlacht bei Lemberg werden die österreichisch-ungarischen Armeen von den Russen zum Rückzug gezwungen.
14. 9.	Von Moltke wird als Chef des Generalstabes durch von Falkenhayn abgelöst.
15. 10.	Ganz Belgien ist von deutschen Truppen erobert. Es beginnt der bis Mitte November andauernde

»Wettlauf zum Meer«. Nach riesigen Verlusten in der Ypern-Schlacht (Langemarck) gelingt es den Deutschen nicht, die französischen Kanalhäfen zu erobern. Die Westfront erstarrt zum Stellungskrieg.

1. 11. Hindenburg wird Oberbefehlshaber Ost. Mit Hilfe deutscher Gegenoffensiven kann bis Jahresende die »russische Dampfwalze« abgewehrt und die Ostfront zur Stellungsfront stabilisiert werden.

1915

4. 2. Nachdem die deutsche Hochseeflotte außerhalb der Nordsee bis Ende 1914 weitgehend vernichtet wurde und die englische Seeblockade zu ersten Mangelerscheinungen geführt hatte, erklärt das Reich die Gewässer um England zum Kriegsgebiet.

22. 2. Beginn des U-Boot-Handelskriegs, der nach Versenkung der ›Lusitania‹ (7. 5.) infolge amerikanischer Proteste eingeschränkt werden muß.

19. 2. England und Frankreich beginnen kombinierte Land- und Seeoperationen gegen die Dardanellen und landen im April Truppen auf der Halbinsel Gallipoli, die im Januar 1916 nach Verlusten zurückgezogen werden.

Februar bis April In der Winterschlacht bei den Masuren wird die 10. russische Armee vernichtend geschlagen, doch hat Rußland noch genügend Kraft, um bei Grodno erneut anzugreifen und in der Winterschlacht in den Karpaten energisch, wenngleich vergeblich den Durchbruch nach Ungarn zu versuchen.

Zur gleichen Zeit können an der Westfront die Durchbruchsversuche der Franzosen (Winterschlacht in der Champagne) und der Briten (Neuve Chapelle) abgewiesen werden.

April Bei den Angriffen in der zweiten Ypern-Schlacht setzen deutsche Truppen erstmals Giftgas ein.

1.–3. 5. Die erfolgreiche Durchbruchsschlacht bei Tarnow und Gorlice zwingt die russischen Armeen zum Rückzug, so daß die Mittelmächte unter riesigen Geländegewinnen die Ostfront bis zum August auf die Linie Riga-Tarnopol vorschieben können (Deutsches Generalgouvernement Polen, 25. 8.).

23. 5. Italien erklärt Österreich-Ungarn den Krieg (Deutschland erst am 28. 8. 1916).

22. 9. Beginn der Herbstschlachten in der Champagne und bei La Bassée/Arras, in denen die Franzosen bis Ok-

tober/Anfang November vergeblich den Durchbruch zu erzwingen suchen.

6. 10.   Beginn des Serbien-Feldzuges der Mittelmächte, der bis Dezember zur Eroberung ganz Serbiens, zur Kapitulation Montenegros und zur Vertreibung der Italiener aus Albanien führt, während Briten und Franzosen bei hohen Verlusten und unter Mißachtung der griechischen Neutralität bei Saloniki eine Stellungsfront errichten können.

14. 10.   Bulgarien, das bereits am 6. 9. mit Deutschland einen Bündnisvertrag abgeschlossen hatte, tritt auf seiten der Mittelmächte in den Krieg gegen Serbien ein.

6.–8. 12.   Auf der Konferenz von Chantilly einigen sich die Ententemächte auf eine Koordination ihrer militärischen Aktivitäten auf den verschiedenen Kriegsschauplätzen.

1916
21. 2.   Mit der »Blutmühle« von Verdun versucht das Reich, Frankreich durch eine »Ermattungsstrategie« in die Knie zu zwingen, während mit der Wiedereröffnung des verschärften U-Boot-Krieges (29. 2.) gegen bewaffnete Handelsschiffe England von seiner überseeischen, vor allem amerikanischen Versorgung abgeschnitten werden soll.

6. 3.   Den uneingeschränkten U-Boot-Krieg auch gegen neutrale Schiffe und ohne Warnung lehnt der Kaiser gegen das Votum von Falkenhayn und Tirpitz ab, so daß Tirpitz zurücktritt (17. 3.). Nach der Versenkung der ›Sussex‹ (24. 3.) wird infolge steigender Spannungen mit den USA der U-Boot-Krieg stark eingeschränkt.

11. 3.   Zur Entlastung der alliierten Front im Westen beginnt Italien mit der 5. Isonzo-Schlacht, und am

16. 3.   greifen die Russen bei Riga an.
Als Österreich-Ungarn trotz gespannter Gesamtlage und ohne Rücksicht auf die deutsche strategische Gesamtplanung am

15. 5.   eine Offensive in Tirol startet, antwortet Rußland am

4. 6.   mit der Brussilow-Offensive gegen die geschwächte Galizien-Front, die Österreich-Ungarn an den Rand des Zusammenbruchs bringt, da auch Italien in der 6. Isonzo-Schlacht (4.–16. 8.) angreift.

24. 6.   Die Briten eröffnen mit ihrer Offensive an der Somme die Materialschlachten des Sommers 1916,

	der von Oktober bis Dezember erfolgreiche Angriffe der Franzosen bei Verdun folgen.
27. 8.	Nachdem sich infolge dieser Entwicklungen Rumänien der Entente angeschlossen hatte, reagiert das Reich am
29. 8.	mit der Entlassung Falkenhayns und der Einsetzung der 3. OHL unter Hindenburg und Ludendorff, während in Frankreich die Ersetzung Joffres durch Nivelle als Oberbefehlshaber am 3. 12. erfolgt.
30. 9.	Die 3. OHL zieht mit dem »Hindenburg-Programm« die Konsequenz aus den Materialschlachten des Sommers und fordert die Erhöhung der Waffen- und Munitionsproduktion um das 2- bis 3-fache.
5. 12.	Dieses Programm wird durch das »Gesetz über den Vaterländischen Hilfsdienst« ergänzt, das die notwendigen Arbeitskräfte durch direkten und indirekten Zwang beschaffen soll, das aber erst nach sozialpolitischen Zugeständnissen an die Gewerkschaften verabschiedet wird.
5./6. 12.	Während im Osten mit Proklamation des Königreichs Polen und der Eroberung Bukarests die politische und militärische Initiative an die Mittelmächte zu fallen scheint, versuchen diese mit einer Friedensinitiative (12. 12.), die letztlich wenig ernsthaft ist und daher von der Entente abgelehnt wird, die anstehende Eskalation zum »totalen« Krieg propagandistisch vorzubereiten.
18. 12.	Präsident Wilson greift diese Initiative auf und schlägt den kriegführenden und neutralen Staaten einen »Meinungsaustausch über ihre Friedensbedingungen und Forderungen« vor.
26. 12.	Während Deutschland in allgemeiner Form einer Friedenskonferenz zustimmt, aber eine Offenlegung seiner Kriegsziele verweigert, bekennen sich am
1917	
10. 1.	die Ententemächte in gemeinsamer Note erstmals zu ihren Kriegszielen: Wiederherstellung Belgiens, Serbiens, Montenegros; Rückgabe Elsaß-Lothringens; Sicherungen und Reparationen; Selbstbestimmungsrecht für die nationalen Minderheiten Österreich-Ungarns, wobei die Frage des Weiterbestandes der Doppelmonarchie offen bleibt; Zurückdrängung der Türkei aus Europa; Befreiung Europas von der »brutalen Habsucht des preußischen Militarismus«;

	Schuldzuweisung an die Mittelmächte als Aggressoren und Welteroberer.
23. 1.	Präsident Wilson gibt die Losung »Frieden ohne Sieg« aus.
1. 2.	Deutschland beginnt den uneingeschränkten U-Boot-Krieg, in dessen Verlauf bis Ende 1917 ca. 6 Millionen Brutto-Registertonnen Handelsschifffahrtsraum versenkt werden, doch seit Mitte 1917 infolge alliierter Gegenmaßnahmen mit stetig abnehmendem Erfolg.
März/April	Nach dem planmäßigen Rückzug der deutschen Truppen in die »Siegfried«-Stellungen (März) beginnen Anfang April die großen Durchbruchsoffensiven der Alliierten, der Franzosen an der Aisne und in der Champagne, der Briten bei Arras, im Artois und in Flandern, die allesamt scheitern und in der französischen Armee zu ausgedehnten Meutereien führen.
12. 3.	Revolution in Rußland. Abdankung des Zaren, Bildung einer bürgerlichen Regierung.
27. 3.	Der Petrograder Sowjet formuliert in seinem Aufruf ›An die Völker der ganzen Welt‹ seine berühmte Formel vom »Frieden ohne Annexionen und Kontributionen«.
7. 4.	»Osterbotschaft« Wilhelms II., die neben der Änderung des Preußischen Klassenwahlrechts umfangreiche Reformen ankündigt, die allerdings erst nach Ende des Krieges in Kraft treten sollen.
9.–11. 4.	Gründungskongreß der USPD.
16. 4.	Am Tag, als Lenin mit deutscher Hilfe in Petersburg eintrifft, bricht in Berlin und Sachsen eine breite Streikbewegung aus. Forderungen: Brot (nach Rationskürzungen am Vortag); Frieden auf der Grundlage der Petrograder Formel; Aufhebung des Belagerungszustandes, des Hilfsdienstgesetzes und der Beschränkungen durch Zensur, Versammlungskontrolle usw.; Freilassung der politischen Häftlinge; allgemeines Wahlrecht.
14. 7.	Entlassung Bethmann Hollwegs, dem General Groener als Chef des Kriegsamts am 18. 8. folgen muß. Neuer Reichskanzler wird der Verlegenheitskandidat der OHL, Georg Michaelis, dessen Kabinett mit August Müller erstmals ein Mitglied der SPD als Unterstaatssekretär angehört.
19. 7.	Nachdem Prinz Sixtus von Parma, Bruder der österreichischen Kaiserin, Anfang des Jahres vergeblich eine Vermittlung zwischen Österreich-Ungarn und

Frankreich versucht hat, die durch diplomatische Friedensversuche des Grafen Czernin ergänzt wurde, der den Zusammenbruch der Donaumonarchie für den Herbst erwartete, verabschiedet der Deutsche Reichstag eine Friedensresolution, die sich zum Frieden ohne Annexionen und Kontributionen bekennt. Bei der Vorbereitung dieser Resolution organisieren sich die Parteien der Linken im »Interfraktionellen Ausschuß«, der Kristallisationspunkt der Parlamentarisierungsbestrebungen wird.

1. 8.   Friedensaktion des Papstes Benedikt XV.

2. 9.   Als Reaktion auf die Friedensresolution des Deutschen Reichstages gründen Alfred von Tirpitz und Wolfgang Kapp die Deutsche Vaterlandspartei, die zum Sammelbecken der völkisch-nationalen, annexionistischen Kreise wird und in kürzester Zeit zur mitgliederstärksten Partei des Kaiserreichs aufsteigt.

30. 10.   Der bayrische Ministerpräsident Graf Hertling wird Nachfolger des seinem Amt nicht gewachsenen Georg Michaelis als Reichskanzler.

24./25. 10. Oktoberrevolution der Bolschewiki unter Führung Lenins. Da Lenin zur Stabilisierung seiner Herrschaft den Frieden braucht, zugleich auf die revolutionäre Erhebung in den anderen kriegführenden Staaten hofft, bietet er allgemeine Friedensverhandlungen an. Als die Hilfe von außen ausbleibt, muß er

3.–15. 12. Waffenstillstandsverhandlungen mit den Mittelmächten in Brest-Litowsk akzeptieren, die am

22. 12.   in Friedensverhandlungen übergeleitet werden.

1918

8. 1.   »Vierzehn Punkte« Präsident Wilsons: Freiheit der Meere und des Welthandels; Räumung Rußlands, Rumäniens und Montenegros durch die Mittelmächte; Unabhängigkeit der Türkei, Autonomie der nicht-türkischen Völker, Öffnung der Meerengen; Wiederherstellung Belgiens; Rückgabe Elsaß-Lothringens; Neuregelung der Grenzen Italiens nach ethnischen Prinzipien; unabhängiges Polen mit freiem Zugang zum Meer; Gründung eines Völkerbundes; Rüstungsbeschränkung; Regelung der kolonialen Ansprüche.

14. 1.   Ausbruch revolutionärer Streiks in Österreich-Ungarn mit Zentren in Wien, Wiener Neustadt, Budapest, Prag und Brünn gegen die Friedensbedingungen

der Mittelmächte in Brest-Litowsk, gegen Hunger und Krieg.

28. 1. Ausbruch einer umfassenden Streikbewegung in Deutschland mit Zentren in Berlin und Sachsen, an der im gesamten Reich zwischen 500000 und 1 Million Arbeiter beteiligt sind. Forderungen: 1. Frieden ohne Annexionen und Kontributionen; 2. Zuziehung von Arbeitervertretern zu den Friedensverhandlungen; 3. Verbesserung der Lebensmittelversorgung; 4. Aufhebung des Belagerungszustandes; 5. Aufhebung der Militarisierung der Betriebe; 6. Freilassung aller politischen Häftlinge; 7. allgemeines Wahlrecht.

9. 2. Separatfriede der Mittelmächte mit der Ukraine (»Brotfriede«).

3. 3. Nach Wiedereröffnung des Krieges (»Eisenbahnvormarsch«) Friede von Brest-Litowsk, in dem Sowjetrußland die Abtrennung der baltischen Staaten (Livland, Kurland, Litauen, Estland), Polens und der Ukraine sowie Sachlieferungen akzeptieren muß.

März Beginn der deutschen Frühjahrsoffensiven im Westen, die zwar Geländegewinne, aber trotz mehrerer Anläufe nicht den Durchbruch erbringen. Statt dessen gehen am

18. 7. die Alliierten zum Gegenangriff über. Am

8. 8. gelingt ihnen mit dem Tankangriff bei Amiens der entscheidende Durchbruch.

29. 9. Die OHL verlangt die sofortige Einleitung von Waffenstillstandsverhandlungen. Zu diesem Zweck wird am

3. 10. unter Prinz Max von Baden eine neue Regierung eingesetzt, der auch Vertreter der Mehrheitsparteien angehören. Die erste Amtshandlung der neuen Regierung ist die Einleitung von Waffenstillstandsverhandlungen durch eine Note an Präsident Wilson mit der Bitte um Vermittlung auf der Grundlage der »Vierzehn Punkte«. Während des folgenden Notenwechsels beginnt am

21. 10. in Österreich-Ungarn die Revolution, die am

3. 11. die Donaumonarchie zum separaten Waffenstillstand mit der Entente zwingt. Am gleichen Tag beginnt in Kiel die revolutionäre Bewegung in Deutschland, die am 29. Oktober als Meuterei der Matrosen gegen das unautorisierte Auslaufen der Hochseeflotte gegen England (»Admiralsrebellion«) begonnen hatte. Die Bewegung breitet sich rasch über das Reich aus, wo am

7. 11.	in München eine autonome revolutionäre Bewegung entstanden war, und erreicht am
9. 11.	die Hauptstadt Berlin, wo Scheidemann und Liebknecht konkurrierend die Republik ausrufen. Wilhelm II. und der Kronprinz verzichten auf den Thron und fliehen nach Holland ins Exil. Prinz Max von Baden überträgt die Regierungsgewalt an den Führer der SPD, Friedrich Ebert.
11. 11.	Nach dreitägigen Verhandlungen unterzeichnen Vertreter der neuen Regierung im Wald von Compiègne den Waffenstillstand: Räumung aller besetzten Gebiete in Ost und West; militärische Räumung des linken Rheinufers und Errichtung von drei rechtsrheinischen Brückenköpfen der Alliierten in Mainz, Koblenz und Köln; Annullierung der Friedensverträge von Brest-Litowsk und Bukarest; Auslieferung des schweren Kriegsgeräts und der Hochseeflotte (Selbstversenkung in Scapa Flow am 21. 6. 1919); Auslieferung von 5000 Lokomotiven, 150000 Eisenbahnwaggons und 5000 LKW als erste Reparationsleistungen; Aufrechterhaltung der Seeblockade bis zur Unterzeichnung des Friedensvertrags (12. 7. 1919).

Deutsche Geschichte der neuesten Zeit vom 19. Jahrhundert bis zur Gegenwart

Herausgegeben von
Martin Broszat, Wolfgang Benz, Hermann Graml
in Verbindung mit dem Institut für Zeitgeschichte

Die »neueste« Geschichte setzt ein mit den nachnapoleonischen Evolutionen und Umbrüchen auf dem Wege zur Entstehung des modernen deutschen National-, Verfassungs- und Industriestaates. Sie reicht bis zum Ende der sozial-liberalen Koalition (1982). Die großen Themen der deutschen Geschichte des 19. und 20. Jahrhunderts werden, auf die Gegenwart hin gestaffelt, in dreißig konzentriert geschriebenen Bänden abgehandelt. Ihre Gestaltung folgt einer einheitlichen Konzeption, die die verschiedenen Elemente der Geschichtsvermittlung zur Geltung bringen soll: die erzählerische Vertiefung einzelner Ereignisse, Konflikte, Konstellationen; Gesamtdarstellung und Deutung; Dokumentation mit ausgewählten Quellentexten, Statistiken, Zeittafeln; Workshop-Information über die Quellenproblematik, leitende Fragestellungen und Kontroversen der historischen Literatur. Erstklassige Autoren machen die wichtigsten Kapitel dieser deutschen Geschichte auf methodisch neue Weise lebendig.

Personenregister